일본신화에
나타난
**신라인**의
전승

신화를 통해서 본
신라와 일본의 문화교류사

일본신화에 나타난
신라인의 전승

**초판1쇄 발행**  2014년  2월  15일
**초판2쇄 발행**  2016년  2월  15일

**지은이** 노성환
**펴낸이** 홍기원

**총괄** 홍종화
**편집주간** 박호원
**편집·디자인** 오경희·조정화·오성현·신나래·김선아
          이효진·남도영·이상재·남지원
**관리** 박정대·최기엽

**펴낸곳** 민속원
**출판등록** 제18-1호
**주소** 서울 마포구 대흥동 337-25
**전화** 02) 804-3320, 805-3320, 806-3320(代)
**팩스** 02) 802-3346
**이메일** minsok1@chollian.net, minsokwon@naver.com
**홈페이지** www.minsokwon.com

ISBN  978-89-285-0530-2  93380

신화를 통해서 본
신라와 일본의 문화교류사

# 일본신화에 나타난
# 신라인의 전승

노성환

민속원

# 서문

    일본신화의 기본적인 텍스트에는 8세기 문헌인 『고사기古事記』를 비롯
한 『일본서기日本書紀』 및 『풍토기風土記』 등이 있다. 전자의 두 문헌은 중앙
에서 편찬한 역사서로서 천황가의 일본지배에 대한 정당성을 강조하는 책
이라 한다면, 후자는 지역의 역사와 신화 전승을 기록한 역사지리서라 할
수 있다. 이들 문헌 속에는 많은 이야기들이 포함되어 있는데, 그 중에서
특히 우리의 관심을 끄는 것은 다름 아닌 한국과 관련된 것들이 많다는
사실이다.

    이러한 특징은 고대의 기록서를 가지지 못한 우리로서는 부럽기도 하
지만 때로는 우리들에게 매우 중요한 정보를 제공하기도 한다. 다시 말하
여 잃어버린 우리의 고대사를 복원하는 데도 크게 도움이 된다. 그러므로
이 같은 문헌들은 고대사에 관심이 있는 사람들에게는 필독서가 아닐 수
없다. 이들 문헌에서 우리들의 모습을 어느 정도 찾아볼 수 있거니와 때로
는 그것들이 우리들의 모습을 비추어 주는 거울 역할도 하기도 한다. 따라
서 비교역사학은 물론 비교문학, 비교신화학, 비교민속학에서도 이러한 문
헌들은 매우 중요한 위치를 차지함은 두말할 나위가 없다.

    나는 역사가가 아니다. 나의 관심은 주로 신화에 있다. 이러한 나에게
있어서 위에서 제시한 일본신화의 텍스트는 매우 흥미로운 대상이 아닐

수가 없다. 일본의 신화에 관심을 가지는 사람은 비단 나뿐만 아니다. 지금까지 우리나라의 많은 신화연구자들이 여기에 관심을 두고 연구를 진행하고 있다. 어떤 이들은 상호 유사한 점 또는 일본신화 속의 한국이라는 요소를 찾아내어 일본문화의 원류는 한국에 있다는 것을 주장하기도 하고, 또 어떤 이는 구조분석을 통한 한일 양국의 특징을 규명하기도 한다. 필자도 그 중의 한 사람이었다.

최근 나는 한국에 있어서 일본신화연구가 발전하기 위해서는 연구의 범위를 확대하고 연구주제는 좁혀서 세부적으로 바라볼 필요가 있다고 생각한다. 왜냐하면 일본신화는 이상의 3가지 문헌 이외에도 많이 있으며, 또 기록이 아닌 구비로 전해지는 것도 얼마든지 많이 있기 때문이다. 일본도 우리와 같이 오랜 역사와 전통을 가진 나라이다. 그리고 우리들보다 외세로부터 침략을 받은 적이 별로 없고, 또 정치체제가 중앙 중심이 아닌 지역분권주의 형태로 발달하였기 때문에 지방마다 풍부한 고문서가 현재까지 남아있다. 그 뿐만 아니다. 지역마다 각종 다양한 신사들이 수를 다 헤아릴 수 없이 존재하고 있기 때문에 당연히 그에 관련된 신화가 다양하게 남아있다. 바꾸어 표현을 하자면 신화의 자료는 무한정으로 있다고 해도 결코 지나치지 않는다.

외국인 연구자인 나로서는 이 모든 것을 다룰 수 없다. 솔직히 말해 그럴 능력도 갖추고 있지 않을 뿐만 아니라 그럴 필요성도 느끼지 않고 있다. 한국인인 내가 가지는 주된 관심은 「일본신화 속의 한국」이라는 테마이다. 즉, 방대한 자료 속에서 한국이 어떻게 그려지고 있으며, 그리고 지역에서는 어떠한 한국계 신사와 전승이 있으며, 또 그것이 가지는 의미가 무엇인지를 알고 싶은 것이다.

지금까지 우리의 일본신화 연구는 세분화하지 않고 막연히 한국이라는 개념으로만 진행해온 경향이 있었다. 필자는 이러한 경향에서 과감히 탈피하여 신라, 백제, 고구려, 가야 등 세부화 하여 일본신화에 접근할 필요가 있다고 본다. 그리하여 본서는 일차적인 작업으로 신라에 초점을 맞추었다.

내용의 구성은 다음과 같은 다섯 가지 점에 있어서 특징을 가지고 있다.

첫째는 문헌신화에 있어서 신라인들이 어떻게 묘사되어있는가 하는 것이다. 제1장, 2장, 3장, 4장의 내용들이 바로 그것이다. 여기에서는 신라인의 이주와 정착에 있어서 대표적인 신라왕자 아메노히보코天日槍와 히메코소比賣許曾 전승에 대해 상세하게 논의했다. 둘째는 한국 측의 기록에서 나타나는 연오랑과 세오녀의 정착지를 찾기 위하여 조선시대 한국인들의 일본 표류지를 중심으로 지역의 신사와 전승을 일일이 찾아다니며 데이터를 모으고 정리하여 결론을 내린 것이다. 그에 대한 내용은 5장에 담았다. 셋째는 일본에 정착한 신라인들이 일본 현지에서 시대의 흐름에 따라 어떻게 변용되어 가는가를 교토를 건설한 하타씨의 전승을 통하여 면밀히 살펴본 것이다. 이것은 6장의 내용이다. 넷째는 지역전승에 신라가 어떻게 반영되어있는가를 살펴보기 위해 야마구치현의 시모노세키와 시마네현의 이와미 지역전승을 조사했다. 그 내용은 주로 7장과 8장에 담았다. 다섯째는 신라인들이 일본에 남긴 흔적을 찾는 작업이다. 이를 위해 후쿠이현과 시마네현의 오키 지역을 대상으로 신사와 신화전승을 조사했다. 이를 통하여 우리들에게 잘 알려지지 않은 신라인의 흔적들을 찾아낼 수 있었다. 그 결과를 주로 9장과 10장에서 논의했다. 이러한 점들을 감안한 다음 본서를 읽어주기를 바라며, 또 아낌없는 질정이 있기를 기대하는 바이다.

# 차례

9

# 제1장
# 일본으로 건너간 신라왕자

## 1. 신라왕자 히보코

일본 역사용어에 도래인이라는 말이 있다. 이 말을 그대로 받아들이면 외국에서 바다를 건너 온 사람을 일컫는 말이다. 즉, 그러한 사람들을 받아들이는 일본이라는 시각에서 만들어진 용어이다. 그러므로 이 용어는 일본인이 사용하는 것은 전혀 이상할 것이 없지만, 우리가 사용하면 논리에 맞지 않는다. 왜냐하면 한국은 그들이 떠나는 장소이지, 받아들이는 곳이 아니기 때문이다. 따라서 이 용어를 우리가 사용할 때는 주의를 기울이는 것이 마땅하다. 따라서 본서에서는 이들을 이주인으로 통일하고자 한다.

일본 최고의 고전이라 할 수 있는 『고사기古事記』와 『일본서기日

本書紀』(이하 두 문헌을 함께 표시할 때는『기기』로 생략하여 표기한다) 그리고
『풍토기風土記』에는 그와 관련된 기사가 많다. 특히 그 속에는 한반
도에서 건너가는 이주인들의 이야기도 자주 등장한다. 그 중에서도
가장 두드러지는 것이 신라왕자 아메노히보코天日槍(이하 히보코로 생략
한다)의 이야기이다. 고대 한국계 이주인들에 대해 평생 연구한 것으
로 유명한 일본인 학자 이마이 케이치今井啓一는 히보코에게 도래인
(이주인) 제1호라는 호칭을 붙였다.[1] 그만큼 히보코는 고대 한국에서
건너간 이주민 가운데 가장 초기에 속하는 대표적인 인물이라고 말
할 수 있다.

이 같은 인물이기에 히보코는 한일 양국의 학계에서도 그에 대
한 관심이 매우 높다. 특히 그에 관한 기록들을 종합해보면 한반도
를 떠나 일본으로 이동해나가는 과정이 잘 드러나기에 고대 한국인
들이 일본열도로 이주하는 경로를 파악하는 데 크나큰 도움을 주는
것으로 평가를 받고 있다. 학계에서는 히보코를 개인명으로 보지
않고 집단의 상징물로 보는 경향이 강하다. 왜냐하면 그의 이름으로
보아 '아메天'는 하늘, '히日'는 태양, '보코槍'는 창을 의미하기 때문
에 그의 이름은 신성한 하늘 태양의 창이라는 뜻이기 때문이다.

일찍이 히보코에 관심을 둔 나카다 카오루中田薫(1877-1967)는 "아
마노히보코의 〈아마〉는 일반적으로 우리 천손민족의 고향을 가리
키는 것으로 사실은 조선반도, 이른바 〈가라구니노시마韓鄕島〉, 특
히 신라를 가리키고 있음은 의심할 바 없다."[2]고 해석하였다. 이에
비해 역사학자인 나오키 코지로直木孝次郞는 "이는 아마도 창과 칼로

1・　今井啓一,『歸化人と社寺』, 綜藝舍, 1969, 215面.
2・　中田薫,『古代日韓交涉史斷片考』, 創文社, 1956, 3面.

써 신을 모시는 종교, 또는 창과 칼 을 신으로 섬기는 종교를 신봉하는 집단이 한국 특히 신라에서 일본으 로 건너간 것이 이 전설의 근거가 되 었을 것이다."고 했다.[3] 그리고 재일 교포작가 김달수는 아라가야인들이 살았던 곳에 히보코와 관련된 신사 가 자주 눈에 띈다고 하며, 그를 대 표로 하는 집단은 변한의 땅 가라 또 는 안라安羅(함안)에서 건너간 정치적

김달수

으로 패배한 세력이라고 본 적이 있다.[4] 이처럼 일본에서는 히보코 를 한 개인적인 인물이라기보다는 종교의 상징물로 보며, 그 세력의 고향을 신라로 보는 경향이 강하다.

이러한 관점은 한국 측의 연구자들에게서도 크게 변함이 없었 다. 가령 북한의 역사학자 김석형은 히보코를 신라계통의 호족의 조상으로 보았고,[5] 국문학자 황패강은 히보코를 일본 국토를 개발한 신라계의 조신祖神이라 하였으며,[6] 역사학자 노중국은 신라계통의 세력들이 서일본 중앙부로 진출한 것을 의미하는 것으로 파악해야 할 것이라고 했다.[7] 국문학자 김화경 또한 "신라에서 일본으로 들어 가는 루트는 신라-동해-이즈모 루트와 신라-현해탄-규슈로 연결하는

---

3 • 直木孝次郎, 『古代日本と朝鮮. 中國』, 講談社, 1988, 21面.

4 • 金達寿, 「古代朝鮮と伊都國」, 『日本の中の古代朝鮮』, 學生社, 1979, 216쪽.

5 • 김석형, 『북한연구자료선(2) 고대한일관계사』, 한마당, 1988, 179쪽.

6 • 황패강, 『일본신화의 연구』, 지식산업사, 1996.

7 • 노중국, 「선사, 삼국과 일본」, 『강좌 한일관계사』, 김정학 외 편, 현음사, 1994, 19쪽.

것이 있는데, 히보코는 후자에 속하는 대표적인 사례"라고 해석하였다.[8] 이처럼 한국 측 연구자들도 히보코에 관한 전승을 신라인의 이주이야기로 보는 경향이 강하다.

그들이 말하는 대로 과연 히보코는 신라인인가? 여기에는 검증되지 않은 의문점들이 다소 남아있다. 많은 연구자들이 그를 신라인으로 보았던 것은 8세기 초엽의 문헌인 『기기』에 그를 신라왕자로 기록하고 있기 때문이었다. 그러나 같은 시기의 문헌인 『풍토기』에서는 그를 신라인이라고 명시한 적이 한 번도 없다. 그리고 만일 그가 신라인이라면 그가 지나간 자리에는 신라의 흔적이 많이 남아있어야 한다. 그렇지 않고 그 자리에 신라가 아닌 다른 지역의 문화 자취가 강하게 남아있다면 신라가 그의 고향이라는 해석에 일단 의심을 해볼 필요가 있다. 그럼에도 불구하고 지금까지 연구는 그에 대한 검증이 제대로 행하여진 적이 별로 없었다. 그리고 그의 고향이 구체적으로 어느 지역이라는 점도 검토된 바가 없다. 기록상으로 나타난 것을 근거로 막연히 신라라고만 하였을 뿐이다.

이에 필자는 히보코에 관한 연구는 그의 고향을 찾는 작업부터 할 필요가 있다고 생각한다. 이를 위해서는 먼저 그들이 처음으로 일본 열도에 상륙한 지역을 중심으로 기록을 재검토하고, 그것을 통하여 현장에 남아있는 유적에 대한 세밀한 검토를 하고자 한다. 그렇게 함으로써 히보코의 고향은 물론, 그가 언제 건너갔으며, 처음으로 상륙한 곳이 어디인지가 밝혀질 것이다. 그 뿐만 아니다. 그가 그곳에서 어떤 역사적인 자취를 남겼는지에 대해서도 알 수 있을 것이라고 생각한다.

---

8 • 김화경, 「일본의 히보코설화 연구」, 『인문연구(52)』, 영남대 인문과학연구소, 2007, 181쪽.

## 2. 이서국 출신 히보코

그럼 히보코의 고향은 어디일까? 앞에서도 언급하였듯이 『기기』에는 막연히 신라인이라고만 언급하고 있을 뿐 신라의 어디라고 구체적인 지명을 밝히고 있지 않다. 더군다나 그가 신라왕자이며, 일본 측 기록에 자주 등장함에도 불구하고, 정작 그의 고향인 한국 측 기록에는 일절 나오지 않기 때문에 그의 고향을 찾는 작업은 쉬운 일은 아니다. 그러나 다행히도 일본 측 기록에 약간의 단서가 남아있다. 그것은 다름 아닌 『풍토기』의 기록이다. 오늘날 규슈九州 북부에 위치하는 후쿠오카福岡 지역을 가리키는 지역의 고대문헌인 『축전국풍토기筑前國風土記』의 일문逸文에 다음과 같은 기록이 바로 그것이다.

옛날에 아나토穴戸의 도요라 궁豊浦宮에 천하를 다스리게 된 다라시나카츠히코足仲彦(仲哀) 천황이 구마소熊襲를 정벌하러 갔을 때, 이도怡土의 아가타누시縣主의 조상인 이도테五十跡手가 천황이 온다는 소식을 듣고, 잎이 무성한 비추기 나무 가지를 뽑아서 뱃전에 세웠다. 그리고 나뭇가지의 윗부분에는 곡옥을 걸고, 가운데 부분에는 흰 구리거울을 내걸었으며, 아래 부분에는 검을 걸고, 아나토의 히코시마引島(彦島)까지 마중을 나왔다. 천황이 묻기를 "그대는 누구인가?"라고 하자, 이에 이도테가 진상을 하면서 말하기를 "나는 하늘로부터 고려국高麗國의 오로산意呂山으로 내려온 히보코日鉾의 후손 이도테입니다."라고 하였다. 이에 천황이 이도테를 칭찬하여 말하기를 "참으로 너는 충직하구나. 너의 본거지를 이소시국恪勤國라고 하는 것이 좋다."고 했다. 지금 이도군怡土郡이라고 하는 것은

잘못된 것이다.[9]

이상에서 보듯이 이 설화는 중애천황이 규슈 남부에 있는 원주민 구마소가 반란을 일으키자 이를 정벌하기 위해 규슈로 갔을 때 이도테가 히코시마까지 나아가 천황을 맞이했다는 이야기이다. 그런데 우리의 주목을 끄는 부분이 있다. 그것은 다름 아닌 이도테의 출자를 밝히는 내용이다. 즉, 천황이 그의 정체에 대해 묻는 말에 그는 자신을 히보코의 후손이라고 대답하면서, 히보코는 하늘에서 고려국의 오로산에 내려왔다는 구절이다. 즉, 히보코의 본거지가 고려국의 오로산이라는 사실을 밝힌 셈이다.

그렇다면 고려국의 오로산은 어디인가? 여기에 많은 연구자들은 동해안에 위치한 울산을 지목했다. 가령 아키모토 키치로秋本吉郞가 주석한 『풍토기』를 보면 그는 오로산에 대해 "한국 동남해안의 울산"이라고 하였으며, 그것이 고려국으로 되어있는 것은 울산이 "신라와 고려의 경계지역에 있기 때문"이라고 해석했다.[10] 또 요시노 유吉野裕와 가미가이토 켄이치上垣外憲一[11]도 그와 같은 해석을 했다. 나도 한 때 이들의 해석을 믿고, 히보코가 출발한 곳이 울산이라고 해석을 한 적이 있다.[12]

과연 그들이 말하는 것처럼 고려의 오로산은 울산인가? 오로산을 울산으로 발음이 될 수 있는 것을 감안한다면 그곳이 울산일 개연성이 전혀 없는 것은 아니다. 더군다나 울산의 옛 지명이 우시산

9 •    吉野裕 譯, 『風土記』, 平凡社, 1982, 335-336面.
10 •    秋本吉郞, 『風土記』, 岩波書店, 1982, 503面.
11 •    上垣外憲一, 『天孫降臨の道』, 筑摩書房, 1986, 86面.
12 •    노성환, 『일본 속의 한국』, 울산대 출판부, 1997, 110-112쪽.

于尸山이었다는 것을 감안한다면 오로산과 울산은 발음상 매우 근접하게 여겨지는 것은 사실이다. 보통 고어에서는 '시'가 'r' 발음이 나기 때문이다.

그러나 아키모토가 제시하고 있는 해석에는 석연치 않는 것이 두 가지가 있다. 하나는 울산이 과연 신라와 고구려의 경계지역에 있었는가 하는 것이고, 또 하나는 울산의 옛 이름이 올산 즉, 오로산이었느냐 하는 것이다. 울산은 익히 알려진 바와 같이 신라에서도 남쪽에 위치해 있기 때문에 고구려와 경계가 되는 지역이 아니다. 그리고 울산에서 일본으로 건너간다면 히보코가 건너간 후쿠오카 지역보다는 우리의 동해와 마주보는 일본해 지역일 가능성이 높다. 그러므로 오로산은 울산일 수 없으며, 그곳의 위치는 다른 곳에서 찾아야 한다.

한편 경남 합천이라는 견해도 있다. 이 설은 재야사학자 사와다 요타로澤田洋太郎가 낸 것으로 합천은 신라왕족의 발상지로서 2세기 말에서 3세기 초기에 일본으로 건너가서 이도국을 세웠다고 했다.[13] 그러나 그가 실토하고 있듯이 이러한 설은 너무나 대담하고 근거가 없는 것이기에 믿기가 어렵다. 특히 신라왕족의 발상지를 경주가 아닌 합천으로 보는 그의 해석은 어디까지나 그의 개인적인 상상력에서 나온 것이지 학술적 근거를 기반으로 한 것으로 보기 어렵다. 그러므로 히보코의 고향이 합천일 가능성은 희박하다.

그렇다면 이곳은 어디를 가리키는 것일까? 여기에 중요한 단서를 제공해주는 것이 위의 전승에서 마중을 나온 이도테를 칭찬하는 천황의 말이다. 즉, 이도테의 본거지를 이소시국이라 하며, 이도군

---

13 ・ 澤田洋太郎, 『伽耶は日本のルーツ』, 新泉社, 1994, 153面.

이라는 것은 잘못된 발음이라고 한 것이다. 이소시국은 이소지국伊蘇志國 또는 이소시국恪勤國으로 표기할 수 있는 것으로 그 중에서 '시'를 '의'라는 의미조사로 해석한다면 그 나라는 이소국이 된다. 이럴 가능성은 『일본서기』에서도 확인된다. 『일본서기』에서도 앞에서 본 『축전국풍토기』의 일문逸文에서 보이는 내용을 다음과 같이 서술하고 있다.

> 츠쿠시筑紫의 이도현주의 선조 이도테가 천황이 온다는 것을 듣고 커다란 현목賢木을 뿌리째 뽑아 뱃머리에 세우고, 윗가지에는 팔척경八尺瓊을 걸고, 중간가지에는 백동경을 걸고, 아래가지에는 십악검十握劍을 걸고 아나토의 히코시마에 마중을 나갔다. 그리고 말하기를 "제가 이 물건을 바치는 것은 천황이 팔척경이 굽어있는 것처럼 원만하게 천하를 다스리기를 바라기 때문입니다. 그리고 백동경과 같이 분명히 산천이나 바다를 보시고, 십악검을 차고 천하를 평정하시기를 바라기 때문입니다."라고 하였다. 천황은 이도테를 칭송하면서 이소시伊蘇志라 했다. 당시 사람들은 이도테의 본국을 이소국伊蘇國이라 했다. 지금 이도라 하는 것은 잘못 발음하여 된 것이다.[14]

여기에서 보듯이 『일본서기』의 기록은 『축전국풍토기』의 일문의 것과 내용이 거의 비슷하다. 가령 이도테가 아나토의 히코시마까지 마중을 나갔다는 것 그리고 구슬, 거울, 칼을 바쳤다는 것도 같다. 그런데 『풍토기』에서는 이도국을 이소시국이라 표현하였지만

---

14 • 宇治谷孟 譯, 『日本書紀(上)』, 講談社, 1988, 182-183面.

청도군 이서면에 세워진
이서고국의 기념비

『일본서기』에서는 이소국이라 하였던 것이다. 그러면서 이도국이라 하는 것은 이소국을 잘못 발음하여 생긴 것이라고 해석하고 있는 것이다.

　이 말을 그대로 따르면 『위지왜인전魏志倭人傳』에 기록된 이도국은 원래 이소국이었다는 것이 된다. 이러한 이름을 가진 나라가 한반도에 있었다. 그것은 다름 아닌 오늘날 경북 청도 지역에 있었던 이서국伊西國이다. 이서국과 이소국은 결코 우연의 일치가 아니다. 일본어에서 '어' 발음이 '오'로 바뀐다는 것을 감안한다면 더더욱 그러하다. 따라서 이서국과 이소국은 같은 이름으로 보아야 하는 것이다. 『삼국유사三國遺事』에 의하면 "노례왕弩禮王 14년에 이서국 사람이 와서 금성金城을 공격했다. 운문사雲門寺에 예부터 전해 내려오는 제사납전기諸寺納田記에 보면, 정관貞觀 6년 임진王辰에 이서군伊西郡의 금오촌 영미사零味寺에서 밭을 바쳤다."고 했다. 금오촌은 지금 청도淸道 땅이니 청도군淸道郡이 바로 옛날의 이서군인 것이다.[15]

　이처럼 이서국은 진한의 소국으로서 한 때는 신라를 공격하여 곤경에 빠뜨릴 정도로 강한 군사력을 자랑하기도 했다. 고고학적 연구에 의하면 현재 청도천 유역의 화양읍과 이서면, 동창천 유역의 매전면 등의 세 지역이 일찍부터 취락의 중심지였으며, 특히 화양읍 토평동에는 백곡토성의 흔적이 남아있고, 그리고 둔직, 근방위 등 지명과 유물 등을 보더라도 이 일대의 들판이 이서국의 중심지였다고 한다.[16]

이러한 이서국 사람들이 일본으로 건너가 자신들의 고국 이름과 같은 이소국을 세웠던 것이다. 그렇다면 그들의 조상인 히보코가 하늘에서 내려왔다는 오로산도 청도에 있을 가능성이 높다. 실제로 청도에는 그와 비슷한 지명이 있다. 그것은 오례산성으로 오늘날 청도읍 거연리 계곡마을 뒷산에 위치하는 산성이다. 이 산성은 오혜산성, 또는 구도산성으로 불리기도 했다. 이러한 산성이 있는 오례산에 대해 북한의 역사학자 조희승은 오려산과 오례산은 서로 음이 통하는 만큼 히보코가 하늘에서 내려왔다는 고려국의 오로산은 다름 아닌 이서국의 오례산이라 했다.[17] 만약 그것이 사실이라면 히보코의 고향은 울산도 합천도 아닌 청도이며, 그의 나라는 가야가 아닌 진한소국 중의 하나인 이서국이라 할 수 있을 것이다.

15 ·  『三國遺事』 1卷 「紀異-伊西國」.
16 ·  이형우, 「사로국의 발전과 국읍의 변모」, 『신라문화제학술논문집(26)』, 경주사학회, 2005, 50쪽.
17 ·  조희승, 『일본에서 조선소국의 형성과 발전』, 백과사전출판사, 1990, 133-138쪽.

오례산성의 흔적

## 3. 이도국과 히보코

그렇다면 이서국을 출발한 히보코가 처음으로 도착한 지역은 어디일까? 여기에 대해 『기기』는 명확하게 명시해놓고 있지 않다. 가령 『고사기』에서는 첫 도착지가 오늘날 오사카인 나니와難波로 되어 있고, 『일본서기』에서는 오늘날 효고현兵庫縣인 하리마播磨 지역으로 되어있다. 이들 지역은 모두 태평양을 바라보고 있는 관서지역으로서 당시 아무리 발달한 첨단 항해기술을 이용한다고 해도 한반도에서 이 지역으로 곧장 간다는 것은 불가능하다. 그러므로 그 지역으로 가기 위해서는 수많은 지역을 거쳤음은 두말할 나위가 없을 것이다. 그렇다면 그들의 첫 상륙지는 어디일까?

여기에 대해서도 단서를 제공해주는 것이 앞에서 본 『풍토기』의 전승이다. 즉, 이도테는 이도怡土의 아가타누시縣主라는 신분을 가진 지방 호족이었다. 이도는 오늘날 규슈에 위치하는 후쿠오카현福岡県 북부 지역의 이도시마 반도糸島半島를 가리키는 곳이다. 이곳은 지형

상으로 보았을 때 현해탄을 바라보고 있고, 또 그 앞에는 고대로부
터 한반도와 일본열도의 징검다리 역할을 해온 잇키壹岐가 있고, 또
그 섬의 북쪽에는 쓰시마對馬島가 있다. 다시 말하자면 이도반도는
한반도 - 대마도 - 잇키의 루트를 연결하는 교통의 요충지에 위치하
고 있다. 이곳에 그의 후손이 지배자로서 살고 있었다는 것은 그의
첫 상륙지가 이곳이라는 것을 의미한다.

이곳은 고대국가인 이도국伊都國이 있었던 곳이다. 중국 측의 기
록인 『위지왜인전』에 의하면 이도국은 다음과 같이 묘사되어 있다.

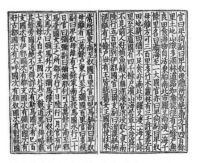

위지왜인전의 이도국 관련 기사

또 하나의 바다를 건너 천여
리를 가면 말로국末盧国에 이
르는데, 그곳에는 4천여 호가
있다. 동남쪽으로 육지로 500
리 가면 이도국에 이른다. 벼
슬로는 이지爾支라고 하고, 부
副로 설모고泄謨觚, 병거고柄渠
觚가 있으며, 호수는 천여 호
나 있다. 대대로 왕이 있으며,
모두 여왕국에 종속되어 있

다. 군사君使가 왕래하면서 항상 머무는 곳이다. 여왕국으로부터 이
북에는 특히 일대솔一大率을 두어 제국諸國을 검찰하게 했다. 제국
들은 이를 두려워했다.[18]

18 · 山尾幸久, 『魏志倭人傳』, 講談社, 1972, 237-242面.

여기에서 보듯이 이도국은 여왕국에 소속되어 있었기 때문에 독립적으로 강력한 힘을 발휘할 수 있는 처지는 아니었지만, 이지, 설모고, 병거고 등의 관리를 두고, 그곳을 대대로 통치하는 세습적인 왕이 있었다. 역사학자 이노우에 미츠사다井上光貞에 의하면 여왕국인 야마타이국邪馬台國은 북규슈 연안의 여러 소국들을 지배하고 있었는데, 그 지역의 중심을 이룬 나라가 이도국이었으며, 그곳은 외교와 무역의 중심지로서 여왕이 위나라의 수도와 대방군 그리고 한반도의 여러 나라에게 보내는 사절도, 그리고 외국에서 가는 사절도 모두 이곳에 정박하여 머물렀으며, 여왕의 관리들은 전송의 문서와 물건 등을 여기에서 감찰하였을 뿐 아니라 그들을 여왕국의 수도로 보내는 의무도 있었다고 해석했다.[19] 이러한 이도국의 지배자가 이도테였던 것이다. 이도테도 바로 이도국에서 나온 말임을 알 수 있다. 즉, 그는 이도국의 왕이었던 셈이다.

이도국은 이도시마 반도에만 국한된 것은 아니었던 것 같다. 이도테가 중애천황 일행을 맞이하러 아나토의 히코시마까지 갔듯이 아나토 지역에 이르기까지 그 세력이 뻗쳐 있었던 것 같다. 아나토는 오늘날 야마구치현의 나가토長門 지역을 말한다. 이도국의 세력이 그곳까지 확장되어 있었다는 사실은 쯔누가아라시토의 이주전설에서도 엿볼 수가 있다. 쯔누가아라시토는 대가야국의 왕자였다. 그러한 그가 『일본서기』에 의하면 수인천황 때 일본으로 건너가는 것으로 되어있다. 그에 대한 기록이 『일본서기』에는 다음과 같이 기록되어있다.

<hr>

19・　井上光貞, 『日本の歴史－神話から歴史へ』, 中央公論社, 1973, 209面.

숭신천황 때에 이마에 뿔이 나있는 사람이 배를 타고 고시노구니越
國의 게히우라에 도착했다. 그리하여 그곳을 쯔누가라 한다. "어디
의 사람인가?" 하고 묻자 "대가라국의 왕자 쯔누가아라시토, 또 다
른 이름은 우시키아리시치칸키라고 한다. 일본에 성왕이 있다는 것
을 듣고 왔다." 아나토에 도착하였을 때 그곳의 이도츠히코가 나에
게 "나는 이 나라의 왕이다. 나의 땅에 두 사람의 왕이 있을 수 없
다. 다른 곳으로 멋대로 가서는 안된다."고 말했다. 그러나 내가 주
의를 기울여 그 사람의 됨됨이를 보고 이 사람은 왕이 아니라고 생
각했다. 그리하여 그곳에서 나왔다. 그러나 길을 몰라 시마우라로
걸어가서 북해에서 돌아 이즈모를 거쳐 여기에 왔다고 했다.[20]

여기에서 보듯이 쯔누가아라시토가 일본으로 건너갔을 때 처음
으로 도착한 곳이 아나토였다. 이곳에는 이미 지배자가 있어 그 이
름을 이도츠히코伊都都比古라 했다. 이도츠히코는 '이도의 사나이(남
자)'라는 뜻이다. 여기서 말하는 '이도'는 한자의 표기처럼 이도국의
다른 이름이다. 즉, '이도'는 이서, 이소, 이도로 발음을 하였던 것이
다. 다시 말하여 그의 이름은 이도국伊都에서 비롯된 명칭임을 알
수 있다. 이는 이도국이 아나토 지역에까지 세력이 확장되어 있었음
을 의미하는 것이다.
한편 이도국은 왕권의 상징물인 3종의 신기도 갖추고 있었던
것으로 보인다. 그 예를 이도테가 중애천황의 일행을 맞이하는 모
습에서 찾을 수 있다. 그는 비추기 나뭇가지에 곡옥과 구리거울,
칼을 걸고 마중했다. 구슬, 거울, 칼은 태양의 여신인 아마테라스가

20 •  宇治谷孟 譯, 『日本書紀(上)』, 135-136面.

3종의 신기

천손 니니기에게 이 세 가지를 주어 하늘에서 내려다 보냈다는 『고사기』의 기록[21]에서 보더라도 이 물건들은 이른바 3종의 신기로 불리는 통치자의 상징물이다. 이러한 것들을 걸고 맞이했다는 것은 모든 이도국의 지배권을 야마토 조정에 바친다는 것을 의미한다. 이처럼 중애와 신공황후를 대변하는 외부세력이 들어오기 전까지 이도국은 3종의 신기를 왕권의 상징물로 사용하고 있었다.

이러한 이도국에는 두 주류의 세력이 있었다. 하나는 히보코를 받들고, 이도테와 같이 그의 후예로 지칭하는 이서국의 후예들이다. 이들은 그들의 시조인 히보코를 하늘에서 내려오는 것으로 되어있다. 즉, 히보코가 하늘에서 오로산으로 내려왔다는 것은 고조선의 단군이 하늘에서 태백산으로, 고구려의 해모수가 하늘에서 웅신산으로, 가야의 수로왕이 하늘에서 구지봉으로, 신라의 혁거세가 하늘에서 양산으로 내려오는 것과 같은 것이다. 그러므로 그들은 스스로

---

21 • 노성환 역주, 『고사기』, 민속원, 2009, 100쪽.

천손족을 표방하였던 것이다.

여기에 또 다른 세력이 있었다. 그것은 다름
아닌 히메라는 여신이었다. 그 여신에 대해서『습
진국풍토기摂津国風土記』의 일문에 다음과 같이 기
록되어있다.

다카스신사토리이

> 응신천황 때에 신라에 여신이 있었다. 남편으로
> 부터 도망쳐서 잠시 츠쿠시筑紫의 이하히伊波比
> 의 히메시마比賣島에 살고 있었다. 그곳에서 살
> 면서 말하기를 "이 섬은 남편이 사는 곳과 멀지
> 않다. 만일 이 섬에 내가 있으면 남편이 찾아올
> 지도 모른다."고 했다. 그리하여 그곳에서 이곳
> (豊前의 히메시마)으로 옮겨 살았기 때문에 원래 살던 지역명을 따서
> 이 섬의 이름으로 했다.[22]

여기서 말하는 히메시마比賣島(姬島)는 이도국이 있었던 이도시마
반도에서 동쪽으로 조금 떨어진 곳에 위치한 조그마한 섬이다. 그곳
에는 신라에서 건너간 여신이 그 섬의 수호신으로 있었다. 일본인들
의 입장에서 본다면 그 여인은 바다를 건너온 여신이었다. 즉, 해상
내림한 여신의 신화를 가지고 있었던 세력이 있었던 것이다. 이 여
신이 육지로 상륙하여 이도지역의 신앙의 중심지인 다카스신사高祖
神社에 모셔졌다. 다카스신사는 이도무라怡土村의 다카스산高祖山에
위치해 있는 신사로 히보코의 후예들이 건립한 신사이다. 그들이

---

22 • 吉野裕 譯, 『風土記』, 280面.

다카스신사

자신들의 조상인 히보코를 모시지 않고 히메시마의 여신을 모셨다는 것은 그들 나름대로 다른 세력과의 통합을 시도한 결과로 보인다. 해모수와 수로 그리고 혁거세가 물을 상징하는 여인을 아내로 맞이하고, 또 천황가의 선조 야마사치히코山幸彦[23]가 해궁의 여인과 결혼하였듯이 히보코의 세력도 해상을 대표하는 여인을 아내로 맞이하여 두 세력의 통합을 꾀하려고 하였던 것이다. 그리하여 그들이 세운 신사에 그들의 조상인 히보코를 모시지 않고 신라의 여신을 주신으로 모셨던 것이다. 즉, 신라에 멸망당한 이서국의 세력이 이

---

23 • 본명은 호오리火遠理命 또는 히코호오데미彦火火出尊라고 한다. 『기기』의 신화에 의하면 형인 호데리海幸彦와 사냥도구를 바꾸어 고기를 잡으러 바다로 갔으나 그만 낚시바늘을 잃어버리는 바람에 그것을 찾기 위해 시오츠치신塩椎神의 도움을 받아 해궁(용궁)을 방문하고, 해신의 딸인 도요타마히메와 결혼하고, 낚시바늘과 시오미치타마鹽盈珠, 시오호시타마鹽乾珠라는 주술적인 도구를 얻어 고향으로 돌아와 형을 항복시켰으며, 그 후 천황가의 시조를 생산했다고 한다.

번에는 신라의 세력을 자신의 세력권으로 통합하였던 것이다.

현재 그곳에는 히코호오데미彦火々出見尊를 주신으로 좌측에는 다마요리히메玉依姫命, 우측에는 오기나가타라시히메息長足比女命가 모셔져 있다. 그러나 처음부터 이들 3명의 신을 모신 것은 아니다. 『삼대실록三代実録』에 의하면 "877년(元慶元) 9월 25일에 정6위正六位 다카스히메 신高礒比賣神에게 종5위하従五位下에 임명한다."고 기록 되어있다. 이처럼 원래 이곳에 모셔졌던 신은 다카스히메라는 여 신이었다. 그러던 것이 훗날 언제부터인가 다카스히메는 사라지고 3명의 천황가의 선조신으로 대체되었던 것이다. 여기에서 말하는 다카스히메란 다카스는 지명이며, 히메는 여성 즉, 여신을 말하는 보통명사이기 때문에 그 여신은 앞에서 말한 히메시마의 히메와 동일한 여신인 것이다. 이처럼 이도국은 천손강림의 히보코 세력 이 해상내림의 히메 여신을 모시는 세력을 흡수하여 사상적 통합 을 이루려고 하였으며, 단 그들의 통합을 상징화한 것이 부부신화 이었다. 그러나 그들의 동거는 완벽한 것이 아니었다. 그 여신의 이주는 남편으로부터 도망쳤다 하고, 또 남편이 따라올까 다른 곳 으로 옮겼다는『풍토기』의 기록에서 보듯이 그들의 통합은 불완전 한 것이었다. 만일 그들이 히보코와 히메의 여신을 통하여 원만한 부부상을 만들었다면 이서국의 후예들이 세운 이도국은 다른 어느 고대국가와도 비교하여도 손색없는 완벽한 왕권신화를 가졌다고 해도 과언이 아니다.

## 4. 히보코의 도일시기

그렇다면 히보코는 언제 일본으로 건너갔을까? 지금까지 연구자들은 여기에 대해 확실한 근거를 찾지 못했다. 기록에 의하면 그의 이주시기가 언제였는지 알기가 매우 어렵다. 『고사기』에 의하면 그의 이주 이야기를 응신천황應神天皇조에 실어놓고 있고, 그를 막연하게 옛날 사람으로만 표기해놓고 있으나, 그에 비해 『일본서기』는 수인천황垂仁天皇 3년조에 그가 일본으로 갔다고 매우 구체적으로 서술해놓고 있기 때문이다.

이러한 기록의 혼동 때문에 많은 사람들이 제각기 입장을 달리하는 해석을 내놓았다. 가령 마츠오카 시즈오松岡靜雄는 『고사기』의 기록에 신빙성을 두어 마치 히보코가 신공의 신라정벌로 인해 일본으로 건너간 일개의 지방호족이라 해석했다.[24] 그러나 신공의 신라정벌을 역사적 사실로 보기 힘들다. 그리고 『기기』의 기록에 따르면 신공은 히보코의 외손에 해당되는 인물로 묘사되고 있다. 그러므로 응신기에 히보코가 일본으로 이주했다고 보기는 어렵다. 그에 비해 미시나 쇼에이三品彰英는 수인 3년경이라고 해석했다.[25] 그의 해석은 전적으로 『일본서기』의 기록에 의거한 것이었다. 수인천황 3년이라면 서기 27년이다. 한편 야노 칸지矢野寬二는 히보코가 규슈에서 관서지역으로 이동하는 경로는 신무神武 천황이 관서지역으로 이동하여 건국하는 경로와 일치되며, 또 야마토로 진출할 때 토착세력인 모노노베씨物部氏를 제압하는 것도 일치되는 것으로 보아 히보코는

---

24 • 三品彰英, 『增補 日鮮神話傳説の研究』, 平凡社, 1980, 450面에서 재인용.
25 • 三品彰英, 『增補 日鮮神話傳説の研究』, 448面.

이토성터

신무와 동일한 인물로 보면서 그것이 언제인가를 명시하지 않고 막연히 북규슈 세력이 동쪽지역으로 진출한 역사를 반영한 것으로 보았다.[26] 일본 역사에서 신무는 초대천황이다. 그러나 그는 실재 인물이 아닌 신화적인 인물이다. 그러므로 그들의 야마토 진출을 언제였는지 시기를 가늠하기가 힘이 든다. 이처럼 일본에서는 각자 입장마다 히보코의 이주시기에 대한 의견이 다르다.

그러나 시점을 달리하여 히보코가 일본열도에 처음으로 상륙한지점에 주목한다면 의외로 이 문제가 해결될 가능성이 있다. 즉, 그곳에 고대국가 이도국이 있었고, 그 이도국이 원래의 이름이 이소국이었으며, 그 나라는 신라에 의해 멸망당한 이서국인들이 세운국가라는 사실은 히보코의 이주시기를 추측해내는데 매우 중요한단서를 제공해주기 때문이다.

---

26 ・   矢野寬二, 「天日槍集團と神武東征傳承」, 『日本のなかの朝鮮文化(43)』, 朝鮮文化社, 1979, 44-45面.

이서국인들이 대거 일본으로 이주해갔다면 그들 국가의 멸망과 직접적인 관계가 있을 것이다. 『삼국유사』의 노례왕弩禮王 조에 의하면 이서국은 건호 18년(42년)에 멸망한 것으로 되어있다. 그런데 이상하게도 『삼국사기』에 의하면 유례왕 14년에 다음과 같은 기록이 보인다.

이서고국에서 와 금성을 공격하므로 대병을 일으켜 방어하였으나 쉽게 물리치지 못하고 있던 차에 갑자기 딴 군사들이 몰려오는데 그 수효가 이루 헤아릴 수가 없었으며, 사람마다 머리에 댓잎을 꽂았다. 그 군사가 우리 군사와 더불어 적을 쳐부수고서 어디로 갔는지 알 길이 없으며 혹자는 단지 댓잎 수만이 죽장릉에 쌓인 것을 보았던 것이다. 이로 인하여 나라 사람들은 선황께서 신병을 보내어 싸움을 도운 것이라고 일렀다.[27]

여기에서 보듯이 이서인들이 유례왕 14년(297)에 신라의 서울을 대대적으로 공격을 했다. 즉, 이 기록을 그대로 믿는다면 『삼국유사』에서 말하는 것처럼 이서국은 42년에 완전히 멸망한 것은 아니었다. 그렇다면 이서국은 언제 멸망한 것일까? 여기에 대해 우리의 역사학계에서는 신라가 진한의 소국들을 병합하지만, 그 초기는 그 지역의 지배가 매우 불안정했던 것으로 보는 것 같다. 즉, 토착세력에 의한 종전의 지배체재를 그대로 인정한 일종의 서약에 불과한 불완전한 복속이었던 것이다.[28] 고고학자 김세기에 의하면

27 · 신호열 역해, 『三國史記(1)』, 동서문화사, 1978, 55-56쪽.
28 · 이형우, 『신라초기국가성장사연구』, 영남대출판부, 2000, 177쪽.

이서국은 처음부터 신라와 호의적이지 않았다 한다. 그리고 신라는 무력으로 이서국을 정복하였으며, 간접 지배방식을 택하지 않고 직접 지배를 실시하였는데, 이에 대해 불만을 가졌던 토착세력들이 기회를 보다 유례왕 14년에 신라의 금성을 공격한 것이라고 해석하였던 것이다.[29] 다시 말하자면 유례왕 때 공격한 이서국인들은 이서국의 잔존세력이라고 해석하고 있는 것이다.[30] 『삼국사기』가 유례왕 때 공격한 이서국을 이서고국이라고 표기한 것도 바로 이러한 사정에서 생겨난 것으로 보인다.

이러한 고고역사학계의 해석을 빌리면 이서국의 세력들은 2차에 걸쳐 신라에 의해 무력으로 정벌당한 셈이 된다. 그렇다면 두 차례에 걸친 신라와의 전투에서 실패한 세력 중 어느 세력이 일본으로 건너가 이소국을 세웠을까? 그것은 1차의 노례왕 때의 이서국 세력일 가능성이 높다. 그 이유는 『위지왜인전』에 이미 이도국 즉, 이소국이 등장하기 때문이다. 『위지魏志』는 익히 알려 진 바와 같이 진晉의 진수陳壽에 의해 편찬된 3세기경의 중국 측의 문헌이다. 여기에 이서국인들이 세운 이도국이 등장한다는 것은 최소한 이도국의 존재는 그 이전이 되어야 한다. 그러므로 이도국의 건국 주체세력은 297년에 신라에 패한 이서고국의 세력이 결코 될 수는 없는 것이다. 따라서 그 세력은 다름 아닌 42년의 1차 전쟁에서 패배한 세력이었다고 보아야 한다. 다만 역사학자 이형우는 이서국의 멸망은 『삼국유사』의 기록을 그대로 믿지 않고 2세기 초엽 압독국과 더불어 신라

29 • 김세기, 「청도지역 고대문화의 고고학적 고찰-이서국의 역사, 고고학적 기반연구」, 『대구사학(71)』, 대구사학회, 2003, 32쪽.
30 • 이형우, 「伊西國考-초기신라의 서남방 진출과 관련하여」, 『한국고대사연구(1)』, 한국고대사학회, 1988, 9쪽.

에 병합된 것으로 보았다.[31] 즉, 사로국의 대외팽창이 본격적으로 개시된 시점이 바로 그 시기였기 때문이다.

이러한 사실을 감안하여 보았을 때 이도지역에 세워진 이소국은 1-2세기 초엽에 신라(사로)에 패한 이서국인들이 세운 나라였다는 것을 알 수 있다. 그리고 이들이 선조의 신으로 모신 것이 히보코였다면 히보코의 일본이주도 그들과 함께 이루어진 것으로 보아야 할 것이다. 신라는 이서국을 병합함으로써 낙동강 유역의 가야 지역으로 진출하는데 절대적 기반을 마련하는 계기가 되었다고 한다.[32] 그렇다면 이서국 사람들이 신라세력에 쫓겨 일본으로 갔던 것도 바로 이러한 한반도 내의 경로를 이용하였을 것으로 보인다.

## 5. 이도지역 속의 이서국과 가야국

이러한 고대국가가 이마이 케이치에 의하면 중애, 신공 이후 홀연히 역사에서 사라진다고 했다.[33] 요시다 토고吉田東伍도 이는 이도국의 멸망을 뜻하는 것이라고 했다.[34] 그들은 어찌하여 역사의 무대에서 자취를 감추었을까? 그 실마리는 가야와의 관계에 있다고 본다. 즉, 그들이 나라를 세웠던 그곳에는 현재 그들의 자취보다 가야국의 흔적이 더 강하게 남아있다. 가령 가야산可也山이라

31 •  이형우, 「伊西國考-초기신라의 서남방 진출과 관련하여」, 『한국고대사연구(1)』, 10쪽.
32 •  이형우, 「사로국의 발전과 국읍의 변모」, 『신라문화제학술논문집(26)』, 경주사학회, 2005, 50쪽.
33 •  今井啓一, 『天日槍』, 綜藝舍, 1972, 13面.
34 •  吉田東伍, 『日韓古史斷』, 富山房書店, 1893, 129面.

는 산이 있고, 가야의 이름을 가진 솔밭[可也松原]이 있으며, 또 가라도마리韓泊도 있다. 이는 『만엽집萬葉集』에도 나오는 이름으로 『왜명유취초倭名類聚鈔』에는 가라코韓良鄕라고도 불렸으며, 또 관세음사觀世音寺의 자재장資財帳에 의하면 그곳은 가야코加夜鄕라고도 하였다.[35] 여기에서 보이는 가야可也는 한반도 남부에 있었던 고대국가 가야伽倻를 말한다. 또 '가라'도 마찬가지이다. 그것은 본시 가락국駕洛國의 가락을 나타내는 말이었다. 그러므로 가라도마리, 가라코우, 가야코라고 하는 곳은 가야인들이 정착하여 살던 곳이라는 것은 쉽게 짐작할 수 있을 것이다. 그 뿐만 아니다. 그곳에는 지금도 게야芥屋라는 곳이 있다. 김달수에 의하면 이곳도 가야라고 한다.[36] 그리고 이곳과 아주 가까운 곳에 가라츠唐津라는 도시가 있는데, 이곳도 원래는 가야를 나타내는 가라츠韓津 즉, '가야의 항'이었다고 한다.[37] 또 후쿠오카현과 사가현의 경계지역에 세후리背振 산지山地가 있고, 그 옆에 사와라군早良郡이 있는데, 이때 '세후리'와 '사와라' 모두 서울을 나타내는 말을 잘못 발음한 것에서 생겨난 지명이라는 해석도 있다.[38] 그리고 그곳에는 고소키신사層祖木神社라는 신사가 있는데, 그 신사의 본래의 이름은 가라궁加羅宮이었다고 한다. 또 이 지역의 시토志登 지석묘군, 히라바루平原 유적遺跡, 미쿠모三雲 유적遺跡의 고분은 모두 가야에서 비롯된 것이라고 한다.

그 뿐만 아니다. 고고학적으로도 가야계통의 유적이 많이 발견

---

35 · 金達寿, 「古代朝鮮と伊都國」, 『日本の中の古代朝鮮』, 134쪽.
36 · 金達寿, 「日本の中の天日槍」, 金達寿 外, 『古代の百濟. 加耶と日本』, 學生社, 1990, 156쪽.
37 · 金達寿, 「日本の中の天日槍」, 『古代の百濟. 加耶と日本』, 153-154쪽.
38 · 金達寿, 「日本の中の天日槍」, 『古代の百濟. 加耶と日本』, 156쪽.

된다. 그 대표적인 예로 라이산성雷山城을 들 수가 있을 것이다. 이 산성은 북한학자인 조희승에 의하면 축성방법이 고대 한국식으로 지어졌으며, 또 둑을 의미하는 고대 한국어인 쯔쯔키로 불렸다고 한다. 그리고 가라궁으로 불린 고소신사가 있었던 곳에서 가야 특유의 베천을 댄 기와가 출토되며, 또 이 산성이 위치한 세부리 산지 자체가 고대 한국어에 어근을 둔 가야와 신라적인 말이며, 또 산성의 인근에 있는 라이산 무덤에서 가야의 녹각제 칼이 나왔다는 점 등을 통하여 이 산성을 가야인들이 세운 성이라고 해석했다.[39]

이 지역의 유적에 대해 고고학적 연구를 한 일본의 고고학자인 오쿠노 마사오奧野正男는 이도지방에서는 4세기경에 이미 규슈 북부의 다른 지역에서 찾아 볼 수 없는 전기형태의 고분이 집중적으로 나타나며, 또 5세기경의 수장묘는 앞 시대의 전방후원분의 형식을 계승하면서도 수혈계竪穴系 횡구식橫口式 석실형 무덤이 집중적으로 나타나는 특색을 보인다고 지적한 바가 있다.[40]

이러한 고분은 4세기말 5세기 초에 나타나는 형식으로서 한국에서는 가야국이 있었던 낙동강 유역에 집중적으로 나타나는데,[41] 북한의 조희승에 의하면 이도지역의 4세기 고분군으로서는 죠시즈카 무덤, 하시야마 무덤, 미도구야마 무덤, 와카하치마미야 무덤 등을 들 수가 있다고 한다.[42] 그 중에서 특히 죠시즈카 무덤을 조희승은 한국 쪽을 향하게 축조된 전방후원분이며, 또 그 형태가 수혈식 돌칸으로 되어있고, 출토된 유물 등으로 보아 가야의 무덤이 틀림없으

---

39 · 조희승, 『일본에서 조선소국의 형성과 발전』, 143-144쪽.
40 · 奧野正男, 『騎馬民族の來た道』, 毎日新聞社, 1985, 88面.
41 · 조희승, 『초기조일관계사(상)』, 사회과학출판사, 1988, 159쪽.
42 · 조희승, 『초기조일관계사(상)』, 159쪽.

며, 또 와카하치마미야 무덤에서 나온 혁철단갑은 함양 상백리, 부산 복천동 제4호 고분 등에서 나온 수신판 및 삼각판의 가죽엮음단갑에 그 원형을 두고 있는 것으로 해석했다.[43]

5세기의 것으로 속하는 고분으로서는 스키사키 고분, 로오지老司 고분 등을 들었다. 스키사키 고분은 1983년도에 발굴조사된 것으로 그 형태가 5세기 초엽의 수혈계 횡혈식 고분으로 되어있으며, 그곳에 출토되는 철제단갑과 고사리모양의 칼 등은 복천동 유적의 것과 거의 같은 것으로 알려져 있다.[44]

이에 비해 로오지 고분은 나카가와中川강의 중류 구릉언덕에 있는 전방후원분으로 되어있으며, 5세기 초 횡혈식 석실무덤의 시원적 형태로 잘 알려져 있다. 특히 여기에서 나온 단갑도 동래 복천동 유적 11호 고분에서 나온 수신판 가죽엮음투구 및 단갑과 같은 종류이라 한다.[45] 그 뿐만 아니다. 가야산 가까이에 있는 미토코御床 마쯔바루松原 유적은 고대인의 집터로도 유명한데, 이곳에서도 5세기 중엽의 것으로 보이는 가야계통의 질그릇이 대량 출토되었다 한다.[46] 이처럼 이 지역에서 가야의 유물을 찾으려면 그 밖에도 얼마든지 찾아낼 수 있을 것이다.

이 지역에 분포되어있는 가야의 유물들이 대개 4세기말에서 5세기경에 속하는 것이라면 이는 그 일대에 많은 가야인들이 대거 유입되어 자리를 잡았다는 의미가 된다. 이러한 사정에 따라 이도국은 점차 가야에 밀려 역사의 무대에서 사라진 것이었다. 여기에 관련하

---

43 ·  조희승, 『초기조일관계사(상)』, 149쪽.
44 ·  조희승, 『초기조일관계사(상)』, 155쪽.
45 ·  조희승, 『초기조일관계사(상)』, 155쪽.
46 ·  조희승, 『초기조일관계사(상)』, 152-153쪽.

여 고고학자인 신경철은 매우 흥미로운 해석을 한 적이 있다. 즉, 김해 대성동 고분군은 금관가야의 지배자 무덤인데, 5세기 초와 중엽에 들어 갑자기 축조가 중단되고, 그 계보가 사라진다고 했다. 그와 거의 같은 시기에 일본열도에서는 전방후원분의 중심이 야마토大和에서 가와치河內로 변하는 시기라고 지적하면서, 그때부터 일본의 문화적 분위기와 환경이 굉장히 민감하게 변하여 스에키須惠器라는 가야식 토기를 생산하였으며, 또 마구, 갑주 등 가야적인 문화로 바뀌어 갔다고 보았던 것이었다.[47]

도대체 4세기말과 5세기 초에 어떠한 상황이 있었기에 가야인들이 대거 일본으로 이주해갔을까? 여기에 단서가 될 만한 기록이 광개토왕 비문이다. 이 비는 고구려의 전성기를 연 광개토왕의 훈적을 기념하기 위하여 세워진 송덕비이다. 그 내용이 다소 과장되어 있을 가능성이 있으나, 4-5세기 동아시아의 국제관계를 밝히는데 매우 중요한 자료임에는 틀림없다. 그것에 의하면 우리가 주목할 만한 내용이 몇 가지 서술되어있다. 그 첫째는 신묘년의 기사이다. 이 기사에 대해서는 예부터 매우 민감한 사안으로 연구자들마다 조금씩 달리 해석하고 있는데, 그 중에서 최근의 연구인 서영수의 해석에 따르면 다음과 같다.

백제와 신라는 옛 속민인데도 아직까지 조공을 바치지 않고 왜는 〈무엄하게도 대왕의 치세인〉 신묘년(391년)부터 바다를 건너왔다. 그래서 태왕은 〈신하가 되기로 한 서약을 어긴〉 백제와 〈그 동조자인〉 왜를 공파하고, 신라는 복속시켜 신민으로 삼았다.[48]

---

47 • 신경철, 「한일교류좌담회 도래인들의 특성과 문화기여」, 『한국일보』(2000년 11월 20일자).

여기에서 보듯이 왜가 신묘년부터 바다를 건너 백제와 함께 고구려를 공격했다. 그것을 고구려가 물리쳤다고 하는 것이다. 여기에서 말하는 왜는 북한학자인 김석형에 의하면 북규슈의 백제계통의 왜로서 고국을 위하여 동원된 사람일 것으로 추정했다. 다시 말하여 백제가 왜군까지 동원하여 고구려에 대해 대공세를 폈으나 실패했다는 것을 의미한다. 이처럼 당시 한반도에서는 고구려, 신라, 백제, 왜 등이 팽팽하게 대립되어 있었다. 이러한 관계는 계속되어 두 번째 기해년(399년)의 기사에 다음과 같이 나타난다.

9년(399년) 기해에 이르자 백잔은 자기의 맹세를 위반하고 왜인과 통호했다. 〈백제를 방비하기 위해〉 태왕은 남으로 평양을 순시했다. 그러자 신라왕이 사신을 보내왔다. 그 사신은 태왕에게 그들의 국내엔 왜인이 가득 찼으며 성지는 모두 파괴당했으며, 태왕의 신하인 신라왕은 천민으로 변해서 신라왕은 태왕에게 귀의하여 태왕의 지시를 듣기를 원한다고 했다. 태왕은 인자하여 그들의 충성을 칭찬했다. 이에 신라사신을 돌려보내면서 그에게 밀계를 얘기해주었다.[49]

이 내용을 근거로 보면 399년에 신라가 왜에 의해 위기에 봉착했다. 즉, 신라의 땅에는 왜인이 가득 찼다고 할 정도로, 그들에 의해 파괴되고 왕이 천민으로 변했다고 할 정도로 왕권의 권위가 땅에 떨어져 있었던 것이다. 그와 비슷한 이야기가 『삼국사기』의 기록에도

48 · 서영수, 「광개토태왕비문의 고구려와 왜」, 한일관계사학회편, 『동아시아 속에서의 고구려와 왜』, 경인문화사, 2007, 48쪽.
49 · 王健群, 임동석 역, 『廣開土王碑研究』, 역민사, 1985, 307쪽.

보인다. 즉, "내물왕 38년(393년) 여름 5월, 왜인이 들어와 금성을 포위하여 닷새를 경과하니 장병들이 다 나아가 싸우기를 청하자 왕은 '이제 적이 배를 떠나 육지로 깊이 들어와서 사지에 처해 있으니, 그 서슬을 당하지 못한다'며 성문을 굳게 닫았다."[50]는 기사가 바로 그것이다. 이처럼 4세기 말 신라는 왜에 의해 서울인 금성이 포위당하여 국가존폐의 위기에 몰려 있었던 것이다. 그리하여 신라왕은 광개토왕에게 구원을 요청하였을 것으로 보이는 것이다. 비문에 "태왕의 신하인 신라왕은 천민으로 변해서 태왕에게 귀의하여 태왕의 지시를 듣기를 원한다고 했다."는 기사가 바로 이를 나타낸 것으로 보인다.

신라의 구원요청을 받아들인 고구려의 광개토왕은 드디어 400년에 군사를 신라에 파견하게 되는 것이다. 이것이 바로 다음과 같은 세 번째의 경자년(400년)의 기사이다.

10년(400년) 경자에 태왕은 보병, 기병 5만을 파견하여 신라를 구원하게 했다. 남거성으로부터 신라성에 걸쳐 왜인은 그 중에 가득했다. 관군이 도착하자 왜적은 퇴각하기 시작했다. 〈관군〉은 왜적의 배후를 추격하여 임나가라의 종발성從拔城까지 이르자 이 성은 즉시 항복하여 신라인을 그곳에 파견하여 술병파수戍兵把守를 시켰다. 〈이어서 또한〉 신라성과 염성을 공격하자 왜구는 크게 무너졌다. 성안의 십 분의 구의 신라인은 모두 왜를 따라가기를 거절하자 〈고구려 군대는 또한〉 신라인을 안치하여 술수戍守하게 했다. 신라성 …… 나머지 왜구는 무너져 흩어져 도망갔다.[51]

---

50 • 신호열 역해, 『삼국사기(1)』, 61쪽.
51 • 王健群, 『廣開土王碑研究』, 309쪽.

광개토왕비

여기에서 보면 광개토왕은 5만의 군사를 신라에 보내어 신라 내에 침입해 있는 왜군을 물리쳤다. 고구려는 여기에 그치지 않고, 여세를 몰아 임나가라의 종발성까지 쫓아가 왜를 몰아냈다. 역사학자 이희진에 의하면 임나가라는 김해에 자리 잡고 있었던 금관가야로 해석했다.[52] 그렇다면 이번의 전쟁으로 신라를 침입했던 왜 뿐만 아니라 금관가야까지 큰 타격을 입었음을 알 수 있다.

이러한 고구려의 군사행동에 밀린 신라 내에 있던 왜와 금관가야의 많은 세력은 바다를 건너 피신하였을 것이다. 앞에서 말한 신경철의 설명처럼 김해 대성동 지배자 고분의 축조가 갑자기 중단되고, 그 계보가 사라짐과 동시에 일본열도의 고분문화에 커다란 변화가 일어났다고 하는 것은 당시 한반도의 왜와 금관가야 세력이 대거 바다를 건너 일본으로 건너갔음을 증명하는 것이다. 금관가야지역을 떠나 일본으로 건너갔다면 그곳은 한반도를 마주보고 있는 규슈 북부지역으로 보는 것이 자연스럽다. 그 결과 그들은 규슈 북부지역에 가야의 흔적을 강하게 남겨 놓았던 것이다. 이서국인들이 세운 이도국의 지역에도 예외는 아니었다. 앞에서 본 바와 같이 지명과

52 · 이희진, 「임나가라의 위치에 대한 고찰」, 『충북사학(11.12)』, 충북대학교 사학회, 2000, 113쪽.

고분, 산성, 신사 등에서 가야의 흔적들이 오늘날에도 남아있다는 것은 그들이 대거 이주해 살았던 것을 의미하는 것이다. 즉, 신라에 밀려 이도지역에 자리 잡은 이서국의 후예들은 고구려에 밀린 가야의 세력에 의해 자신들의 지역을 또 다시 내어 줄 수밖에 없었던 것이다. 이도국의 옛터에 이서국의 흔적은 희미하고, 그 반면 가야의 흔적이 강하게 남아있다는 것을 생각하면 기록상으로 남아있는 히보코의 전승은 매우 중요한 자료적 가치를 지닌 것임을 새삼 깨닫게 한다. 그것은 우리에게 역사의 무대에서 사라진 이서국의 이야기를 계속해서 들려주고 있기 때문이다.

## 6. 이서국 출신의 신라왕자

지금까지 보았듯이 본 연구는 일본으로 이주한 고대 한국인의 1호라 일컬어지는 히보코가 기존의 연구에서 보듯이 과연 신라인인지 아닌지에 대한 의문에서 출발했다. 그리하여 그의 고향과 첫 상륙지가 어디인가를 찾아내고, 또 그곳에 무엇을 남겼는지에 대해 지역의 전승과 유적 그리고 지명 등을 중심으로 고찰해 보았다. 그 결과 그는 신라에게 병합된 고대국가 이서국의 후예이었으며, 그를 중심으로 하는 세력이 1-2세기경 일본으로 건너가 처음 상륙한 곳이 후쿠오카현의 이도 지역이며, 그곳에다 그들의 고국 이름을 그대로 사용한 이소국을 세웠으며, 그것이 바로 중국 측의 기록인 『위지왜인전』에 기록된 이도국이었다는 사실을 알게 되었다.

이소국은 비록 천여 호밖에 되지 않는 소규모의 국가였으며, 그 힘이 강하지 못해 여왕이 다스리는 야마타이국에 속해 있었으나 왕권이 세습될 정도로 통치권을 인정받았으며, 이지, 설모고, 병거 고라는 관직을 두고 나라를 다스렸다. 그리고 구슬, 칼, 거울 등 3 종의 신기로 왕권의 상징물로 삼았으며, 신라에서 들어온 세력까지 흡수하여 국가적 통합을 꾀하려고 노력한 결과 그들의 선조인 히보코는 하늘에서 내려온 천손이었으며, 그의 부인은 신라의 세력은 해상을 통해 들어오는 여신이라는 고대국가의 왕권신화를 가지고 있었다.

그러나 이러한 곳에 4세기말, 5세기 초 한반도의 정치, 군사적 정황에 의해 고구려와 신라군에 밀린 한반도 내의 왜와 가야의 세력 이 대거 이도지역으로 이동하여 정착하는 바람에 히보코의 세력은 서서히 그 자취를 감추었다. 현재 이도지역에 이도국 보다 가야의 흔적이 더 많이 남아있는 것도 바로 이러한 역사적 사실을 반영한 것이라 볼 수 있다.

# 제2장
# 신라왕자 히보코의 이주와 정착

## 1. 신라왕자 히보코의 동진

많은 연구자들은 일본의 고대문헌에 보이는 히보코를 신라에서 건너간 이주인들을 상징적으로 표현한 인물로 본다. 왜냐하면 중앙의 기록인 『기기』에서는 그를 신라왕자로 표현하고 있기 때문이다. 그러나 이 문제는 그렇게 단순하게 생각할 문제는 아니었다. 그의 전승이 워낙 많은 요소가 복합되어있어 이를 일괄적으로 분석하기보다는 세부적으로 나누어서 보아야 원래의 모습을 찾아낼 수 있기 때문이다.

제1장에서 보았듯이 히보코의 도일부분에 관련된 전승을 집중적으로 분석한 결과 히보코는 원래 신라세력이 아니라 이서국의 후

예이며, 2세기경 그들은 자신들의 나라가 신라에 병합된 뒤 현해탄을 건너 규슈 북부에 자리잡았고, 또 그곳에 있던 신라세력을 흡수하여 자신의 나라 이름과 똑같은 이소국(『위지왜인전』에는 이도국으로 표기)을 건설했다. 그러한 세력이 급격하게 역사의 무대에 사라지는 것은 5, 6세기에 접어들어서이다. 그 이유는 고구려의 남하정책으로 인한 한반도 내의 가야와 왜의 세력이 대거 규슈 북부로 이동해왔기 때문이다. 그들은 새로운 신식무기도 가지고 있었고, 그 숫자도 엄청나게 많아서 이서국 사람들은 이들 세력과 대항하기 어려웠다. 그리하여 그들은 이곳에서 그들과 화합하며 살든가, 아니면 새로운 세상을 꿈꾸며 다른 곳을 찾아 이주해야 하는 상황을 직면하게 되는 것이다.

그들은 어떤 길을 선택하였을까? 이번에는 여기에 대해 집중적으로 살펴보기로 하자. 한반도를 떠나 일본으로 정착해가는 히보코의 이야기는 우리 측에는 나오지 않고 일본 측에만 나오는 인물이다. 이러한 그에게 우리 측에서도 그에 대한 관심이 매우 높다. 일찍이 이병도[1]의 연구가 있었고, 그 뒤를 이어 장덕순,[2] 소재영,[3] 황패강,[4] 김택규,[5] 임동권[6] 등의 연구가 있었다. 그리고 그 이후 손대준[7]과 김화경[8]의 연구에 이어 최근 이창수[9]와 최원재[10]의 연구도 눈에

---

1 •   李丙燾, 『國史大觀』, 普文社, 1955.
2 •   장덕순, 「설화문학에 나타난 대일감정」, 『한국설화문학연구』, 서울대출판부, 1987.
3 •   소재영, 「연오랑과 세오녀설화」, 『한국설화문학연구』, 숭실대출판부, 1989.
4 •   황패강, 「일본신화 속의 한국」, 『한국학보(20)』, 일지사, 1980.
5 •   김택규, 「동해문화권탐방기」, 『신라문화제학술발표논문집(7)』, 동국대신라문화연구소, 1986.
6 •   任東權, 「天日槍－その身分と神寶について」, 『比較民俗研究(14)』, 筑波大學比較民俗研究會, 1996.
7 •   손대준, 「히보코전승에 관한 연구」, 『원광대논문집(17)』, 원광대, 1983.

띤다. 그 중 이병도, 김화경과 최원재가 특히 히보코의 이주와 정착
에 대해 관심을 보이며, 집중적으로 분석하고 있다.

먼저 이병도는 신라방면에서 일본으로 들어가는 항로에는 동해
를 건너 산인山陰, 호쿠리쿠北陸 지방에 도착하는 것과 남으로 츠쿠
시筑紫 북변北邊에 이르러 다시 동전東轉하여 세도내해瀨戸内海로 들
어가는 두 가지 길이 있다고 전제하고, 히보코는 북쪽 루트를 취하
지 않고, 그 처의 자취를 쫓아 남쪽 루트로 세도내해에 들어왔다는
점에 유의하면서 히보코는 이도국을 출발하여 세도내해를 거쳐 하
리마播磨, 다지마但馬, 아와지淡路를 점령하고, 나니와難波를 경영하
고, 요도가와淀川를 거슬러 북정北征에 올라 쯔루가敦賀에까지 이르
렀다고 했다.[11]

그리고 김화경은 『풍토기』의 기록을 인용하여 히보코의 후손이
규슈지방에도 있고, 또 그 집단이 하리마나타 연안에 상륙하여 우즈
강 유역을 따라 북상하여 다지마에 정착하는 것을 보면 신라인들의
일본 이주는 한 차례가 아닌 여러 차례에 걸쳐 이루어졌음을 알 수
있다고 했다.[12] 그에 비해 최원재는 히보코를 기록하고 있는 『기기』
와 『풍토기』가 그의 이주행로를 각기 달리하고 있다는 점에 주의를
하고, 특히 세도내해로 빠져 일본해日本海를 거쳐 다지마로 정착하였

8 · 김화경, 「일본의 히보코설화 연구」, 『인문연구(52)』, 영남대 인문과학연구소, 2007.
9 · 이창수, 「기기에 나타난 히보코의 연구」, 『일본학보(53)』, 한국일본학회, 2002; 「기기에
     나타난 도래인 연구」, 『일어일문학연구(47)』, 한국일어일문학회, 2003; 「記紀에 나타난 神
     寶연구 - 히보코의 將來物을 중심으로 - 」, 『일본학보(58)』, 한국일본학회, 2004.
10 · 崔元載, 「天之日矛傳承の考察 - 渡來と土着を中心に - 」, 『일본어문학(24)』, 일본어문학회,
     2004.
11 · 李丙燾, 『國史大觀』, 69쪽.
12 · 김화경, 「일본의 히보코설화 연구」, 『인문연구(52)』, 183쪽.

다는『고사기』의 이주행로는 히보코의 후예라고 지칭하는 미야케씨 三宅氏 등이 가지고 있었던 지식의 영향으로 인해 생겨난 것이라고 해석했다.[13]

여기에서 보듯이 이병도의 해석은 일본 측의 기록에 충실히 신빙성을 두어 히보코의 세력을 정복세력으로 보고 있다는 데 그 특징이 있다. 그의 말대로 히보코가 정복세력이었는지 이주세력이었는지에 대한 논의는 차치하고서라도 이주행로에 대한 그의 해석에는 애매모호하게 처리된 부분이 있다. 즉, 히보코가 이도-세도내해-하리마-다지마로 갔던 행로와 아와지-나니와-요도가와-쯔루가에 이르는 행로가 어떻게 연결되는지에 대해 명쾌하게 설명이 되어있지 않다. 왜냐하면 다지마는 북쪽에 위치해 있고, 아와지시마는 남쪽 세도내해 안에 있는 섬이다. 그가 다지마에서 아와지시마로 가려면 하리마나 세츠지역을 통과하지 않으면 안되는데 그의 설명으로는 그 사이에 있었던 경로가 어떠했는지 전혀 설명이 되어 있지 않은 것이다. 그 뿐만 아니라, 쯔루가 이후의 정착지에 대해서도 명확하게 처리해놓고 있지 않아 결국 그의 설명으로는 히보코의 이주행로에 대해 명확히 알 수 없다.

한편 김화경의 연구는『풍토기』의 기록을『기기』보다 더 신빙성을 주어 해석하는데 그 특징이 있다.『기기』가 정치적으로 의도된 중앙의 기록이고, 그 반면『풍토기』는 지역적 입장에서 쓴 향토사가의 기록과도 같은 것이기 때문에 전자보다는 후자의 것에 신뢰성이 더 많이 실린다는 것은 충분히 이해가 된다. 그러나 이것만으로 히보코의 이주행로가 해결되는 것이 아니다. 즉, 그것으로『기기』에

---

13 •    崔元載,「天之日矛傳承の考察－渡來と土着を中心に－」,『일본어문학(24)』, 337쪽.

기록된 이주행로에 대해서 설명이 불가능한 것이다. 만일 그것이 가공적인 것이라면 어떤 배경에서 생겨난 것인지 살펴볼 필요가 있음에도 불구하고 정작 여기에 대한 논의가 이루어지지 않은 아쉬움이 있다.

그리고 최원재의 해석은 히보코의 후손이라고 일컬어지는 미야케씨에 관심을 기울인 것에 그 특징이 있다. 『고사기』의 다지마모리에 관한 이야기를 서술하는 모든 부분에서 미야케씨는 히보코의 후예인 다지마모리의 후손으로 서술되어있고, 또 그들이 나니와에서의 활약상 등을 고려한다면 『기기』에 있어서 히보코의 이주행로에 대한 기록에 개입했을 가능성도 충분히 예상된다. 그러나 그러한 활약상에 입각한 해석만으로 규슈의 이도국을 출발하여 왜 다지마에 가서 정착하였는지에 대해서는 잘 설명이 되지 않는다.

이러한 점들을 극복하기 위하여 히보코의 이주행로에 대해 기록하고 있는 『기기』와 『풍토기』의 자료들에 대해 새롭게 비교검토가 이루어져야 할 필요가 있다. 그렇게 함으로써 히보코의 이주행로를 재구성하고, 또 그 중에서 논리적으로 맞지 않는 기록이 있다면 그 이유에 대해서도 함께 생각할 필요가 있다고 본다. 그리고 그들이 이서국에서 신라의 왕자로 변신한 것은 어떤 계기에 의해 언제부터 바뀌었는지에 대해서도 살펴볼 필요가 있다. 그러기 위해서 본 장에서는 이상에서 제시된 3가지 자료를 비교검토하고, 현장론적인 관점에서 그가 신으로 모셔지고 있는 신사와 지역의 전승도 함께 파악하여 히보코를 종합적으로 이해하는데 그 목적을 두었다.

## 2. 『기기』에 나타난 히보코의 이주경로

최원재의 지적처럼 『기기』와 『풍토기』에서 나타나는 히보코의 이주경로는 모두 다르다. 그 뿐만 아니라 그의 이주목적에 대해서도 다르게 묘사되어있다. 이러한 것을 종합적으로 검토하기 위해 먼저 『고사기』의 내용부터 살펴보기로 하자. 『고사기』에 의하면 히보코의 이주전승을 다음과 같이 서술하고 있다.

옛날 신라에 히보코라는 왕자가 있었다. 이 사람이 일본으로 건너왔다. 건너오게 된 이유는 다음과 같다. 신라에 어떤 늪 하나가 있었는데 그것을 아구누마阿具奴摩라 했다. 그 늪 근처에 어떤 신분이 천한 여인이 낮잠을 자고 있었다. 그때 무지개와 같은 햇빛이 그녀의 음부를 비추었다. 그러자 신분이 천한 남자 한 명이 이를 보고 이상히 여겨, 항상 그 여자의 동태를 살폈다. 그러더니 이윽고 그 여인이 낮잠을 자던 때부터 태기가 있어 드디어 출산을 했는데 붉은 구슬이었다. 그리하여 그 모습을 보고 있던 천한 남자는 그 구슬을 그녀에게 달라고 애원한 끝에 받아낸 후 항상 싸 가지고 허리에 차고 다녔다. 이 남자는 산골짜기에 밭을 일구며 살고 있었으므로 밭을 가는 일꾼들의 음식을 한 마리 소에다 싣고 산골짜기로 들어가다가 그 나라 왕자인 히보코를 우연히 만났다. 이에 히보코가 그 남자에게 묻기를 "어찌하여 너는 음식을 소에다 싣고 산골짜기로 들어가는 것이냐? 필시 이 소를 잡아먹으려고 그러는 것이지!"라며 즉시 그 남자를 잡아 옥에 가두어두려고 했다. 이에 그 남자가 대답하기를 "저는 소를 죽이려는 것이 아닙니다. 다만 밭을 가는 사람들의 음식을 실어 나를 뿐입니다."라고 하였다. 그러나 히보코는 이를 받아들이지 않았다. 그리하여 그 남자는 허리에 차고 있던 구슬을 풀어 왕자에게 바쳤다. 그러자 히보코는 그 신분이 천한 남자를 방면하고 그 구슬을 가지고 와서 마루 곁에다 두었더니 아름다운 여인으로도 변하였다. 그리하여 히보코는 그녀와 혼인을 하고 적실의 아내로 맞아들였다. 그 후 그녀는 여러 가지 맛있는 음식을 장만하여 남편을 대접했다. 그러나 그 나라 왕자는 거만한 마음이 들어 아내를 나무랐기 때문에 "대체로 나는 당신의 여자가 될 여자가 아닙니다. 나의 조국으로 가겠습니다."라는 말을 하고는 재빨리 남몰래 작은 배를 타고 도망쳐 건너와 나니와難波에 머물렀다. ─그녀가 바로 나니와의 히메코소신사比賣碁曾神社에 모셔지고 있는 아카루히메신阿加流比賣神이다. ─

히보코는 아내가 도망쳤다는 소식을 듣고 곧 그 뒤를 따라 건너와 나니와에 도착하려고 했다. 바로 그때 해협의 신이 이를 막고 나니와에 들여보내 주지 않았다. 그리하여 히보코는 하는 수 없이 다시 돌아가 다지마多遲摩라는 곳에 정박했다.[14]

여기에서 보듯이 히보코가 일본으로 이주하게 된 동기는 좀 특별하다. 그는 늪 근처에서 자다가 복부에 햇빛을 받아 임신하여 낳은 붉은 돌이 변한 여인과 결혼을 했고, 아내가 해주는 음식에 대해 투박을 심하게 하여 이에 견디지 못한 아내가 일본으로 도망쳤고, 이를 뒤늦게 후회한 그가 뒤쫓아 일본으로 건너갔다는 것이다.

이러한 이주경로에 대해 『고사기』는 매우 소홀히 기록해놓고 있다. 그 부분에 해당되는 기사를 보면 먼저 여인은 나니와에 머무르

14 · 노성환 역주, 『고사기』, 민속원, 2009, 236-237쪽.

오사카의
히메코소신사

며, 히메코소신사에 모셔지는 아카루히메라는 여신이 되었다고 했
다. 나니와란 현재의 오사카를 말한다. 그 뒤를 쫓아온 히보코는
아내를 만나기 위해 나니와에 들어가려고 하였지만, 지역신들이 방
해하는 바람에 포기하고 다시 돌아가 다지마에 정착을 했다고 했다.
이 대목에서 주목을 끄는 것은 '다시 돌아가 다지마에 정박했다'는
표현이다. 이는 원문 "고경환박다지마국故更還泊多遲摩國"을 번역한
것이다. 여기서 문제가 되는 것은 돌아간다는 '환還'의 해석이다. 즉,
전체의 문맥에서 본다면 신라로 다시 돌아가서 다지마에 머물렀다
는 것인지, 아니면 나니와에서 신라로 돌아가다가 다지마에 머물렀
는지가 분명하지 않는 것이다. 그러나 논리적으로 본다면 나니와에
머물지 못하고 다지마에 가서 정착하였다고 보는 것이 더 설득력을
가질 것이다. 그렇다면 나니와에서 다지마까지는 어떠한 경로로 갔
는지에 대해서 의문이 생긴다. 여기에 대해서 『고사기』는 아무런
해답을 주지 않고 있는 것이다.

　그 뿐만 아니다. 『고사기』에 있어서 또 하나의 의문점은 도망간

아내를 만나기 위해 어렵게 일본까지 간 그가 너무나도 쉽게 자신의 목적을 잊어버린다는 점이다. 그는 나니와의 토착신이 방해하자 다지마로 가서 그 지역의 토착세력인 다지마노마타오多遲摩之俣尾의 딸, 사키쯔미前津見라는 여인과 혼인하여 자식을 낳고 두 번 다시 본처와의 재회를 하지 않는 것으로 되어있는 것이다. 이러한 부분은 과연 히보코와 히메코소가 원래부터 부부였던가 하는 의구심을 가지게 한다.

여기에 비하면『일본서기』는 히보코의 이주행로에 대해서 자세하게 서술하고 있다. 그리고 도일의 목적에 있어서도『고사기』와 다르게 표현되어있다. 내용 또한 여러 유형들을 수록하고 있으나 이주에 관한 이야기는 다음과 같이 두 개의 이야기가 있어 소개하면 다음과 같다.

(1) 처음 히보코는 배를 타고 하리마播磨國에 와서 시사와무라穴粟邑에 머물렀다. 천황이 미와노키미三輪君의 선조인 오호토모누시大友主와 야마토노아타이倭直의 선조인 나가오치長尾市를 보내어 히보코에게 "너는 누구냐? 또 어느 나라 사람인가?" 하고 물었다. 히보코는 "나는 신라국의 왕자이다. 일본에 성왕이 있다는 이야기를 듣고 나의 나라는 동생인 치코知古에게 물려주고 왔다."고 한다. 그리고 바친 것은 엽세주葉細珠, 족고주足高珠, 우카카의 적석주赤石珠, 출석出石의 도자刀子, 출석出石의 창槍, 일경日鏡, 웅신리熊神籬, 단협천胆狹淺의 태도太刀 등 모두 합하여 8종류이다. 천황은 히보코를 불러 "하리마播磨國의 시사와무라와 아와지淡路島의 이데사노무라出淺邑 중에 네가 마음에 드는 곳을 골라서 살도록 하라."고 했다. 이에 히보코는 "내가 살 곳은 만일

나의 바람대로 해주신다면 스스로 여러 나라를 둘러보고 내 마음에 드는 곳을 골라 정하겠습니다."고 했다. 이에 허락이 나자 히보코는 우지가와宇治河를 거슬러 올라 오우미近江의 아나무라 吾名邑에 들어가 잠시 살았다. 그 후 오우미에서 다시 와카사若狹를 거쳐 다지마但馬國에 이르러 거처를 정했다. 그리고 오우미의 가가미무라타니鏡邑谷의 스에비토陶人는 히보코를 따라온 자들이다. 히보코는 다지마의 이즈시出石 사람인 후토미미太耳의 딸 마다오麻多烏와 결혼하여 다지마모로스쿠但馬諸助를 낳았다. 모로스쿠는 히나라키日楢杵를 낳았다. 히나라키는 기요히코清彦를 낳았다. 기요히코는 다지마모리但馬間守를 낳았다.[15]

(2) 옛날 한 사람이 작은 배를 타고 다지마로 왔다. "어느 나라 사람인가."하고 묻자 "신라왕자로 이름은 히보코이다."고 대답했다. 그 후 다지마에 머물며, 그 곳의 마에쯔미미前津耳의 딸인 마타노오麻挖能烏와 결혼하여 다지마모로스쿠但馬諸助를 낳았다. 이는 기요히코의 조부이다.[16]

이상에서 보아 알 수 있듯이 (1)과 (2)는 상당한 차이가 난다. (1)이 (2)보다 훨씬 더 자세하다. (2)에서는 단지 히보코가 작은 배를 타고 다지마로 왔다고 서술되어있지만, (1)은 그렇지 않다. 그는 먼저 하리마의 시사와무라에 살았다. 그러던 중 천황에게 자신의 보물을 바치고, 천황이 하리마의 시사와무라와 아와지시마의 이데사노무라 중에서 한곳을 선택하여 살아라고 하였지만, 그는 이를

15 ·   宇治谷孟 譯, 『日本書紀(上)』, 講談社, 1990, 137-138面.
16 ·   宇治谷孟 譯, 『日本書紀(上)』, 150面.

거부하고 자신의 거처는 여러 곳을 돌아본 다음 스스로 결정하겠다며 우지가와·오우미의 아나무라·와카사를 거쳐 다지마에 정착한 것으로 되어있다. 이러한 부분은 확실히 『고사기』에는 없는 기사이다.

한편 그의 도일 동기에 대해서도 다르게 표현되어있다. 『고사기』에서는 도망간 아내를 찾아서 건너간 것으로 되어있지만, 『일본서기』에서는 일본의 천황을 흠모하여 건너간 것으로 되어있기 때문이다. 즉, 전자는 아내를 사랑하는 보통의 남자로 되어있지만, 후자는 자신의 이주를 정당화하려는 정치적인 인물로 묘사하고 있다. 그러한 탓에 『고사기』에서 보는 것처럼 히메코소 여신과의 혼인담도 보이지 않는다.

그렇다면 『일본서기』에 서술된 경로를 통해 그는 다지마로 정착하였을까? 여기에는 다소 풀리지 않는 의문이 생긴다. 왜냐하면 하리마의 시사와무라에서 다지마까지는 매우 가까운 거리이다. 지도상으로 본다면 시사와무라에서 북쪽으로 곧장 가면 다지마에 이른다. 이러한 단거리를 두고 굳이 우지가와·오우미의 아나무라·와카사를 거쳐 엄청난 거리를 둘러서 간다는 것이 선뜻 납득이 되지 않는 것이다. 그러므로 이러한 경로로 통하여 그들이 다지마까지 이주해 나갔다고 보기는 힘들다. 그리고 시사와무라는 하리마에서도 내륙쪽에 위치해 있는 지역이다. 그가 어떻게 규슈를 출발하여 하리마의 시사와무라에까지 갔는지 그 사이의 경로에 대해서는 『일본서기』에 아무런 언급이 되지 않고 있다. 따라서 『일본서기』의 이주행로는 의문투성이라 하지 않을 수 없다. 이러한 궁금증을 풀어주는 결정적인 역할을 해주는 것이 『풍토기』의 기록이다.

## 3. 『풍토기』에 나타난 히보코의 이주경로

서문에서도 언급하였지만 『기기』가 정치적 의도 하에 여러 가지 전승되어지는 것들을 자신들의 입맛에 맞게끔 편집된 중앙의 문헌이라고 한다면 『풍토기』는 그와 반대로 지역에서 내려져오는 역사와 신화전승들을 채록해 놓은 지방의 문헌이다. 그러므로 지방의 역사에 대해서는 『기기』보다는 신뢰성이 높다 하겠다. 『풍토기』가운데 『파마풍토기播磨風土記』에 히보코와 관련된 기록이 집중적으로 나타난다. 그것에 의하면 그는 먼저 하리마의 이히보粒丘에 도착했던 것 같다. 그와 관련된 설화를 소개하면 다음과 같다.

이히보 언덕이라고 부르는 까닭은 히보코가 가라구니韓國에서 건너와, 우즈강字頭川 하류 어구에 이르러, 머무를 곳을 아시하라시코오葦原志擧乎命에게 청하여 말하기를 "너는 이곳의 주인이다. 내가 머무를 곳을 달라."라고 하였다. 아시하라시코오는 바다 가운데를 허락하였다. 그때 객신은 칼을 가지고 바닷물을 휘젓고는 그곳에 머물렀다. 이를 본 주신은 곧 객신의 이같은 용맹스러운 행위를 두려워하여, 객신 보다 먼저 영토를 차지하려고 돌아서 올라가 이히보 언덕에 이르러 급하게 밥을 먹었다. 그때 입에서 밥알이 떨어졌다. 그 때문에 이히보 언덕이라 하는 것이다. 그 언덕의 작은 돌은 모두 밥알과 비슷하다. 또 지팡이를 땅에 꽂았더니, 곧 그 자리에 차가운 샘이 솟아나 드디어 남북으로 흘렀다. 북은 차갑고, 남은 따뜻하다.[17]

---

17 · 吉野裕 譯, 『風土記』, 講談社, 1982, 71-72面.

이 설화에서 보듯이 그는 규슈의 이도지역을 출발하여 세도내해를 거쳐 하리마의 이히보에 도착한 것이었다. 그의 정착은 순탄하지 않았다. 그 지역의 토착신 아사하라시코오가 그의 상륙을 두려워하여 바다에 머물도록 했다는 것이 바로 그것이다. 그 후 그는 아시하라시코오와 피나는 투쟁을 했다. "아시하라시코오와 히보코 두신이 이 골짜기를 서로 빼앗으려고 싸웠다. 그래서 그들이 서로 빼앗으려고(옥신각신) 하는 바람에 그 형태가 꼬부라진 칡넝쿨처럼 된 것"[18]이라는 설명의 우바이타니奪谷 전설이 그러하고, 또 "아시하라시코오가 히보코와 서로 경쟁하면서 영토를 차지할 때 크게 우는 말을 이 강에서 만났다. 그래서 이나카 강이라 한다."[19]는 전설이 이를 잘 대변한다고 볼 수 있다. 그 뿐만 아니었다. 그곳에는 아시하라시코오라는 신 이외에도 이와대신伊和大神이라는 또 한명의 토착신이 있었다. 그는 이 신과도 싸워야 했다. 이 신과의 싸움이 얼마나 치열하였는지 다음과 같은 설화가 잘 대변해 준다.

누카오카糠岡에서 이와대신伊和大神이 히보코라는 신과 제각기 군사를 내어 서로 싸웠다. 이때에 대신의 군사가 모여서 벼를 찧었는데, 그 겨가 쌓여서 언덕이 되었다. 또 그 겨를 까불어 둔 겨를 쯔카墓라고도 하고, 기무레산城牟禮山이라고도 한다. 어떤 사람이 말하기를 성이 쌓은 곳에는 히무다品太(응신) 천황 때에 건너온 백제 사람들이 자신들의 습속에 따라 성을 쌓고 살았다. 그 자손들은 가와노베리川邊里의 미야케三家(御宅) 사람 야시로夜代들이다. 야치쿠사八千

18 • 吉野裕 譯, 『風土記』, 77面.
19 • 吉野裕 譯, 『風土記』, 78面.

軍라고 하는 까닭은 히보코에게 군사가 8천이었기 때문에 야치쿠사라 하는 것이다.[20]

여기에서 보듯이 히보코는 군사 8천을 낼 정도로 이와대신과 치열한 전투를 벌였다. 『고사기』에서와 같이 사랑하는 아내를 찾아 일본으로 건너가는 보통의 남자도 아니며, 『일본서기』처럼 천황의 덕을 흠모하여 일본으로 건너가는 정치적인 사람이 아니다. 『풍토기』에서 그는 살아남기 위하여 처절하게 투쟁하는 전사 집단이었다. 그러한 기록 가운데 그가 결국 하리마에 정착하지 못하고 다지마로 간 것이다. 여기에 대한 기록을 미카다리御方里의 유래를 설명하는 자리에서 다음과 같이 『파마풍토기』는 서술하고 있다.

미카다御形라고 부르는 까닭은 아시하라시코오가 히보코와 검은 흙으로 된 시니산志爾山에 가서 각각 칡넝쿨 세 가닥을 발에 붙였다가 던졌다. 그때 아시하라시코오의 칡은 한 가닥이 다지마但馬의 게다군氣多郡에 떨어졌고, 또 다른 한 가닥은 야부군夜夫郡에 떨어졌으며, 나머지 한 가닥은 이 마을에 떨어졌다. 그리하여 미카다三條라고 한다. 히보코의 칡은 모두 다지마에 떨어졌다. 때문에 다지마의 이즈시伊都志(出石)의 땅을 차지하게 되었다.[21]

이상의 설화는 아시하라시코오와 히보코가 서로 거주지를 놓고 칡넝쿨을 던져 그것이 떨어지는 것으로 거주지를 결정하는 일종의

---

20 · 吉野裕 譯, 『風土記』, 82面.
21 · 吉野裕 譯, 『風土記』, 79-80面.

내기 설화이다. 어쩌면 토착신과 히보코가 치열한 싸움 끝에 새로운 타협점을 찾았는지도 모른다. 여하튼 결과적으로 그는 하리마를 떠나 다지마로 가지 않을 수 없었다. 이처럼 『파마풍토기』에 의하면 그의 행로는 매우 알기 쉽게 설명되어있다. 즉, 이히보에서 북쪽으로 이동하여 곧장 다지마로 가는 경로를 택한 것이다. 『일본서기』의 기록을 첨가하여 생각해본다면 그 사이에 하리마의 북쪽 시사와무라에 머물렀는지도 모른다.

『풍토기』는 그의 이주행로에 대해서 또 하나의 중요한 단서를 제공해주는 기사를 싣고 있다. 그것은 다름 아닌 이도시마伊刀嶋에 관한 이야기이다. 그것에 의하면 응신천황이 사냥을 하였을 때 그때 쫓긴 사슴이 헤엄쳐서 섬으로 도망쳤기 때문에 이를 끝까지 지켜본 사람들이 '사슴이 드디어 저 섬에 도착했다'는 의미에서 그 섬을 이도시마라 했다고 한다.[22] 이 이도시마가 현재 어디를 가리키고 있는지는 알 수 없으나 지금도 이히보 지역을 마주보는 바다에는 이에시마 제도家島諸島라 불리는 조그마한 섬들이 산재해 있다. 그 중에는 사슴의 이름을 가진 단가시마男鹿島도 있다. 이도시마란 어쩌면 이 섬일지 모른다.

그런데 선뜻 이해가지 않는 것은 사슴이 '다다라 도착했다'는 '이다리쓰이테'라는 말에서 이 섬의 이름이 생겨났다는 『파마풍토기』의 설명이다. 아무리 생각해보아도 '이다리쓰이테'가 '이도시마'로 바뀐다는 것은 무리인 것 같다. 오히려 그 유래는 히보코가 이곳으로 오기 전에 살았던 지명에서 찾아야 할 것 같다. 그가 이전에 살았던 곳이 바로 규슈 북부에 위치한 이도伊都이었다. 현재에

---

22 •  吉野裕 譯, 『風土記』, 61面.

도 이곳은 이도시마絲島라고 표현하고 있다. 즉, 하리마의 이도시마는 히보코가 살았던 규슈의 이도(이도시마)에서 유래되었다고 보는 것이 자연스러운 일이다. 그리고 사냥꾼들에 의해 쫓겨 바다를 헤엄쳐 이도시마에 다다른다는 사슴의 이야기는 다름 아닌 히보코가 토착세력인 아시하라시코오에 쫓겨 바다에 머물렀다는 것을 상징적으로 표현한 것과도 같다. 즉, '칼을 가지고 바닷물을 휘젓고 그곳에 머물렀다'는 것은 현실상 불가능하며, 이는 육지의 상륙에 제지를 당하고 어찌할 수 없이 그 앞에 있는 섬에 머무르게 되었다는 것을 은유적인 방법으로 나타낸 것으로 볼 수 있을 것이다.

그렇다면 그의 이주행로는 보다 세부적으로 생각할 수 있다. 즉, 규슈의 이도에서 출발하여 세도내해를 거쳐 하리마의 이히보로 상륙하려고 하였으나 토착세력의 제지로 그 뜻을 이루지 못하고, 그 앞에 있는 이도시마에 머무르면서 싸울 태세를 갖추어 이히보에 상륙하여 치열한 싸움 끝에 하리마의 북부지역인 시사와무라에 머물러 살다가 다시 다지마로 이주하여 정착하였다는 사실이다.

이같이 끝내 그는 하리마에 정착하지 못하고 다지마의 이즈시에서 뿌리를 내렸던 것이다. 그러한 증거로 하리마에는 히보코를 모시는 신사가 거의 보이지 않는 것을 알 수 있다. 그 반면 다지마에는 그의 흔적이 많이 남아있다. 그 예로 그를 신으로 모시는 이즈시신사出石神社와 미즈시신사御出石神社, 이사사신사伊佐佐神社, 그의 후손인 스가노모로오酢鹿諸男와 스가가마노유라토미菅竈由良度美를 신으로 모시는 스게신사須義神社가 있으며, 또 그의 후손 모로스케諸助를 신으로 모시는 모로스기신사諸杉神社, 다지마모리田道間守를 신으로 모시는 나카지마신사中島神社, 또 그의 후손인 가쯔라기타카누카히메葛城高額比賣命를 신으로 모시는 다카누카신사鷹貫神社 등이 있다.[23]

다지마는 온통 히보코의 영지이었다고 해도 과언이 아니다. 이처럼 그가 하리마 지역에서 정착하고자 노력했던 것은 실패로 끝난 것이 었다.

그런데『파마풍토기』의 또 하나의 특징은 히보코를 신라왕자라고 표현하고 있지 않다는 점이다.『파마풍토기』에서는 그를 가라구니韓國에서 온 객신이라고 기록했다. 그리고 그들은 이곳에서도 그의 고국인 이서국(이도국)을 잊지 않았다. 그 자취들을 군데군데 지명 등에 남겨 놓고 있는 것이다. 자신의 고향 이름을 그대로 지역명에 남긴 대표적인 예는 앞에서 언급한 이도시마伊刀嶋 이외에도 얼마든지 찾을 수 있다. 또 하나의 예가 다지마의 이즈시伊都志이다. 현재 이곳은 이즈시出石로 표현하고 있지만, 원래는 한자의 표기에서 보는 것처럼 '이도시'이다. '이도시'가 '이즈시'로 바뀐 것이다. 이것 또한 '이도시'의 '이도'는 이도시마의 예에서 보았듯이 규슈 북부 이도에서 유래된 것이다. 1장에서도 언급하였듯이 그 증거로는『축전국풍토기筑前國風土記』에서도 찾을 수 있는데, 그 일문逸文에 의하면 고대의 이도국은 이소시伊蘇志 또는 이소국伊蘇國이라 하는데, '이도'라 함은 이를 잘못 발음하여 생겨난 것이라는 설명이 있다.[24] 그렇다면 다지마의 이즈시는 다름 아닌 히보코의 세력이 규슈북부에 세운 이도국의 이름인 이도와 이소시가 합쳐져 생겨난 이름임을 금방 알고도 남음이 있다.

그들이 신라를 내세우지 않고 자신의 나라인 '이소시'를 고집한 예는 그의 후손인 이소시노오미伊蘇志臣와 이도이미야쯔코絲井造

---

23 •　段熙麟,『渡來人の遺跡を歩く(1)』, 六興出版, 1986, 42-51面.
24 •　宇治谷孟 譯,『日本書紀(上)』, 講談社, 1988, 182-183面.

이즈시신사

의 예를 보아도 알 수 있다. 옛 세츠攝津 지역이며 현재 다카라쯔
카시寶塚市에는 이소시伊孫志라는 지명이 있다. 그 지명은 이소시노
오미伊蘇志臣 일족들이 거주한데에서 생겨난 것이었다.[25] 『신찬성
씨록新撰姓氏録』에 의하면 이소시오미는 이도이미야쯔코絲井造와 같
이 히보코의 후예로 설명되어있다. 이소시오미의 성씨인 '이소시'
는 앞에서 본 이소시伊蘇志에서 나온 것이다. 그리고 이도이미야쯔
코도 자신의 관직명인 미야쯔코를 제거하면 그들의 성씨로 사용
하는 '이도이'가 남는데, 이것 또한 이도국의 '이도'에서 유래를 찾
을 수 있다.

　이처럼 그들은 규슈를 출발하여 세도내해를 통하여 하리마에 도
착하여 수많은 지역신들과 대립과 갈등을 일으키며 최종적으로 다
지마의 이즈시에 정착하고 살면서 자신들의 고국인 청도의 이서국
을 잊지 않았던 것이다. 그들을 신라로 표현하고, 히보코를 신라왕

25 ·　段熙麟, 『渡來人の遺跡を歩く(2)』, 六興出版, 1986, 15面.

자로 표현한 것은 『기기』가 처음이다. 『풍토기』를 통하여 본 그들은 어디까지나 이서국의 잔존세력이었다. 그들이 『기기』에서처럼 신라 의 세력으로 바뀐 것은 자기의 고국이 오래전에 신라에 의해 병합되어 그 지역은 이미 신라가 되어있었기 때문이다.

### 4. 가야인들의 신이 된 신라왕자

그렇다면 『일본서기』에 기록된 하리마를 출발하여 오우미와 와카사를 거쳐 다지마로 갔다는 이주경로는 어찌하여 생겨난 것일까? 실제로 그곳에는 치열한 전투를 벌이면서도 끝내 정착하지 못한 하리마 지역과는 달리 히보코가 신으로 모셔지고 있는 신사들이 많다. 오우미의 경우 쿠사츠시草津市의 아나무라쵸穴村町에 아라신사安羅神社와 오우미하치만시近江八幡市 류오쵸龍王町 가가미신사鏡神社의 제신이 바로 히보코이다.

이 지역에 거주하는 향토사가들은 대개 『일본서기』의 기록을 그대로 인용하여 히보코가 자신의 거주지를 선정하기 위해 여러 지역으로 편력을 하는 도중 그곳에 잠시 머물다가 그가 거느리고 있던 사람들을 그곳에 머물게 했으며, 그러한 흔적이 신사에 나타나 있다고 보는 해석이 주력을 이룬다. 예를 들면 쿠사츠시에 살고 있는 이시다 이치조石田市藏씨는 아라신사에 대해 야요이시대에 일본으로 건너간 히보코가 이곳에 와서 잠시 머물렀는데, 그때 그가 거느리던 일부 백성들이 이곳에 살게 되었고, 그들이 히보코를 신으로 모시는 아라신사를 세웠다고 설명했다.[26] 그리고 오우미하치만시에 거주하는 야마나카 야스키山中靖城씨는 가가미신사에 대해서 『일본서기』의

아라신사의 본전

「수인垂仁조」의 기사를 인용하면서 이 신사는 그때 이곳을 다녀간 히보코가 의사, 약사, 도공, 금공, 건축, 농경 등 다양한 기술계층을 거느리고 있었는데, 그 일부가 남아 이 지역에 거주하였고, 그들이 세운 신사라고 설명하고 있는 것[27]들이 바로 그러한 예들이다. 이는 물론 『일본서기』의 "오우미의 가가미무라鏡邑의 골짜기 스에비토陶人는 히보코를 따르던 사람들이다."[28]는 기사에 입각한 해석임은 두 말할 나위가 없다.

한편 와카사 지역에도 히보코와 연관이 있는 신사가 보인다. 그 대표적인 예가 쯔루가시敦賀市에 있는 게히신사氣比神社이다. 현재 그

26 •  石田市藏, 『ひぼこの里 吾名邑』, 개인출판, 彦根図書製本所, 2000, 13面.
27 •  山中靖城, 『〈渡來文化と近江〉私考』, 개인출판, 1993, 30-31面.
28 •  宇治谷孟 譯, 『日本書紀(上)』, 138面.

아라신사 현판

가가미신사

곳에는 이사사와케신伊奢沙別神, 중애천황仲哀天皇, 신공황후神功皇后, 야마토타케루日本武尊, 응신천황應神天皇, 다마히메玉妃命, 다케우치 수쿠네武内宿禰 등의 여러 신이 모셔져 있지만, 신사 측의 설명에 의하면 게히신사의 신은 게히대신인데, 그는 일반적으로 이사사와 케라 불리는 신이며, 그 신은 신공황후의 선조로 여겨지는 히보코일 뿐만 아니라 쯔루가아라시토都怒我阿羅斯等와도 같은 인물이라고 복잡하게 설명하고 있다. 역사학자 이마이 케이치今井啓一도 이러한 관점에서 원래 이 신사의 신은 이사사와케이며, 그 신은 바로 다름 아닌 히보코일 것이라고 추정하고 있다.[29]

이와 같이 히보코가 거쳐 갔다는 오우미와 와카사의 지역에 그와 관련된 신사들이 많이 남아있다는 것은 『일본서기』의 기록이 어

29 • 今井啓一, 『天日槍』, 綜藝社, 1972, 135面.

느 정도 설득력을 가지게 하는 것으로 볼 수 있다. 그렇다면 이러한 이주경로는 『파마국풍토기』의 것과는 완전 대치된다. 이러한 모순된 점을 어떻게 설명하면 좋을까?

여기에 대해서는 이러한 신사의 입장에서 종합적으로 생각할 필요가 있다. 먼저 게히신사의 경우 그 제신들의 이름에서 보듯이 다양한 요소들이 복합되어있다. 그 중에서 특히 하치만 신앙과 관련된 요소 즉, 신공과 응신의 모자母子와 관련된 요소들이 많이 가미되어있다. 그러한 데는 이유가 있었다. 그것은 다름 아닌 응신천황과 게히신사와의 관계에서 오는 것이었다. 그에 관해 『고사기』의 「중애仲哀조」에서는 기술하고 있는데, 그 내용을 요약하여 소개하면 다음과 같다.

다케우치노스쿠네가 태자를 데리고 목욕재계를 하기 위해 쯔루가에 잠시 와 있었을 때 어느날 밤 꿈에 이자사와케가 나타나 자신의 이름을 태자 이름과 바꾸고자 했다. 이러한 제의를 받아들이자 다음날 아침 해변으로 나가보라고 일러 주었다. 그 다음날 아침 태자가 해변으로 나가 보았더니 코에 상처를 입은 돌고래가 해안에 몰려 있었다. 이에 태자는 이자사와케신이 자신에게 음식으로 먹을 고기를 주었다고 말했다. 그리하여 그 신의 이름을 미케쯔오호카미御食津大命라 하였으며, 그 신이 바로 게히대신이라는 것이다.[30]

여기에서 보듯이 원래 게히대신은 이자사와케이었다. 다시 말하여 하치만 계통의 신들은 이상과 같은 설화를 이용하여 후세에 첨가된 것들이었다. 그리하여 이러한 일련의 신들을 제외하면 이사사와

30 · 노성환 역주, 『고사기』, 217-218쪽.

이사사와케신, 야마토타케루가 남는다. 그 중 야마토타케루는 이곳과 아무런 관련이 없다. 단지 그는 이민족을 정벌하여 천황가의 권력을 굳건히 다진 인기 있는 영웅일 뿐이다. 그러므로 그 또한 후세에 새롭게 첨가되었음은 쉽게 짐작할 수 있을 것이다. 그렇게 본다면 『고사기』에서는 이자사와케로 표현되어있는 이사사와케만 남는다. 그러한 그가 히보코라고도 하고, 또 쯔누가아라시토라고 한다는 것이 신사 측의 설명이었다. 그러나 엄밀히 본다면 이 세신은 모두 다르다. 「북륙도총진수기비신궁약기北陸道総鎮守気比神宮略記」에 의하면 이자사와케는 천통령天筒嶺에 신령스러운 물건을 길게 내리더니 현재의 위치에 강림하여 항해안전과 어업의 신으로

쯔루가역 앞에 세워진 쯔누가아라시토 동상

모셔졌다고 한다. 다시 말하자면 이 신은 하늘에서 이곳으로 내려와 지역의 신으로서 숭상되고 있었다. 이에 비해 쯔누가아라시토는 『일본서기』에 의하면 한반도의 대가야(또는 아라가야)의 왕자로서 자신의 고국을 떠나 바다를 건너 이즈모를 거쳐 쯔루가에 도착한 인물이다. 이사사와케가 하늘에서 내려오는 수직적 내림자이었다면 쯔누가아라시토는 바다를 건너온 수평적 내림자이었다. 쯔루가라는 지명과 그의 이름도 머리에 뿔난 그의 외모에서 유래되었다는 전승마저 있을 만큼 그의 쯔루가의 등장은 지역의 역사를 새롭게 바꾸는 것이었다. 즉, 새로운 지배자가 등장한

쯔누가아라시토를 신으로 모신 쯔누가신사　　　　　　　　계히신궁

것이다. 그리하여 게히신사의 경내에는 그를 신으로 모시는 쯔누가
신사角鹿神社가 생겨났다. 이러한 과정에서 원래 있었던 이사사와케
와 쯔누가아라시토가 복합되어 혼돈이 일어났던 것으로 추정해볼
수 있다.

　만일 이러한 추정이 사실이라면 이것이 다시 히보코와 서로 혼
합될 수 있는 가능성은 매우 높다. 왜냐하면 그들 두 사람의 일본이
주전승은 매우 닮아있기 때문이다. 비록 나라는 다르지만 왕자라는
신분도 같고, 소로 인하여 얻어진 구슬(백석)에서 변한 여인과 결혼
하고, 그녀가 일본으로 도망치는 바람에 그녀를 뒤쫓아 일본으로
갔다는 것도 같고, 그리고 그녀가 나니와의 히메코소 여신이라는
점에 있어서도 서로 같다. 이미 그들의 이주전승에서 혼선이 빚어지
고 있었다. 그만큼 두 인물은 별개의 인물이면서도 전승에 있어서는

너무나도 닮아있었던 것이다. 이러한 상황을 감안한다면 쯔누가아라시토가 히보코와 혼선이 생기는 것은 지극히 자연스러운 일이라 하지 않을 수 없다. 더군다나 이 둘은 자신의 고국이 신라에 병합되었다는 공통점을 가지고 있었다. 이러한 요소들은 더욱 더 이 둘이 합쳐질 수 있는 분위기를 만들었을 것으로 예상된다. 그렇게 되면 이들의 세력은 이서국과 가야가 아니라 신라로 통합되는 것이다.

한편 오우미 지역의 아라신사도 여러 가지 요소가 중첩되어있다. 왜냐하면 아라신사의 '아라'라는 말은 고대 한국에 있었던 아라가야를 지칭하는 말이다. 그러한 신사가 쿠사츠에는 무려 3개나 된다. 앞에서 거론한 아나무라의 것 이외에도 노무라쵸野村町와 릿토쵸栗東町의 쥬리+里에도 같은 이름의 아라신사가 있는 것이다. 이로 보아 이 지역에는 일찍부터 아라가야인들이 정착했다고 보아도 무리가 없을 것이다.

이러한 상황에서 본다면 제철과 관련이 깊은 가가미신사도 원래는 히보코가 아니라 가야인들이 모셨던 신일 가능성이 높다. 이와 같이 아라신사에 히보코가 모셔진다는 것은 가야의 신사에 이국의 신인 이서(신라)의 신이 모셔지는 것과 같은 의미를 지닌다. 이러한 모순된 점을 어떻게 설명하면 좋을까?

여기에 대해서는 오우미와 미야케씨三宅氏와의 관계를 생각해볼 수 있을 것 같다. 미야케란 야마토 조정의 곡물을 수납하는 창고나 토지 및 그곳에 사는 경작농민 등을 포함한 천황가의 직할령이었다. 이러한 미야케가 이곳에 많이 설치되어있었다. 재일사학자 고관민高寬敏은 아나무라와 인접한 모리야마시守山市에는 지금도 미야케쵸三宅町이 있으며, 또 요네하라쵸米原町의 미요시三吉에도 미야케宮毛

라는 지명이 있을 뿐만 아니라, 아시우라쵸芦浦町는 『일본서기』에
나오는 아시우라미야케芦浦屯倉를 말하는 곳이며, 또 비와호琵琶湖의
쯔津 일대도 미야케의 일부일 것으로 추정하고 있다.[31]

이러한 미야케를 총괄한 사람이 바로 미야케라는 성을 가진 미
야케 킷시三宅吉士들이었다. 미야케 킷시는 『신찬성씨록』에 의하면
신라국 왕자 히보코의 후예로 되어있다. 그리고 그들은 주로 나니와
에서 해상교통을 관장하며, 야마토 정권의 외교담당이었다. 그들은
세도내해를 통하는 해상루트 뿐만 아니라 요도가와-우지가와-오우
미의 비와호-와카사, 호쿠리쿠北陸에 이르는 수상루트까지 관장하고
있었다. 오우미는 이러한 수상루트에 들어가 있는 중요한 교통의
요충지이었다. 이곳에 미야케가 많이 설치되어있었고, 또 이를 미야
케씨가 관리하였던 것이다. 이러한 사정으로 인하여 이곳의 신사에
서 지역의 관리자인 미야케씨의 선조신인 히보코를 제신으로 모시
는 일이 생겨난 것으로 추정할 수 있는 것이다. 더군다나 미야케씨
가 관장했던 수상루트는 『일본서기』에서 서술한 히보코의 이주경로
와 일치한다.

그 뿐만 아니다. 이 지역들은 일찍부터 빈번한 교류가 있었다.
특히 오우미는 와카사 뿐만 아니라 히보코의 지역인 다지마와도 교
류가 활발했다. 그 대표적인 예로 오늘날 요네하라쵸에 고대 호족인
오기나가씨息長氏의 예를 들 수가 있을 것이다. 오기나가씨는 민달敏
達과 계체繼體천황의 비를 배출하였을 뿐 아니라 중애의 비인 신공
황후를 배출한 가문이다. 특히 『기기』에 의하면 신공황후를 히보코

---

31 •  高寬敏, 「アメノヒボコと難波のヒメコソ社神」, 上田正昭 編, 『古代の日本と渡來の文化』,
　　　學生社, 1997, 47面.

의 후손으로 기록해놓고 있다. 즉, 히보코의 후손인 다지마히타카가 유라도미와 혼인하여 낳은 자식이 가쯔라기노타카누가히메인데 그녀가 오기나가스쿠네息長宿爾와 혼인하여 낳은 자식이 오기나타라시히메이고, 그녀가 바로 신공황후라는 것이다.

이러한 사실에서 히보코의 다지마 지역과 오우미는 호족끼리 혼인을 할 정도로 상호 긴밀한 관계에 있었음을 알 수 있다. 더군다나 오기나가씨는 와카사와도 깊은 교류가 있었다. 그 대표적인 예가 그들은 와카사 출신인 계체천황이 즉위하는데 커다란 공적을 남기며, 그들의 딸을 계체의 비妃로 들이고 있다는 점이다. 이러한 관계에 있었기 때문에 신공의 아들인 응신이 게히신사에 참배하러 갈 때 오우미-와카사의 루트를 이용했던 것으로 볼 수 있다.

이처럼 와카사와 오우미는 하나로 묶여지는 공통분모를 가지고 있었다. 그러한 곳에 가야인들이 터전을 이루고 살고 있었다는 점도 서로 공통된다. 이러한 세력들이 다지마에 근거를 두고 남쪽 와카사, 오우미를 거쳐 나니와로 진출하는 히보코의 세력에 병합된 것이었다. 여기에서도 쯔루가의 경우와 마찬가지로 히보코와 아라가야인들은 자신의 고국이 신라에 병합되었으며, 또 그것으로 인하여 그들은 자신의 고국을 신라라는 이름을 내세우지 않으면 안될 처지에 놓인 것도 공통점으로 지적할 수 있을 것이다. 이러한 역사적인 사실이 『기기』에 반영되어 신라로 나타나게 되었으며, 그때부터 그들은 이미 이서국도 이도국도 아닌 신라를 대표하는 이주세력이 되어 갔던 것이다. 이미 그들의 고국은 신라로 되어 있었던 것이다.

## 5. 일본의 신이 된 신라왕자

지금까지 『기기』와 『풍토기』에 나타난 히보코의 이주전승을 통하여 그들의 이주행로에 대해 살펴보았다. 그 결과 이서국의 후예인 히보코 세력들은 자신들이 소국가를 건설한 이도지역에 새로운 세력인 가야인과 왜의 세력이 밀어 닥치자 그들은 이곳을 떠나 관서지역으로 이동하여 다지마의 이즈시에 새롭게 자리 잡았다. 그들이 옮겨간 행로에 대해 『기기』와 『풍토기』에는 각각 다르게 나타나 있다. 이를 비교 검토한 결과 그는 규슈의 이도지역을 출발하여 세도내해를 거쳐 하리마의 이히보에 상륙하려고 하였으나 토착세력의 저지로 일단 그곳의 맞은편에 위치한 이도시마에 상륙하였다가, 그곳에서 전열을 가다듬어 다시 이히보에 상륙하여 토착세력들과 치열한 투쟁 끝에 시사와무라에 잠시 정착하였다가, 다시 그곳에서 이동하여 다지마의 이즈시에 정착한 것을 알게 되었다.

그러면서도 그들은 자신들의 나라인 이서국의 흔적을 강하게 남겼다. 예를 들면 그들이 처음으로 하리마에 도착한 지역이 이도시마이었고, 또 다지마에 정착한 곳도 이도시였으며, 그들의 후예인 이도이絲井씨와 이소시伊蘇志씨들도 자신의 성씨에 '이도'와 '이소'라는 말을 남기고 있는 것이다.

그들이 기록상 신라의 세력으로 된 것은 『기기』 때부터이다. 이러한 데는 와카사와 오우미에 산재해 있는 가야세력과 통합이라는 역사적 배경이 있었다. 이 두 세력에게는 자신의 지역이 신라에 병합된 공통된 특징을 지니고 있기 때문에 신라의 이름으로 통합될 수밖에 없었던 사정이 그 배경에 있었다. 이러한 것이 『기기』에 반영되어 히보코가 나니와 오우미-와카사를 거쳐 다지마로 갔다는 전승이 생겨나게 된 것이다.

# 제3장
# 일본에서 신이 된 신라왕자

## 1. 일본에 이주한 신라왕자

고대 일본의 문헌에 나타난 히보코는 원래 이서국 사람들이었다. 이들은 자신들의 고국이 신라에 병합된 다음 일본의 규슈로 들어가 이도국을 건설하였다. 4세기말 고구려의 남하정책에 밀린 가야와 왜의 세력이 규슈로 대거 이동한 결과, 그 세력들에 밀려 그들은 다시 이도국을 버리고 세도내해를 거쳐 하리마 지역에 상륙하여 토착세력과의 치열한 전투 끝에 북쪽 지역인 시사와를 거쳐 다지마의 이즈시에 정착한 한반도계 이주인 집단을 상징하는 이름이다.

이러한 과정을 거쳐 일본에 정착한 그는 어떠한 성격의 사람이었으며, 그가 일본에 남긴 후손들에게는 어떠한 인물들이 있을까?

여기에 대해 지금까지 많은 연구자들은 주로 전자에 관심을 두고 해석하는 경우가 많았다. 좀 더 세부적으로 들여다보면 여기에도 역사학적 관점과 민속학적인 관점에서 주로 이루어지고 있음을 알 수 있다. 그 점들을 다음과 같이 정리할 수 있다.

첫째는 역사학적 관점으로서 그를 한반도에서 건너간 이주세력으로 보는 해석이다. 가령 역사학자 이병도는 그를 일본을 정복해나간 한반도세력으로 보았고,[1] 일문학자 손대준은 그 세력을 신공과 신무에 비견할 수 있는 거대한 힘을 가지고 있었던 지배집단으로 보았으며,[2] 국문학자 황패강은 국토개발의 신라계 조신祖神으로 보는 해석[3]들이 바로 그것들이다.

둘째는 민속학적인 관점으로 히보코를 신앙집단의 상징적인 인물로 보는 관점이다. 가령 민속학자 임동권은 신물을 소유하며, 구사할 수 있는 인물, 즉, 권력자이며 주구보를 가진 사제자였다고 해석하고 있다.[4] 즉, 그를 무격巫覡의 신분으로 파악하고 있는 것이다.

여기서 보듯이 종전의 연구에서는 주로 히보코를 일본열도로 건너간 한반도계 이주인들의 대표자이자 종교적 사제자로서 보는 경향이 강하다. 물론 이러한 관점도 중요하다고 생각한다. 그러나 그것과 함께 생각해야 하는 것이 또 하나 있다. 그것은 다름 아닌 그들이 일본사회에 어떠한 흔적을 남겼는지에 대해서도 생각할 필요가 있는 것이다. 왜냐하면 그들이 한국에서 건너갔다는 것이 중요한 것이

1 • 이병도, 『국사대관』, 普文社, 1955, 69쪽.
2 • 손대준, 「히보코 전승에 관한 연구」, 『원광대 논문집(17)』, 원광대, 1983, 112쪽.
3 • 황패강, 「신화에 나타난 한일교류」, 『일본신화의 연구』, 지식산업사, 1996, 70-71쪽.
4 • 任東權, 「天日槍－その身分と神寶について－」, 『比較民俗研究(14)』, 筑波大學比較民俗研究會, 1996, 72面.

아니라 일본사회에 어떠한 영향을 주었는지가 더 중요하기 때문이다.

그리하여 이번에는 히보코가 어떠한 인물인지, 그리고 그가 일본에 어떠한 자취를 남겼는지에 대해 구체적으로 살펴보려고 하는 것이다. 그러기 위해서는 그의 성격을 나타낼 수 있는 자료들을 먼저 검토한 연후에 그의 후손들 가운데 어떠한 역사적인 인물들이 있는지에 대해 알아보기로 하자.


## 2. 히보코와 연오랑 그리고 쯔누가아라시토

설화의 내용이 유사한 것으로 말미암아 한국에서는 히보코를 신라의 연오랑으로 보는 경향이 있다. 가령 인류학자 김택규는 히보코의 이주전설은 연오랑과 세오녀의 도일전설을 연상시킨다고 하며[5] 직접적인 연결을 짓지는 않고 가능성만 열어놓았지만, 국문학자 장덕순은 히보코의 부인이 태양을 상징함을 그녀를 일광의 감정으로 인하여 잉태한 적옥에서 태어난 것으로 서술하는 것에서도 알 수 있는데, 이는 태양을 상징하는 연오랑 전설과 같은 것으로 볼 수 있기 때문에 연오랑과 히보코의 설화는 각각 다른 두 개의 이야기로 보기 힘들며, 결국 하나의 태양의 여신설화라고 좀 더 구체적으로 해석했다.[6] 이에 비해 민속학자 임동권은 여기서 한걸음 더 나아가 히보코와 연오랑 그리고 쯔누가아라시토는 동일인물일 가능성을 배

5 •  김택규, 「동해문화권탐방기 - 일본열도 동해연안의 신화와 제의의 현장 -」, 『신라문화제
    학술발표논문집(7)』, 동국대 신라문화연구소, 1986, 316쪽.
6 •  장덕순, 「설화에 나타난 대일감정」, 『한국설화문학연구』, 서울대 출판부, 1987, 170쪽.

제할 수 없다고 해석했다. 그 증거로 그들의 도일동기가 유사점이 많다는 것을 들었다. 즉, 부부가 도일하고, 또 그들 자신들이 태양신 앙과 밀접한 관련이 깊다는 점들을 들고 있는 것이다.[7] 이와 같은 일련의 연구에서 보듯이 히보코는 과연 연오랑과 같으며, 또 쓰누가 아라시토와도 같은 인물로 볼 수 있을까?

그들에게는 분명히 공통점이 많다. 앞에서도 언급하였듯이 그들은 모두 지배자급에 속하는 고귀한 신분의 사람이며, 또 아내와 함께 일본으로 건너갈 뿐만 아니라 태양신앙과도 관계가 깊은 것 등으로 보아 그들 3명에게는 많은 공통점이 있는 것은 사실이다. 그렇다고 해서 이들을 서로 같은 인물로 보아야 할지는 다소 의문이다.

먼저 히보코와 연오랑의 경우, 두 설화를 대비하여 보면 내용상의 차이가 보인다. 첫째는 부부의 도일동기가 다르다. 전자의 경우 아내가 남편의 학대에 못이겨 도망치는 것으로 되어있지만, 후자는 남편이 바다에 나가 해초를 뜯고 있자 갑자기 바위 하나가 나타나 그를 태우고 일본으로 간 것으로 되어있는 것이다. 둘째는 이러한 사건으로 말미암아 도일순서가 다르게 나타난다는 것이다. 즉, 전자는 아내를 좇아 일본으로 간 것으로 되지만, 후자는 그와 반대로 남편을 좇아 일본으로 간 것으로 되어있는 것이다. 셋째는 전자의 경우 일본에서 부부가 재회를 못하지만, 후자는 일본에서 재회를 하여 같이 살아가는 것으로 되어있는 것이다.

이와 같이 두 설화는 같은 것으로 볼 수 없으며, 또한 이 두 사람을 동일 인물로도 보기 어렵다. 더군다나 최근 일본 측의 연구에 따르면 히보코와 히메코소 여신의 이야기는 본래 별개의 이야기로

---

7 •　任東權, 「天日槍-その身分と神寶について-」, 『比較民俗硏究(14)』, 73面.

훗날 서로 중첩되어 나타난 것이라 한다. 이러한 사정을 감안한다면 더더욱 히보코를 연오랑으로 볼 수 없다. 더군다나 기존의 연구에서 보는 것처럼 히보코의 첫 상륙지는 규슈 북부 이도지역이었다. 그에 비해 연오랑이 일본으로 건너갔다면 아마도 규슈가 아닌 우리의 동해안을 마주보고 있는 일본해의 연안일 가능성이 높다. 연오랑이 살았던 동해의 영일만은 지리적으로 규슈보다도 일본해 연안이 더 가깝기도 하거니와 실제로 많은 표류민들의 예에서 보듯이 연오랑이 배를 타고 일본으로 갔다면 일본해 연안에 도착할 가능성이 규슈보다 훨씬 높다. 이러한 사정으로 본다면 이 두 사람은 별개의 사람으로 보는 것이 자연스러운 해석일 것 같다.

한편 히보코와 쯔누가아라시토의 이야기도 면밀히 살펴보면 내용상으로 많은 차이를 보인다. 이러한 지적은 일찍부터 있었다. 그 대표적인 예로 마츠모토 시게히코松本重彦의 연구를 들 수가 있을 것이다. 그는 다음과 같이 8가지 점에서 차이가 난다고 지적했다. 첫째, 전자는 소를 끌고 음식을 나르는 신분이 미천한 남자가 붉은 구슬을 갖고 감옥에 들어가지 않으려고 히보코에게 바치는데 반해, 후자는 소를 끌고 가다가 빼앗긴 소의 대가로 백석을 얻는다는 점이고, 둘째는 전자는 소를 끄는 자가 소를 죽이려한다고 의심받으나, 후자는 소를 끄는 자가 소를 남에게 빼앗기고 먹혀버린다는 점이고, 셋째는 전자는 적옥이 변하여 인간이 된 소녀가 왕자의 처가 되어 남편으로부터 음식타박을 받고 달아났다고 하였으나, 후자는 백석에서 인간으로 변한 여인이 쯔누가아라시토와 결혼하기 앞서 도망친다는 점이며, 넷째는 전자는 왕자가 좇아와 나니와에 들어가려다 지역신에게 저지를 당하나, 후자는 그런 이야기가 없다는 점이며, 다섯째 전자는 아카루히메라는 신이라 하였으나, 후자는 그 이름이 없다는 점이며, 여섯째 전자는 히메코소 여신이 나니와에서 이주한 것으로 말하고, 또 따라오는 사람에게 잡혀 다시 달아난 것으로 된 것처럼 보이나, 후자는 그런 점이 없다는 것이며, 일곱째 전자는 히보코가 다지마에 도착하였으나 후자는 본토로 돌아가는 것으로 되어있다는 점이며, 여덟째 전자는 붉은 비단으로 인하여 대가야와 신라가 서로 적대시되는 이야기로 되어있으나, 후자는 그러한 내용이 없다고 했다.[8]

그들의 차이는 이 뿐만 아니다. 그들의 고국이 전자는 신라이지만, 후자는 대가야로 되어있으며, 또한 이동경로도 다르다. 즉, 전자는 규슈 북부에 도착하여 훗날 세도내해를 거쳐 하리마를 통해 다지마에 정착한 것으로 되어있지만, 후자는 오늘날 야마구치현의 아나토에 도착하여 이즈모를 거쳐 쯔루가에 도착한 것으로 되어있다. 즉, 전자는 일본에 도착하여 남쪽 루트를 택하였다면, 후자는 북쪽 루트를 택하고 있는 것이다. 또 그들의 아내 정착행로에 대해서도 다르게 나타난다. 즉, 전자는 세도내해를 통하여 나니와에 정착한 것으로 되어 있지만, 후자는 그와 정반대로 나니와에서 세도내해를 통해 구니사키로 간 것으로 되어있는 것이다.[9] 이러한 차이점에서 본다면 이 두 사람 또한 동일의 인물로 보기가 어렵다. 따라서 히보코는 신라의 연오랑이 아니며, 또한 대가야국 왕자 쯔누가아라시토도 아니라고 할 수 있다.

---

8 • 소재영, 「연오랑세오녀설화」, 『한국설화문학연구』, 숭실대학교 출판부, 1989, 92쪽에서 재인용.
9 • 노성환, 「대가야국왕자 쯔누가아라시토 전승에 관한 연구」, 『일어일문학(38)』, 대한일어일문학회, 2008, 182쪽.

## 3. 신보를 통하여 본 히보코의 성격

이번에는 히보코의 성격에 대해서 알아보기로 하자. 이에 관심을 가진 김택규는 히보코라는 명칭은 후세에 일본식 이름으로 윤색된 흔적을 암시하고 있으나 이는 실재한 개인의 이름이라기보다는 신라 지역에서 건너간 호족들이 당시의 일본으로서는 놀라운 무기, 보물, 신기 등을 가지고 간 사실을 나타내는 신라계 이주민 문화의 리더를 상징적으로 표현한 명칭인 것 같다고 보았다.[10]

그에 비해 일본에서는 여러 가지 해석이 나와 있는데, 그 중 주목을 끄는 해석은 역사학자 나오키 코지로直木孝次郎와 일본 고전문학자 후쿠시마 아키오福島秋穂의 연구이다. 나오키는 히보코는 순수한 일본어로 실재한 신라왕자의 이름으로 볼 수 없다고 하면서,[11] 그의 이름이 하늘(천)과 태양(일)이 수식되어있는 창이라는 것을 생각할 때, 그것은 북방 아시아적인 천적종의天的宗儀를 가지고 있는 상징적인 신앙물로 해석했다.[12] 다시 말하자면 그는 히보코를 제의로 사용하는 제기가 신의 이름이 되었다고 본 것이었다.

이에 비해 후쿠시마는 히보코를 창으로 보았는데, 그와 비슷한 이름을 가진 창이 이자나기, 아자나미 두 창세 신이 최초의 땅인 오노고로시마淤能碁呂島를 만들 때 바닷물을 휘젓는데 사용한 창이 아메노누보코天沼矛(天瓊矛)이며, 또 태양의 여신인 아마테라스가 바

10 • 김택규, 「古代 羅日文化比較를 위한 몇 가지 視角」, 『한일문화비교론 – 닮은 뿌리 다른 문화』, 문덕사, 1993, 41쪽.

11 • 直木孝次郎, 「朝鮮半島からの渡來人」, 『古代日本と朝鮮, 中國』, 講談社, 1988, 21面.

12 • 直木孝次郎, 「播磨の中の朝鮮文化」, 『歷史讀本 臨時增刊 – 渡來人は何をもたらしたか – 』, 新人物往來社, 1994, 217面.

위동굴에 숨어서 온 세상이 어둠으로 깔렸을 때 그녀를 바깥으로 나오게 하기 위하여 아메노우즈메가 거의 옷을 벗은 모습으로 야한 춤을 출 때 손에 들고 있었던 것이 창이었는데, 그 창이 히보코 日矛라는 창이었다. 이러한 창들은 남녀 성행위를 상징적으로 표현한 것이며, 신라왕자 히보코라는 이름도 이것과 관련이 있다고 지적하면서, 그 이름을 "태양신의 남근인 태양광선에 의해 태어난 아이"라고 해석했다.[13] 여기에서 보는 것처럼 그는 히보코를 태양의 아들로 보는 관점에서 해석하고 있는 것이다.

이와 같이 그의 이름만으로도 여러 가지 해석이 가능하며, 또 그것을 통하여 그의 성격이 어느 정도 파악은 가능하다. 그러나 그것만으로는 그의 성격이 전부 파악했다고는 할 수 없다. 그것은 어디까지나 이름을 통한 그의 성격파악이지, 그가 가지고 있는 전반적인 특성을 논한 것이 아니기 때문이다. 다행히도『기기』에서는 그의 성격을 보다 세부적으로 파악할 수 있는 증거물들을 남기고 있다. 그것은 다름 아닌 그가 한국에서 가지고 갔다는 보물 즉, 신보이다. 그 신보들은 종류도 다양할 뿐만 아니라 제각기 독특한 성격들을 가지고 있다. 그러므로 이러한 신보들의 특성을 면밀하게 살펴보면 히보코의 성격도 어느 정도 아울러 밝혀질 것이다.

그리고 히보코는 다지마에 정착하여 많은 후손들을 남긴다. 그 중에서 일본 역사에 길이 남을 인물도 수없이 많이 배출한다. 특히『기기』에서는 히보코의 계보와 함께 그들의 활약상에 대해서도 기록을 남기고 있다. 그러므로 그것을 통하여 후손들에게서 보이는 가계

---

13 •  福島秋穂,「古事記に載録された天之日矛の話をめぐって」,『記紀神話傳說の研究』, 六興出版, 1988, 463-469面.

적인 성격에서 나오는 공통된 특징을 파악한다면 히보코의 성격은 더욱더 분명하게 밝혀질 것이다. 이 두 가지 점을 통하여 히보코의 성격을 파악하여 보기로 하자.

그럼 먼저 그가 가지고 있었던 신보부터 살펴보기로 하자. 그런데 그 신보의 종류는 『기기』라고 하더라도 서로 조금씩 다르게 나타난다. 각기 그 내용들을 살펴보면 다음과 같다.

(1) 『고사기』

히보코가 가지고 온 물건 중에는 옥진보玉津宝라는 구슬이 두 줄이나 있었다. 또 진랑비례振浪比禮, 진도비례振切比禮, 진풍비례振風比禮, 절풍비례切風比禮, 오진경奧津鏡, 변진경邊津鏡이라는 거울 두 개도 함께 가지고 왔다. 그가 가지고 온 물건을 합하면 8종이나 된다.

(2) 『일본서기』

　1) 3년 춘삼월, 신라왕자 히보코가 왔다. 가지고 온 것은 우태옥羽太玉, 족고옥足高玉, 우카카鵜鹿鹿의 적석赤石, 이즈시出石의 소도小刀, 이즈시의 창, 일경日鏡, 웅신리熊神籬 모두 7점이다. 이것들을 다지마에 보관해두어 신보神寶로 했다.

　2) (천황에게) 바친 것은 엽세주葉細珠, 족고주足高珠, 우카카의 적석주赤石珠, 이즈시出石의 도자刀子, 이즈시의 창槍, 일경, 웅신리, 이사사胆狹淺의 태도太刀 등 모두 합하여 8종류이다.

　3) 88년 가을 7월 10일 군경에게 말하기를 "신라의 왕자 히보코가 처음으로 왔을 때 가지고 온 보물이 지금 다지마에 있다. 나라 사람들이 존경하여 신보로 되어있다. 나는 지금 그 보물을 보고자 한다."고 했다. 그 날 사신을 보내어 히보코의 증손

기요히코에게 알렸다. 기요히코는 칙명을 받고, 스스로 신보를
바치며 헌상했다. 우태옥羽太玉 1개, 족고옥 1개, 우카카의 적
석 1개, 이즈시의 창, 일경 1개, 웅신리 1개이다. 다만 도자는
1개만 있는데, 이름을 이즈시出石라 한다.

여기에서 보듯이 『고사기』는 옥진보玉津宝라는 구슬 두 줄, 파
도를 일으키는 천, 파도를 가라앉히는 천, 바람을 일으키는 천, 바
람을 재우는 천, 오진경, 변진경이라는 두 개의 거울을 모두 합하여
8종이라 했고, 『일본서기』의 수인조 3년에는 엽세주, 족고주, 우카
카의 적석주, 이즈시의 도자, 이즈시의 창, 일경, 웅신리, 이사사의
태도 등 모두 7종류이라고 했다. 그리고 『일본서기』는 천황에게 바
친 물건도 다르게 표현하고 있다. 3년조의 일설에는 엽세주, 족고
주, 우카카의 적석주, 이즈시의 도자, 이즈시의 창, 일경, 웅신리,
이사사의 태도 등 8종류라 하였지만, 88년에는 우태옥 1개, 족고옥
1개, 우카카의 적석 1개, 이즈시의 창, 일경 1개, 웅신리 1개, 도자
1개라는 기록에서 보듯이 7종류로 기록하고 있는 것이다.

이처럼 각기 기록물마다 차이를 보이고 있는데, 이러한 것들을
종류별로 정리하면 다음과 같이 5가지로 분류를 할 수 있다. 하나는
구슬류이다. 옥진보, 우태옥, 족고옥, 우카카의 적석, 엽세주이다.
둘은 히레比禮라는 영건靈巾이다. 여기에는 진랑振浪, 진절振切, 진풍
振風, 절풍切風이라는 이름을 가진 영건이 있다. 셋은 거울이다. 여기
에는 오진경, 변진경, 일경이 있다. 넷은 무기류이다. 여기에는 이즈
시의 소도, 이즈시의 창, 이사사의 태도가 있으며, 다섯은 이상의
4가지에 속하지 않는 것으로서 웅신리를 들 수 있을 것이다. 그럼
이러한 것들이 어떠한 의미를 가진 보물이었는지 알아보기로 하자.

첫째 구슬류를 보면 옥진보, 우태옥, 엽세주, 족고옥, 우카카의 적석이라는 이름을 가지고 있다. 옥진보에 대해 『고사기』는 두 줄이라고 표현하고 있듯이 이것은 실또는 다른 것에 의해 꿰어진 상태에 있는 구슬이다. 그리하여 매우 좋고 가치 있는 구슬로 해석할 수 있으나, 오히려 그것보다 신령이

모토오리 노리나가

깃든 신성한 구슬로 해석하는 것이 타당할 것 같다.[14] 우태옥은 하후토, 하후쯔, 하후루라는 의미로 힘차게 흔드는 구슬이라는 뜻이다. 모토오리 노리나가本居宣長(1730-1801)[15]는 이를 두고 '새가 날개를 흔들 듯이 좌우로 소매를 올려 흔들면서 오는 것'이라고 해석하기도 했다. 이러한 구슬과 대칭을 이루는 것이 하호소노타마이다. '하'는 앞의 것과 같고, '호소'는 가늘다, 세세하다는 의미를 가진 말로 앞의 것 '후토'와 반대되는 뜻을 가지는 말이다. 그러므로 이것들은 별개의 것이 아니라 서로 합쳐 짝을 이루는 것을 의미한다. 따라서 이 구슬들을 갖춘다는 것은 흔드는 구슬의 속도 완급을 조절하는 기능을 할 수 있는 것으로 볼 수 있다. 그리고 족고옥足高玉은 그 의미가 분명치 않은 것 같다. 일본문학대계의 『일본서기』에 의하면 그것은

---

14 •  青木和夫 外, 『日本思想大系(1)-古事記-』, 岩波書店, 1984, 434面.

15 •  에도시대의 국학자, 문헌학자, 의사, 본명은 栄貞. 통칭은 처음에는 야지로弥四郎, 후에 다테조健蔵. 호는 芝蘭, 瞬庵, 春庵, 자택의 스즈야鈴屋에서 제자들을 모아 강의하였기 때문에 스즈야노우시鈴屋大人라고도 불렸다. 당시 해독불가능 했던 『고사기』의 해독에 성공하였으며, 그에 관한 저서로 『고사기전古事記伝』을 펴냈다.

구슬의 모양에서 생겼든지, 아니면 굽이 높은 대에 올려진 구슬 혹은 지명에서 생겨난 이름인지도 모른다고 주석하고 있다.[16] 이처럼 족고옥이 불분명하듯이 우카카鵜鹿鹿의 적석도 명확하게 밝혀진 바는 없다. 그러나 그것이 가지고 있는 이름을 보면 최소한 그것은 물새와 신령스러운 돌이 결합된 붉은 색을 띠는 주술적인 특징을 가지고 있음을 알 수 있다.

둘째 히레에 대해 살펴보기로 하자. 히레는 본시 기다랗게 생긴 천을 말하는데 그 이름들이 진랑, 진절, 진풍, 절풍으로 되어있다. 이러한 이름이 가지는 의미를 본다면 진랑은 파도를 일으키는 천이며, 진절은 파도를 가라앉히는 천이며, 진풍은 바람을 일으키는 천이며, 절풍은 바람을 재우는 천이라는 뜻이다. 이처럼 보듯이 이 천들은 바다의 항해와 관련이 있다. 파도와 바람을 이용하여 항해를 해야 하는 입장에서 본다면 이것들은 항해안전에 절대 필요한 주술적인 도구임은 두말할 나위가 없다.

셋째 거울이다. 이 거울들은 각기 오진경, 변진경, 일경이라는 이름을 가졌다. 이것들은 모두 거울이다. 그러므로 그 중에서 '경'을 제외하고 이름만 보면 오진경의 오진奧津은 오키쯔로 발음이 나는데, 그 중 '오키'는 바다를 의미하는 '충沖', '영瀛'과 같은 뜻이다. 그리고 변진경의 변진邊津은 '헤쯔'로 발음이 나는데, 그것은 해안을 의미하는 말이며, 이들이 공통적으로 가지고 있는 '쯔'는 조사 '의'를 나타내는 말이다. 그러므로 오진경은 바다의 거울이라는 뜻이며, 변진경은 해안의 거울이라는 뜻을 가진 것으로 해석할 수 있다. 한편 일경은 말 그대로 태양을 의미한다. 그러므로 이들 거울도 바다와

---

16 · 坂本太郎 外, 『日本書紀(上)』, 岩波書店, 1986, 260面.

관련이 있는 태양을 상징하는 것으로 볼 수 있을 것이다.

넷째는 무기류이다. 여기에는 이즈시의 소도, 이즈시의 창, 이사사의 태도가 있는데, 미시나 쇼에이三品彰英에 의하면 이즈시의 소도, 이즈시의 창은 모두 일신日神을 부를 때 사용하는 주술적인 도구라 하였으며, 이사사의 태도에 대해서는 '통석通釋'을 이용하여 이즈시伊豆志와 서로 통하는 말이라고 해석했다. 임동권도 여기에 나오는 도검류는 양손에 칼을 쥐고 흔들며 춤을 추거나 던져서 점을 칠 때 사용하는 무구와 같은 것으로 일종의 주술적인 도구로 보았다.[17]

다섯째는 웅신리이다. 이는 구마노히모로기라고 하는데, 그 중 '히'는 신령, '모로'는 신에게 제사지내는 성스러운 장소, '기'는 특정의 영역을 말한다. 그러므로 '히모로기'란 신들이 내림하는 장소 및 그 시설을 말하는 것이다. 이러한 말에 곰을 의미하는 '구마'라는 말이 붙여진 것에 대해 미시나는 한국의 웅심연熊神淵과 같이 곰 신앙과 관련이 있을 것이라고 추정했다.[18]

이와 같이 보았을 때 그가 가지고 간 물건은 무구인 칼, 창, 거울을 비롯하여 적석, 일경, 히보코와 같이 태양신앙과 관련이 깊은 것들이 있는가 하면, 히레와 오진과 변진이라는 이름을 가진 거울과 같이 해양신앙과 관련이 깊은 것들이 많았다. 그러므로 그의 성격은 도검류의 무기를 갖춘 태양을 숭상하는 항해 안전의 신이었다. 그렇다면 이들의 도일과 이주는 이러한 신앙집단이 이주했다는 것을 의미한다고도 볼 수 있다. 오늘날 많은 일본의 많은 제의 가운데 거대

17 • 任東權,「天日槍−その身分と神寶について−」,『比較民俗研究(14)』, 63-64面.

18 • 三品彰英,「ミタマフリの伝承」,『増補 日鮮神話傳說の硏究 三品彰英論文集(4)』, 平凡社, 1980, 137-138面.

한 창을 신체로 모시는 경우가 많다. 어쩌면 이러한 제의도구인 창은 한국에서 건너간 히보코의 신앙과 서로 통하는 것인지도 모른다.


### 4. 후예들을 통하여 본 그의 성격

이러한 성격을 가진 히보코 집단은 신앙적인 면뿐만 아니라 역사적인 인물도 많이 배출했다. 그 중 그를 기록하고 있는 『기기』 및 『풍토기』에 국한하여 그의 후예들 가운데 일본의 역사에서 기릴만한 인물들을 몇 명 꼽는다면 이도테五十迹手와 다지마모리多遲麻毛理 그리고 신공황후를 들 수가 있으며, 그리고 고대 호족이었던 미야케씨三宅氏들을 들 수가 있을 것이다.

이도테는 앞장에서도 언급하였듯이 『일본서기』 및 『풍토기』에 나오는 인물로 규슈 북부 이도시마지역을 지배했던 지방호족이었다. 『축전국풍토기筑前國風土記』의 일문에 의하면 중애와 신공이 반란을 일으킨 구마소를 정벌하기 위해 규슈로 향했을 때 아나토穴門

다지마모리의 묘

의 히키시마引島에 까지 나가 마중하여 바닷길을 안내한 자임은 앞 장에서도 언급한 바가 있기 때문에 여기서는 생략한다.

한편 다지마모리에 대해서는 『고사기』에 다음과 같이 감동적으로 상세히 기록되어 있는데, 그 내용을 소개하면 다음과 같다.

천황은 다지마모리로 하여금 도코요노구니常世國로 보내서 항상 변함없이 빛나는 나무열매를 찾아오게 했다. 그리하여 다지마모리는 도코요노구니에 도착하여 그 나무열매를 따다가 가게야카게縵八縵 (잎에 붙어있는 수많은 밀감)와 호코야호코予八子(꼬챙이로 꿴 수많은 밀감)를 만들어 가지고 돌아왔을 때 천황은 이미 죽고 없었다. 그리하여 그는 가게요카게와 호코요호코予西予를 나누어 황후에게 바치고, 나머지 가게요카게와 호코요호코를 가지고 천황의 능 입구에다 바쳤다. 그때 그는 그 나무열매를 손에 쥐고 슬피 울면서 외치기를 "도코요노구니의 언제나 변함없이 빛나는 나무열매를 가지고 왔습니다."라고 통곡을 하면서 죽었다. 그 변함없이 항상 빛나는 나무열매는 오늘날 감귤[橘]을 말한다.[19]

여기에서 보듯이 다지마모리는 먼 바다를 항해하여 도코요구니에 가서 감귤을 구해 일본에 전한 사람이다. 도코요구니에 대해 오리구치 시노부折口信夫는 중국 남부지역이라고 한 반면,[20] 후쿠나가 미쓰지福永光司는 한국의 제주도라고 추정했다.[21] 그러나 도코요노구

---

19 · 노성환 역주, 『고사기』, 민속원, 2009, 182쪽.
20 · 折口信夫, 「妣が国 常世へ(異郷意識の起伏)」, 『折口信夫全集(2)』, 中央公論社, 1975.
21 · 福永光司, 「常世と神仙」, 『「馬」の文化と「船」の文化』, 人文書院, 1996.

과자의 신이 된 다지마모리

니가 일본신화에서 여러 번 등장하는 것으로 보아 바다 저편에 있는 신화적인 공간으로 해석도 가능하다. 여하튼 다지마모리는 천황의 명을 받아 바다 저편 도코요노구니를 향해 목숨을 걸고 항해를 하여 감귤을 가지고 와서 죽은 천황의 묘지에 갖다 바치며 울다가 지쳐서 죽었다는 이야기는 감동을 주기에 충분하다.

이러한 그의 일화는 천황에게 충성을 강조하는 교훈적인 이야기로 이용하기에 충분한 가치가 있었다. 실제로 그의 이야기는 1941년에 만들어 1944년까지 사용한 『초등국어독본』에 수록하여 아이들에게 교육을 시키기도 했다. 이처럼 다지마모리는 일본의 역사에 큰 족적을 남겼던 것이다.

또 한명의 후예인 신공황후는 일본의 기록에서 삼한(한국)을 정벌한 여제로 유명하다. 『기기』에 의하면 그녀가 반란을 일으킨 구마소를 정벌하기 위하여 남편인 중애와 규슈에 가 있었을 때 서쪽 땅을 정벌하라는 신탁이 내려졌다. 그때 그녀는 임신하여 만삭의 상태였음에도 불구하고 군사를 이끌고 신라로 쳐들어가 신라왕의 항복을 받고서 돌아갔으며, 이내 곧 아이를 생산했다는 것이다. 『고사기』에 의하면 히보코의 이주전설을 기록한 다음 그의 후예들을 소개하면서 히보코의 후손 가운데 가쯔라기葛城의 다카누가히메高額比賣가 있는데, 그녀가 바로 신공황후 즉, 오기나가타라시히메息長帶比賣를 낳은 선조라고 소개하면서 끝을 맺고 있어서 『고사기』

에 히보코의 계보에 관한 서술의 목적이 신공황후에 집중되어있는 느낌마저 든다. 물론 그녀의 신라정벌은 역사적 사실이 아니다. 이를 그대로 믿는 연구자는 거의 없다. 그것과는 관계없이 일본의 신화전승에 나타난 그녀는 먼 바다를 건너 외국을 정벌하고 돌아온 영웅이었다.

『기기』에 기록된 히보코의 후예 가운데 미야케씨三宅氏가 있다. 그들이 히보코의 후예임은 『기기』의 다지마모리를 소개하는 자리에서 어김없이 나타난다. 즉, 『고사기』에서는 "미야케 무라지三宅連들의 선조인 다지마모리"라고 했고, 『일본서기』에서는 "다지마모리는 미야케무라지의 선조이다."라고 했다. 이처럼 그들은 다지마모리의 후손들이었다. 미야케씨들은 전국적으로 분포되어있는데, 특히 히보코의 후예로 일컬어지는 세츠攝津에 근거지를 둔 미야케씨에 대해 미시나는 야마토 조정의 대외업무를 관장하는 가업을 전통으로 가졌다고 했다.[22] 재일사학자 고관민高寬敏도 미야케 무라지는 684년 (天武 12) 이전은 미야케 킷시三宅吉士이었으며, 이들은 나니와쯔難波津에서 해상교통을 관장하면서 야마토 정권의 외교관으로서 활약했다고 했다.[23] 이러한 씨족들이었기 때문에 최원재는 해상교통에 관한 지식을 충분하게 가지고 있었을 것으로 추정했다.[24] 이처럼 고대의 기록물에 나타난 히보코의 후예들만 보더라도 일본의 역사에 기라성같은 인물들을 많이 배출하였음을 알 수 있다.

22 • 三品彰英, 『增補 日鮮神話傳說の研究 三品彰英論文集(4)』, 132面.

23 • 高寬敏, 「アメノヒボコと難波のヒメコソ社神」, 上田正昭 編, 『古代の日本と渡來の文化』, 學生社, 1997, 46面.

24 • 崔元載, 「天之日矛傳承の考察－渡來と土着を中心に－」, 『일본어문학(24)』, 일본어문학회, 2004, 337쪽.

그런데 이들 가운데는 역사를 초월하여 하나의 공통점이 발견된다. 즉, 그들은 바다의 항해와 관련이 있다는 점이다. 이도지역의 이도테는 바다를 항해하여 천황을 맞이했고, 또 바닷길을 안내했다. 그들은 일본 본토에서 규슈로 가는 해상루트를 잘 알고 있었던 것이다. 그리고 다지마모리도 먼 바다를 여행하여 감귤을 구해왔다. 수인천황이 그에게 명하였던 것도 그가 바다 건너 외국에 대한 사정을 잘 알고 있었기 때문으로 생각할 수 있다. 이러한 성격은 그들의 자손인 신공황후에게서도 나타난다. 신공이 군사를 이끌고 먼 바다를 건너 외국을 정벌하였다는 것은 비록 역사적 사실이 아니라 할지라도 그녀가 바다적인 성격이 강하다는 것은 공통되는 것이다. 즉, 그녀를 바다와 연결시킨 것은 히보코의 계보와 관계가 있을 가능성도 있는 것이다. 이러한 관점에서 본다면 역사적으로 실재로 존재하며 활약했던 미야케씨들도 해상교통을 장악하고, 일본 조정의 외교관 역할을 하였다는 것은 우연의 일치가 아닌 것이다.

이처럼 히보코의 후손들에게서 공통적으로 나타나는 특징이 바다와 관련이 깊다는 것은 히보코가 바다를 상징하는 것에서 유래된 것으로 볼 수 있다. 그러한 성격은 9세기의 문헌인『고어습유古語拾遺』에서도 나타나는데, 그곳에서는 히보코를 바다의 의미가 들어가 있는「해회창海檜槍」으로 표기하고 있는 것이다. 이같이 한국에서 건너간 히보코는 바다와 관련이 있는 신격이었음에 틀림없다.

## 5. 히보코의 신격

이상에서 살펴보았듯이 히보코는 신라의 연오랑도 대갸아국 왕자인 쯔누가아라시토도 아니었다. 그들에게는 태양신앙이라는 공통점은 가지고 있을지 몰라도 각기 다른 별개의 사람이었다. 그의 성격을 파악하기 위해 그가 가지고 있던 신보와 그를 선조로 삼고 있는 후예들의 특성을 살펴보았다. 그 결과 그의 신보에는 무구인 칼, 창, 거울을 비롯하여 적석, 일경, 히보코와 같이 태양신앙과 관련이 깊은 것들이 있고, 히레와 오키쯔와 헤쯔라는 이름을 가진 거울과 같이 해양신앙과 관련이 깊은 것들이 많았다. 이를 통하여 그의 성격을 본다면 그는 도검류의 무기를 갖추고 있는 태양을 숭상하는 항해 안전의 신이었다.

또 그의 후손들 가운데 역사적인 인물을 꼽으면 이도테와 다지마모리 그리고 신공황후, 미야케씨들을 들 수가 있을 것이다. 이들의 공통점은 모두 바다와 관련하여 활약하고 있다는 점이다. 이도테는 신공과 중애의 바닷길을 안내했고, 다지마모리는 먼 바다여행을 하여 감귤을 가지고 왔으며, 신공은 바다를 건너 외국을 정벌하였다고 하며, 미야케씨 또한 해상교통을 장악하여 야마토 정권의 외교담당을 하였다는 것이 바로 그것들이다. 이러한 것으로 보아도 히보코는 바다와 깊은 관계를 가지는 신격임에 틀림없다.

이처럼 신보와 후손들을 통해 본 히보코의 성격은 신앙적으로는 도검류를 무구로서 갖추고 태양을 숭상하는 항해의 집단이었다. 이러한 특징들이 길고 먼 바닷길을 건너 일본으로 이주한 그들의 경험과 기억의 역사를 암시하는 것처럼 느껴지는 것은 어쩌면 지극히 당연한 일인지도 모른다.

# 제4장
# 일본에 건너간 신라의 여신

## 1. 도일하는 신라여신

일본의 고기록에 신라에서 일본으로 건너간 여신의 이야기가 있다. 신라왕자 히보코의 아내인 히메코소가 바로 그것이다. 그런데 지금까지 연구자들 사이에서 이 여신은 남편인 히보코에 가려져 그 정체가 제대로 밝혀져 있지 않았다. 다시 말하자면 연구자들의 대부분은 그의 남편에만 관심을 기울인 나머지 그녀에 대해서는 연구를 행하지 않은 것이었다.

그렇다고 해서 그녀에 대해 전혀 관심이 없었던 것은 아니다. 몇몇 연구자들은 그녀에 대해 관심을 가지고 조금씩 해석을 가하고 있는 것이다. 그러한 일련의 해석들을 정리하면 대략 다음과 같은 세 가지 방향에서 연구가 진행되고 있는 것 같다.

첫째 우리나라의 기록에서 그녀와 같은 인물을 찾아내는 작업이다. 여기에는 김열규, 장덕순, 김성호 등의 연구를 그 대표적인 예로들 수가 있을 것이다. 이러한 연구들은 일본 측 문헌에 그녀가 신라에서 건너갔다는 기록이 있는 만큼 어쩌면 우리 측에도 그에 관한기록이 있을지도 모른다는 생각에서 나온 것이었다. 그 결과 연구자들은 연오랑과 세오녀의 설화에 주목했다. 김열규는 신라의 세오녀와 일본의 히메코소는 부부가 함께 일본으로 건너갔고, 또 그들이태양숭배와 관련이 있고, 또 그들 모두 주술적인 도구로서 비단과천을 사용하였다는 공통점을 지니고 있다고 해석했다.[1]

이러한 관점의 해석은 장덕순도 일찍부터 주목을 했다. 그는 여기서 한걸음 더 나아가 "태양과 관계가 깊은 여인들이 신라에서 일본으로 건너갔으니, 신화적인 세계에서 볼 때 이는 필시 일본에 가서도 태양의 구실을 맡게 되는 것이다. 그리고 연오랑과 히보코의설화는 각각 다른 두 개의 이야기가 아니다."고 했다.[2] 즉, 이같은그의 말을 그대로 믿는다면 신화상으로 세오녀와 히메코소는 동일인이라는 의미와도 같은 것이었다.

이러한 해석은 역사가 김성호에 의해서도 행하여졌다. 그는 일본의 연구자인 미시나 쇼에이三品彰英가 삼한을 정벌하였다고 전해지는 신공황후와 히보코 전설이 지리적 분포가 대응되고, 또 분포경계가 일치할 뿐만 아니라 히보코의 편력담이 신공의 원정 코스와일치하는 것으로 보아 신공은 히보코의 난생녀卵生女와 등치할 수

1 ·    김열규, 「한국신화와 일본신화」, 『한국신화와 무속연구』, 일조각, 1982, 71쪽.
2 ·    장덕순, 「설화에 나타난 대일감정」, 『한국설화문학연구』, 서울대 출판부, 1987, 170쪽.

있는 존재라고 보는 해석에 근거하여 신공은 히메코소이고, 히보코와 함께 일본으로 건너간 도해녀일 수밖에 없다고 단정짓고 있다. 그리고 신공과 히미코卑彌乎의 사망연도가 같은 인물인 만큼, 결국 세오녀 - 난생녀 - 신공 - 히미코는 동일여인이라고 보았다.[3] 즉, 그에 의하면 세오녀와 히메코소는 같은 인물이며, 그녀는 일본사에서 등장하는 여왕인 신공황후와 히미코와도 같은 인물이라고 해석한 것이었다. 이처럼 신라의 여신 히메코소를 세오녀로 보는 해석이 있는 것이다.

둘째는 히메코소 전승의 원형을 찾는 작업이다. 이러한 연구는 아직 소수이기는 하지만 그 대표적인 예로 일문학자 최원재, 진은순 등의 연구를 들 수가 있을 것이다. 최원재는 앞에서도 언급한 미시나가 히메코소의 탄생신화는 고구려의 주몽신화와 같이 일광감정과 난생요소가 합해져 있으며, 일본의 경우 적옥으로 되어있는 것은 난생의 변용이라고 해석한 것에 대한 비판으로서 『기기』의 기록을 비교 검토한 결과, 그녀의 탄생에 대한 기록이 『고사기』에는 일광감정과 난생요소가 보이지만, 『일본서기』에서는 난생신화적인 요소만 보이는 것으로 보아 그녀의 탄생설화의 원형은 난생신화라고 추정했다.[4] 즉, 그의 연구는 신화의 원형을 찾는 작업이자 텍스트에 대한 연구이기도 했다. 그에 비해 진은순은 『기기』와 『풍토기』의 히메코소 전승 가운데, 후자의 것이 남편에게서 도망가는 모티브와 신의 편력담이 간략화 되어있고, 일광감정과 난생모티브에 대해서도 언급

---

3 •    김성호, 「邪馬臺와 천황국가의 기원」, 『비류백제와 일본의 국가기원』, 지문사, 1982, 183-184쪽.
4 •    崔元載, 「比賣碁曾社の神に關する一考察」, 『일본어문학(26)』, 일본어문학회, 2004, 360쪽.

이 없는 것으로 보아 그것이 전승의 원형이라고 추정했던 것이다.[5]

셋째는 신화에 숨겨진 역사성과 상징성을 찾는 작업이다. 그 대표적인 예로 성기혁의 연구를 들 수가 있을 것이다. 그는 신화의 분석을 통하여 히메코소가 최초로 일본으로 건너간 이주여신이며, 그녀의 활동은 규슈와 오사카지역이었으며, 그리고 신격은 수신, 기석畜石신앙, 금속, 직물과 관련된 것으로 되어있다고 지적했다.[6] 앞의 진은순도 히메코소의 신격이 태양, 직물, 제척금속과도 결부되어 있다고 한 적이 있다.[7]

신화를 연구하는데 있어서 이러한 세 가지 유형의 작업은 매우 중요하다고 생각한다. 첫 번째 작업을 통하여 국내자료만으로는 불가능한 우리 역사의 재구성을 일본의 자료를 통하여 보완할 수가 있고, 두 번째 작업을 통하여 신화의 순수한 모습을 찾아낼 수가 있으며, 세 번째 작업을 통하여서는 신화의 상징성과 역사성을 규명해볼 수 있기 때문이다. 이같이 중요한 가치를 지니고 있음에도 불구하고 이러한 작업들이 히메코소에 관한 모든 것을 해결한 것은 아니다. 이들이 간과하고 있는 사실은 신화의 내용이다. 그들의 해석을 통하여 히메코소를 생각하면 의문투성이다.

그녀는 때로는 히보코의 부인이었다가 때로는 대가야국 왕자 쯔누가아라시토의 부인으로 묘사되어 있어서 도대체 그녀가 누구의 부인인지도 분명치도 않으며, 그리고 왜 그녀는 신라에서 일본으로

---

5 ・  진은순, 「히메코소사比賣許曾社의 女神에 관한 연구」, 『일본문화연구(37)』, 한국일본문화학회, 2011, 535-537쪽.

6 ・  성기혁, 「한국계 히메코소 신화의 계통연구」, 『열상고전연구(30)』, 열상고전연구회, 2009, 386-387쪽.

7 ・  진은순, 「히메코소사比賣許曾社의 女神에 관한 연구」, 『일본문화연구(37)』, 546쪽.

건너가는지 그 이유도 알 수 없으며, 또 그녀가 처음으로 일본에 도착한 곳은 어디이며, 그 이후의 삶은 어떻게 되었는지, 그리고 그녀의 성격은 어떠한 것인지 등의 의문에 대해 이상의 연구에서는 해답을 얻을 수 없는 것이다. 본 장에서는 이상에서 제시된 의문을 해결하는데 그 목적을 두었다. 그러기 위해서는 일본 측의 연구 자료와 고문헌의 기록 및 지역현장에서 전해지는 자료까지 포함하여 종합적인 검토를 통해 신라의 여신 히메코소에 대해 살펴보고자 하는 것이다.

## 2. 히메코소와 히보코 그리고 쯔누가아라시토와 세오녀

일본 측의 기록을 검토하면 그녀는 과연 누구의 부인인가에 대해 의문을 품게 된다. 왜냐하면 『고사기』에서는 히보코의 아내로 되어있는데 비해, 『일본서기』에서는 그 상대가 대가야국 쯔누가아라시토로 되어있기 때문이다. 이에 비해 『풍토기』에서는 그녀의 남편이 누구인지 일체 언급하고 있지 않기 때문이다. 일단 『기기』에 실려져 있는 기록을 바탕으로 그녀를 아내로 삼은 남자의 이야기부터 살펴보기로 하자.

### (1) 『고사기』의 응신천황조

히보코는 아내가 도망쳤다는 소식을 듣고 곧 그 뒤를 따라 건너와 나니와에 도착하려고 했다. 바로 그때 해협의 신이 이를 막고 나니와에 들어보내 주지 않았다. 그리하여 히보코는 하는 수 없이 다시 돌아와 다지마多遲摩라는 곳에 정박했다. 그리고는 그곳에 머물면

서 다지마노마타오多遲摩之俁尾의 딸, 사키쯔미前津見라는 이름의 여
인과 혼인하여 다지마모로스쿠多遲摩母呂須玖라는 자를 낳았다.[8]

(2) 『일본서기』의 수인천황조
아라시토는 대단히 기뻐하며 부부관계를 맺으려고 했다. 그러나 아
라시토가 조금 떨어져 있는 틈을 타서 처녀는 사라지고 말았다. 아
라시토는 크게 놀라 아내를 찾았다. 아내는 "동쪽으로 갔습니다."고
한다. 그 뒤를 쫓아가보니 바다 건너 일본으로 들어갔다. 찾아 헤매
던 그 처녀는 나니와에 가서 히메코소신사의 신이 되었다. 또 도요
쿠니의 구니사키에 가서 히메코소신사의 신이 되었다. 그리하여 이
신은 두 군데에서 모셔지고 있다.[9]

여기에서 보듯이 『기기』의 기록을 자세히 들여다보면 논리적으
로 맞지 않는 모순점을 발견할 수 있다. 『고사기』의 경우 그녀가
일본으로 건너가자 남편인 히보코가 뒤쫓아 일본으로 간 것으로 되
어있지만, 정작 히보코가 그녀와 재회하기 위해 그녀가 있는 나니와
로 달려갔지만 토착신들이 이를 방해하자 포기하고 다지마에 가서
그 지역의 여성과 혼인하여 자식을 낳았다는 것이다. 자신의 아내를
못 잊어 산 넘고 물 건너 온갖 고통을 감수하고 일본으로 건너간
그가 아내와의 재회를 쉽게 포기한다는 것은 과연 이들이 부부이었
던가를 의심케 하는 부분이다.
또 『일본서기』의 경우도 마찬가지이다. 쯔누가아라시토는 엄격

---

8 ·　노성환 역주, 『고사기』, 민속원, 2009, 236-238쪽.
9 ·　宇治谷孟 譯, 『日本書紀(上)』, 講談社, 1990, 136-137面.

히 말해 히메코소와 혼인을 한 사이도 아니었다. 그 뿐만 아니다. 도일의 동기에 대해서는 히보코와 같지만, 그 이후 그들이 재회하였는지, 아니면 히보코의 경우처럼 재회를 하지 못하였는지에 대해서는 일체 언급이 없다. 그리고 『일본서기』의 다른 기록에서 보면 그는 일본에 정착한 것이 아니라 가야로 다시 돌아간 것으로 되어있다. 그 뿐만 아니다. 그 기

히메코소소신사 현판

록은 그의 도일 경로에 대해서 상세히 언급하고 있는데, 그것에 의하면 그는 가야-아나토-시마우라-이즈모-쯔루가에 이르는 루트를 이용하고 있다. 이는 히보코가 이용한 신라-이도-세도내해-하리마-다지마를 잇는 연결 루트와는 정반대이다. 그 뿐만 아니다. 그가 이용한 북쪽 루트는 히보코가 이용한 남쪽 루트에 비해 나니와와 연결되기 힘들다. 그러므로 그와 히메코소가 연결된 것은 그의 도일전승이 히보코의 도일전승과 혼돈되어 생겨난 것으로 볼 수 있을 것이다.

이와 같이 보았을 때 만일 그녀가 결혼하였다면 그 상대는 쯔누가아라시토보다는 히보코일 가능성이 높다. 그러나 앞에서 보았듯이 그녀가 히보코와도 부부였다는 점에도 의문이 간다. 여기에 대해 신화학자 마츠마에 타케시松前健와 재일 사학자 고관민高寬敏은 이들을 부부가 아니라 독립된 별개의 인물로 보았다. 가령 마츠마에는 이들이 부부로 되어있는 것은 히보코의 후예라고 일컫는 세츠

의 미야케 무라지의 역할이 있었을지도 모른다고 하였으나,[10] 고관
민은 이를 심화 발전시켜 나니와에 거점을 두고 활약했던 미야케
킷시三宅吉士를 비롯한 나니와 킷시難波吉士 집단들이 히메코소를 신
앙한 주체세력이었던 점을 감안하여 그들의 중개로 이 두 신이 부
부로 합쳐진 것이라고 해석했다.[11] 그리고 마츠마에는 이들이 부부
로 합쳐진 배경에는 한반도에서 건너가는 태양의 자식이라는 공통
점이 있기 때문이라고 해석하기도 했다.[12] 한국의 최원재도 이들과
같은 입장에 논지를 펴기도 했다.[13]

　　그녀가 히보코 그리고 아라시토와 별개의 인물이었다는 점은 그
들의 전승에서도 나타난다. 그 단적인 예가 그들의 도일동기이다.
다시 말해『기기』를 통하여 그들의 도일 동기를 알 수가 없다. 앞의
예에서 본 기록에는 그들이 모두 도망간 아내를 찾기 위해 일본으로
건너간 것으로 되어있지만, 다른 기록에서는 그들의 도일동기가 전
혀 다르게 나타나 있는 것이다. 그 예로『일본서기』의 기록에는 히
보코와 쯔누가아라시토의 도일 동기에 대해 다음과 같이 기록되어
있는 것이다.

　　(1) 히보코의 도일동기

　　처음 히보코는 배를 타고 하리마播磨國에 와서 시사와穴粟邑에 머물

---

10 ・　松前健,「アメノヒボコとヒメコソの神」,『神田秀夫先生喜壽記念　古事記, 日本書紀論集』,
　　　續群書類從完成會, 1899, 190面.
11 ・　高寬敏,「アメノヒボコと難波のヒメコソ社神」, 上田正昭 編,『古代の日本と渡來の文化』,
　　　學生社, 1997, 50面.
12 ・　松前健,「アメノヒボコとヒメコソの神」,『神田秀夫先生喜壽記念　古事記, 日本書紀論集』,
　　　191-195面.
13 ・　崔元載,「天之日矛傳承の考察」,『일본어문학(24)』, 일본어문학회, 2004, 316쪽.

렀다. 천황이 미와노키미三輪君의 선조인 오호토모누시大友主와 야마토노아타이倭直의 선조인 나가오치長尾市를 보내어 히보코에게 "너는 누구냐? 또 어느 나라 사람인가?" 하고 물었다. 히보코는 "나는 신라국의 왕자이다. 일본에 성왕이 있다는 이야기를 듣고 나의 나라는 동생인 치코知古에게 물려주고 왔다."고 한다.[14]

## (2) 아라시토의 도일동기

어느 설에 따르면 숭신천황 때에 이마에 뿔이 나있는 사람이 배를 타고 고시노구니의 게히우라에 도착했다. 그리하여 그곳을 쯔누가라 한다. "어디의 사람인가?" 하고 묻자 "대가라국의 왕자 쯔누가아라시토, 또 다른 이름은 우시키아리시치칸키라고 한다. 일본에 성왕이 있다는 것을 듣고 왔다."[15]

여기에서 보듯이 그들은 일본 천황의 덕을 흠모하여 일본으로 건너간 것으로 되어있다. 이는 그들의 도일이 정치적 의도 하에 윤색되어진 것으로 해석은 가능하지만, 그 목적이 순수하게 아내를 찾아 건너간 것으로 보기는 힘들다. 특히 『하리마풍토기』에는 히보코의 전설을 많이 싣고 있는데, 이것에 의하면 앞장에서도 언급하였듯이 아내를 찾는다는 이야기도 일체 없거니와 천황의 성덕을 기려 일본으로 건너갔다는 이야기도 아예 없다. 그는 오로지 새로운 생활의 터전을 확보하기 위해 토착세력과 처절하게 싸우는 전사 집단으로만 그려져 있는 것이다. 그들이 고국을 떠나 낯선 이국땅으로 건

---

14 • 宇治谷孟 譯, 『日本書紀(上)』, 137面.
15 • 宇治谷孟 譯, 『日本書紀(上)』, 135面.

너가 그곳에서 정착하여 살았다는 것을 생각할 때, 어쩌면 『기기』의 기록보다 『풍토기』의 기록이 더욱 정확하다고 하겠다. 다시 말하여 그는 『기기』의 기록처럼 아내를 찾아 건너가는 낭만적인 사나이도 아니며, 천황의 덕을 기려 일본으로 귀화하는 정치적 인물도 더더욱 아니다. 그는 그저 냉혹한 현실과 싸워 낯선 땅에 뿌리내리려는 하나의 이주민이었던 것이다.

이처럼 본래 히보코와 쯔누가아라시토는 별개의 인물이며, 또 히메코소는 그들과는 아무런 관계가 없는 인물이다. 그러므로 그녀를 연오랑의 아내 세오녀로 본다는 것은 더더욱 성급한 결론이다. 그녀는 어디까지나 홀로 일본으로 건너간 신라의 여신으로 보아야 하는 것이다.


### 3. 히메코소의 도해와 상륙

히메코소가 히보코와 쯔누가아라시토의 아내가 되기 쉬운 요소는 그녀의 자체 전승이 가지고 있었다. 제1장에서도 언급한 바 있듯이 『습진국풍토기摂津国風土記』의 「일문」에 의하면 그녀는 남편으로부터 도망친 여인으로 되어있다. 일단 일본으로 도망쳐 살았지만, 그녀는 남편의 추격이 두려웠는지 또 다시 도망치는 여인으로 서술되어있는 것이다. 남편의 이름에 대해서는 구체적으로 언급되어있지 않아 히보코와 쯔누가아라시토와 같이 도일하는 남성세력이 있다면 그 전승은 쉽게 합쳐져 부부가 될 가능성을 항상 내포하고 있는 것이다.

그러나 그녀의 도일은 설화의 내용처럼 순수하게 남편의 학대로 보기는 어렵다. 역사가 남석환은 그녀의 도일은 신들의 혼인에 있어서 신부의 주적 도주라고 해석했다.[16] 그가 말하는 주적 도주라는 것이 어떠한 의미인지 자세한 설명이 없어 알 수는 없지만, 일단 그의 해석이 민속학적인 관점에서 보고 있다고 해도 과언이 아니다.

한편 그녀의 도주 이야기 속에는 감추어진 역사가 있을 가능성도 얼마든지 있다. 여기에 주목을 끄는 해석이 역사가 김성호의 연구이다. 그의 연구는 앞에서도 언급하였듯이 히메코소를 세오녀=신공=히미코로 보는 관점에 서서 해석을 하고 있는데 그 특징이 있다. 즉, 그는 신공의 이름이 기장족희機長足姫라는 점에 착안하여 기장은 부산 인근 기장機長에서 유래한 듯하고, 족(발)은 국國, 원源, 야野를 뜻하는 벌伐의 차자로 볼 수 있으므로 결국 기장족희는 '기장벌의 여인'에서 유래된듯하다고 보았다. 그는 여기서 그치지 않았다. 이를 바탕으로 그는 연오랑과 세오녀의 도일 사건을 다음과 같이 설명했다.

AD 101년에 경주 월성에 도읍한 신라가 주변을 병합하기 시작하여 AD 157년에 이르러 구룡반도 일대에 마산현과 감물현을 설치하자, 마산현에 선주해오던 소왕국 집단은 이곳을 탈출하지 않을 수 없었을 것이다. 이 이후에도 이들은 신라군의 추격을 받고 기장 근처로 쫓겨났다가 동쪽의 임나에서 길이 막혀 더 이상 갈 수 없게 되자 바다를 건너서 일본으로 망명한 듯 하다. 한편 이들이 망명한 직후 고대인에게 공포의 대상이었던 일식이 발생하자, 이에 대한 두려움이 소왕국을 토벌한 신라인의 죄의식과 결부되어 무녀이었던 세오

16 •  南碩煥, 「天之日槍과 息長氏」, 『문화사학(11)(12)(13)』, 문화사학회, 1999, 1049쪽.

녀의 직세초(노획품)를 가지고 이들의 선주지(마산면 일월지 일대)에서 영일제천함에 따라 이 설화가 성립된 듯하다.[17]

여기에서 보듯이 그는 히메코소의 도일동기가 자신이 살던 마산현에 신라군이 쳐들어왔고, 그곳에 기반을 두고 소왕국을 이룩하고 있었던 세력은 쫓기어 남으로 도망쳐 기장근처로 도망쳤고, 그에 신라군의 추격이 계속되자, 어쩔 수 없이 일본으로 건너갔다는 것이다. 다시 말하여 그녀를 영일만의 토착세력이며, 신라에 의해 그곳에서 쫓겨난 망명세력으로 보고 있는 것이다.

그의 해석은 실로 흥미로운 해석이 아닐 수 없다. 그러나 자료의 부족으로 이것을 검증하기란 여간 힘든 것이 아니다. 더군다나 신화의 구조상으로 역사를 해석한다는 것도 무리가 따른다. 구조상으로만 본다면 그들의 전승은 연오랑과 세오녀의 도일신화하고만 닮은 것이 아니다. 일본 초대천황인 신무神武가 동쪽지역으로 진출하여 야마토에서 국가를 건설하는 이야기와도 닮아있다. 실제로 이를 바탕으로 하야시야 타쯔사부로林屋辰三郎는 히메코소의 상대역인 히보코가 동쪽으로 이주한 전승을 신무동정신화와 동일한 것으로 보았으며,[18] 또 야노 칸지矢野寬二는 그보다 구체적으로 접근하여 히보코집단의 동정이라는 역사적 사실이 있었고, 그 바탕 위에 신무동정이라는 형태의 신화가 생겨난 것이라고 해석하고 있기도 하다.[19] 이처럼 닮은 이야기 구조만으로 인물마저 같다고는 할 수 없다. 그리고

17 • 김성호, 『비류백제와 일본의 국가기원』, 186-187쪽.

18 • 林屋辰三郎, 「古代の但馬 – 天日槍と神武東征の伝説 –」; 金達寿, 「日本の中の天日槍」, 『古代の百済, 伽耶と日本』, 學生社, 1990, 134面에서 재인용.

19 • 矢野寬二, 「天日槍集団と神武東征伝承」, 『日本のなかの朝鮮文化』, 朝鮮文化社, 1979, 45面.

앞에서도 언급하였듯이 그녀는 세오녀가 아니다. 그러므로 히메코소와 세오녀를 동일시하는 그의 해석에는 더더욱 동의하기 어렵다.

다만 그의 견해에 동의할 수 있는 것은 『고사기』에서는 그녀의 도일이 남편의 학대가 주원인이라고 표현하고 있듯이 어쩌면 그가 말하는 것처럼 본국에서 히메코소 세력에게 정치적 압박을 가했을 가능성은 있다고 본다. 그러나 그것이 사실이라고 해도 그 압박이 어떤 것이었는가 대해서는 앞으로 좀 더 시간을 두고 검토해볼 필요가 있다고 본다.

그녀의 도일 계기가 정치적 압박으로 인해 일어난 것인지 정확히 알 수는 없다. 그러나 그녀의 첫 도착지는 규슈 북부 이도지역이었던 것 같다. 『습진국풍토기』에 의하면 그곳은 츠쿠시 이하히의 히메시마이다. 이곳은 이도시마반도의 서쪽 끝에서 약간 떨어진 조그마한 섬으로 지금도 그녀의 상륙을 기리듯이 이름을 히메시마라고 부르고 있다. 여기서 히메란 여인을 말한다. 다시 말하여 이 섬은 여인(여신)의 섬이었던 것이다.

히메코소 여신은 이 섬을 기반으로 그 세력을 확대하여 갔던 것 같다. 그 예로 이도지역에 있는 다카스신사高祖神社를 들 수가 있을 것이다. 이 신사의 제신에 대해 다키가와 세이치로滝川政次郎와 이마이 케이치今井啓一 등은 히메코소의 여신으로 보고 있다. 가령 다키가와는 이도국에 히메코소를 모신 신

공중에서 바라본 히메시마

사가 있었음에 틀림없으며, 그 중 이도군의 다카스신사의 제신은 히보코 혹은 히메코소였을지도 모른다고 추정하였으나,[20] 그에 비해 이마이는 『양성실록陽成實錄』에 다카스히메高礒比咩神라고 명기해 있는 것으로 보아 이 신은 히메라는 신으로 히보코의 아내라고 보았다.[21]

그렇다면 이 신은 히메시마에서 상륙하여 이도지역의 히보코 세력과 연합하였음을 알 수가 있다. 왜냐하면 다카스신사가 있는 이도지역은 『축전풍토기筑前風土記』를 보아 알 수 있듯이 히보코의 후예들이 이소국(이도국)을 건설하여 자리를 잡고 있었기 때문이다. 히보코의 세력은 이미 앞에서 여러 차례 밝힌 바가 있지만, 그들은 이서국의 후예들이다.[22] 그들이 세운 다카스신사에 신라의 여신이 모셔진다는 것은 이서국과 신라의 연합이라 보지 않을 수 없는 것이다. 바꾸어 말하면 신라세력이 히메시마에서 이도반도로 상륙을 하였다는 것을 의미하는 것이기도 하다. 『고사기』의 전승에 그들이 부부가 된 것도 이러한 역사적 배경이 작용하였을 것이다.

히메코소의 세력은 이도반도로의 진출에 그치지 않았다. 그들의 세력은 주변지역으로 확대해 갔다. 그 단적인 예가 다음과 같은 『비전국풍토기肥前國風土記』의 히메코소향姬社鄉이라는 마을에 관한 기록이다.

---

20 • 滝川政次郎, 「比賣許曾の神について」, 金達寿의 『日本の中の古代朝鮮』, 學生社, 1979, 213面에서 재인용.

21 • 今井啓一, 『天日槍』, 綜藝社, 1972, 23面.

22 • 노성환, 「신라왕자 히보코 도일전승에 관한 연구」, 『일어일문학연구(67)』, 한국일어일문학회, 2009, 416-421쪽.

옛날 이 강의 서쪽에 난폭한 신이 있었는데, 그 신은 지나가는 많은 사람을 살해하여 죽는 사람이 반, 죽음을 면하는 사람이 반이 될 정도이었다. 그리하여 이 신이 무엇 때문에 저주를 내리는지에 대해 점을 쳐보니 "치쿠젠筑前國의 무나가타宗像郡에 있는 가제코珂是古에게 나의 제사를 지내게 하라. 만일 그 소원을 들어주면 나는 흉폭한 마음을 일으키지 않겠노라."는 점괘가 나왔다. 그리하여 사람들은 가제코를 찾아 신사의 제사를 지내게 했다. 가제코는 이윽고 깃발[幡]을 손에 들고 기도하면서 "진심으로 나의 제사를 필요로 한다면 이 깃발은 바람에 날려 날아가서 나를 필요로 하는 신이 있는 곳에 떨어지거라."고 하면서 곧 깃발을 높이 들어 올려서 바람에 날렸다. 그러자 그 깃발은 날아가서 미하라군御原郡의 히메코소신사에 떨어지더니, 다시 그곳에서 날아서 이 산길 강이 있는 부근의 시골마을에 떨어졌다. 가제코는 이것에 의해 스스로 난폭하게 구는 신이 계시는 곳을 알았다. 그 날 밤 꿈에 쿠츠비키臥機라고 하는 타타리가 춤을 추면서 나와서 가제코를 눌러 깨웠다. 그리하여 또 이 난폭한 신이 여신임을 알았으며, 그 신을 위해 신사를 세웠다. 그 후부터는 길가는 사람들도 죽지 않게 되었다. 이로 말미암아 그 신사를 히메코소신사라 하며, 또 마을이름을 히메코소라 하게 된 것이다.[23]

여기에서 보듯이 이 이야기는 본래 지명유래설화이다. 그러나 이 내용을 통해서 알 수 있는 것은 히메코소 여신이 사람들에게 저주를 내려 자신의 신앙을 확대시킨다는 것이다. 그것도 무나가타에 있는 가제코에게 자신의 제사를 맡게 한 것은 자신의 영역이 동쪽

23 · 吉野裕 譯, 『風土記』, 平凡社, 1982, 249-250面.

지역인 무나가타까지 뻗쳐 있었음을 알려주는 것이기도 하다. 그리고 자신의 신사가 기이군基肄郡 히메코소 마을에 세워졌다는 것은 그 세력이 동쪽지역 뿐만 아니라 남쪽 지역으로 까지 진출하였음을 보여주는 것이라 하겠다.[24]

여기에서 보듯이 히메코소 세력은 이도지역을 기반으로 했다. 이도지역은 앞에서 잠시 언급하였듯이 고대국가인 이도국(이소국)이 있었던 곳이다. 이도란 말은 여기서 유래된 것임은 두말할 나위가 없다. 그런데 이도국의 중심세력은 히메코소가 아니라 히보코 세력이었다. 그 증거로 『풍토기』에 히보코의 후예라 자칭하는 이도테가 그곳의 지배자로 묘사되어있고, 또 국가명이 신라가 아닌 이서국에서 유래되는 것을 보면 그들은 중심세력이 되지 못했던 것 같다. 바꾸어 말하면 그들의 연합은 불안한 동거형태를 취하고 있었던 것이다.

역사가의 연구에 의하면 이들이 세운 이도국은 오래가지 못했다 한다. 제1장에서 언급하였듯이 이마이 케이치에 의하면 중애, 신공의 이후 홀연히 역사에서 사라진다고 했으며,[25] 요시다 토고는 그것은 이도국의 멸망을 뜻하는 것이라고 했다.[26] 오늘날 그들의 근거지였던 이도지역에는 이도국의 흔적보다 가야의 흔적이 강하게 남아 있다. 필자는 일전에 이러한 현상을 두고 4세기 말에서 5세기경 고구려의 남하정책으로 말미암아 한반도에서 밀린 가야와 왜의 세력이 바다를 건너 이도지역으로 대거 몰려들어, 기존의 이도세력을 위협을 가할 정도로 수적으로 강세였으며,[27] 그 때문에 이도국을 건

---

24 • 기이군에 해당되는 지역에는 오늘날에도 히메코소를 제신으로 하고 있는 신사가 두 군데나 있다. 즉, 鳥栖市 姫方의 姫小曾神社, 小郡市 大崎의 媛社神社가 그것이다.

25 • 今井啓一, 『天日槍』, 13面.

26 • 吉田東伍, 『日韓古史斷』(復刻板), 富山房, 1972, 129面.

설한 히보코의 세력은 새로운 터전을 찾기 위해 동쪽으로 방향을 돌려 세도내해를 통해 하리마를 거쳐 다지마에 정착했다고 앞에서도 논한 적이 있다.[28]

그렇다면 신라의 세력인 히메코소도 같은 입장에 놓여 있었을 것이다. 그들에게는 가야와 왜의 세력과 타협하면서 이도지역에서 살든가, 아니면 새로운 세계를 찾아 떠나는 수밖에 없었을 것이다. 이때 그들은 히보코 세력과도 결별하였다. 그리고는 히보코 세력보다 먼저 길을 떠나 동쪽으로 이동한 것 같다. 그러한 역사적 사건이 바탕이 되어 아내(히메코소)가 먼저 남편(히보코)으로부터 도망치고, 그 뒤를 남편이 쫓아가며 이주해 나가는 이야기가 형성되어 『기기』에 기록된 것이라 여겨지는 것이다.


## 4. 히메코소의 이주경로

신라의 히메코소 세력은 다시 동쪽으로 이동하여 최종적으로 오사카의 나니와에 정착을 했던 것 같다. 『고사기』에 의하면 "재빨리 남몰래 작은 배를 타고 도망쳐 건너와 나니와難波에 머물렀다. ─그녀가 바로 나니와의 히메코소신사比賣碁曾神社에 모셔지고 있는 아카루히메신이다. ─"[29]라고 표기하고 있기 때문이다. 이에 대

---

27 · 노성환, 「대가야국왕자 쯔누가아라시토 전승에 관한 연구」, 『일어일문학(38)』, 대한일어일문학회, 2008, 420-421쪽.
28 · 노성환, 「신라왕자 히보코 이주전승에 관한 연구」, 『일어일문학연구(68)』, 한국일어일문학회, 2009, 83-84쪽.
29 · 노성환 역주, 『고사기』, 237쪽.

해『일본서기』측에서는 최종 정착지에 대해서는『고사기』와 같은 입장을 취하고 있지만, 그 이동경로에 대해서는 미묘한 차이를 보이고 있다. 즉, 원문에는 "그 처녀는 나니와에 가서 히메코소신사의 신이 되었다. 또 도요쿠니의 구니사키에 가서 히메코소신사의 신이 되었다. 그리하여 이 신은 두 군데에서 모셔지고 있다."[30]고 기록해놓고 있어 마치 그 여신은 나니와에 먼저 도착한 다음 구니사키의 히메시마로 간 것 같은 느낌을 주는 문장으로 되어있다. 이처럼 되어있는 것은 북쪽 루트를 택한 쯔누가아라시토의 이동경로를 의식한 결과인 것 같다. 그러나 앞서 말한 것처럼 이동경로로 보았을 때 세도내해를 통하여 나니와로 들어간 것으로 보는 것이 자연스럽다. 여하튼『기기』에서는 히메코소의 최종 정착지가 나니와라는 사실에는 서로 공통된다.

　이러한 사정들을 입증하듯이 실제로 오사카에는 그녀를 제신으로 하고 있는 신사가 많이 분포되어있다. 재일 사학자인 단희린에 의하면 나니와에는 그녀를 신으로 모시고 있는 신사가 여러 곳에 있는데, 니시요도가와구西淀川区 히메시마쵸姫島町의 히메시마신사姫島神社, 히가시나리구東成区 히가시오바세東小橋 미나미노쵸南之町의 히메코소신사比売許曾神社, 히가시스미요시구東住吉区 히라노平野 우메가에다쵸梅ヶ枝町의 아카루히메신사赤留比売命神社, 미나미구南區 다카츠쵸高津町의 다카츠신사高津神社, 히가시스미요시구東住吉区 키레쵸喜連町의 다테하라신사楯原神社 등이 바로 그것이라 했다. 이러한 것들을 보면 그녀는 나니와에서 신으로 모셔졌으며 그녀의 신앙이 나니와를 중심으로 꽃을 피웠음을 알 수 있다.

---

30 •　宇治谷孟 譯,『日本書紀(上)』, 136-137面.

그렇다면 그녀는 어떠한 경로를 거처 나니와까지 간 것일까? 여기에 대해서『기기』에서는 자세히 밝히고 있지 않지만, 다행히『풍토기』를 비롯한 지역의 신사 전승에서 그녀의 흔적을 남기고 있어 그것을 통하여 어느 정도 그녀의 발자취를 찾아낼 수가 있다.

히메코소 여신은 규슈 이도를 떠나 그 다음에 도착한 곳은 어디일까? 이를 알 수 있는 중요한 자료가 가메야마신사亀山神社의 유래담이다. 가메야마신사는 히로시마현広島県 구레시呉市에 있는 신사로 제신을 다름 아닌 히메코소를 모시고 있다. 그러므로 자연스럽게 히메코소의 세력은 이곳에 상당한 기간 동안 정착하여 살았음을 알수 있다. 그런데 그 유래담을 보면 히메코소 여신이 이곳에 오기전에 어떤 지역을 거처 왔는지에 대해서도 서술하고 있는데 그 내용을 소개하면 다음과 같다.

명치明治 초기까지 전해오던 고문서에 의하면 츠쿠시筑紫国 우사시마宇佐島에서 분고豊後国 히메시마姫島로 이동하여 정착하고, 천무천황天武天皇 백봉白鳳 8년 8월 15일에 다시 히메시마를 출발하여 아키安芸国

구레시의
가메야마신사

도치바라무라栃原村 고테산甲手山에 내림하고 그 후 문무천황文武天皇 대보大宝 3년(703) 8월15일에 구레呉의 미야하라무라아자宮原村字 가메야마亀山에 진좌하였다. 가메야마는 원래 이리부네야마入船山 라 하였는데, 이 신이 진좌하고 이름을 바꾸었다.

이상의 기록을 보면 히메코소의 여신은 이곳으로 오기 전에 분고의 히메시마에 있었으며, 그 섬에 가기 전에는 츠쿠시의 우사시마宇佐에 있었음을 알 수 있다. 분고의 히메시마란 현재 오이타현大分県 구니사키 반도國東半島에서 세도내해 쪽으로 약 5킬로 정도 떨어진 곳에 위치한 조그마한 섬이다. 그리고 츠쿠시의 우사시마도 현재 오이타현 우사시宇佐市를 말한다. 이 전승을 따르면 히메코소 여신은 이도지역을 출발하여 우사와 히메시마를 거쳐 히로시마의 구레에 도착한 것이 된다.

이를 증명하듯이 히메시마에는 히메코소를 신으로 모신 히메코소샤比賣古曾社라는 조그마한 신사가 있다. 그리고 섬 측의 설명은

히메시마의
히메코소샤

우사신궁

『고사기』보다 『일본서기』의 기록을 인용하여 그녀가 대가야국의 왕자 쯔누가아라시토의 아내로 남편을 피해 도망 와서 일본 국내를 전전하다가 이 섬에 도착하여 신이 되었으며, 섬의 명칭도 바로 이 여신에게서 유래된 것이라 한다. 이같이 히메코소 여신이 구레로 가기 전에 머물렀던 곳은 오이타의 히메시마라는 섬이었던 것이다.

또 가메야마신사의 유래담은 히메코소가 히메시마에 머물기 전에는 우사에 있었다고 했다. 우사에는 가야와 신라계 이주민들이 세운 것으로 알려진 우사신궁宇佐神宮이 있다. 이 신궁은 일본에서 가장 인기 있는 신들 중 하나인 하치만八幡이라는 신을 모신 하치만 신사계의 본거지이다. 그런데 이 신사가 옛날부터 모셔왔던 신은 하치만신八幡神과 히메신比咩神이었다고 한다.[31] 지금도 이 신사의 제신은 응신천황과 히메대신比賣大神, 신공황후이다. 이때 히메란 히메

31 •　中野幡能, 『八幡信仰』, 搞書房, 1988, 22面.

코소의 '히메'를 말하며, 히메시마의 '히메'와 같은 말이다. 그런데 지금까지 이 히메 여신의 정체에 대해 논란이 많았다. 역사학자 나카노 반노中野幡能에 의하면 그 여신이 용궁의 여인인 타마요리히메라는 설, 무나가타 대사에 모셔지고 있는 3명의 여신이라는 설, 그리고 응신천황의 백모라는 설, 응신천황의 부인 또는 딸이라는 설 등이 있다고 소개하면서 그 설 가운데는 우리가 착목하고 있는 히메코소 여신이라는 설도 있다고 소개하고 있다.[32]

그에 의하면 히메코소라는 설은 『제사근원기諸社根元記』라는 문헌에 우사에 시타테루히메下照姬가 진좌하는 곳으로 표현되어있는 것을 근거로 한다는 것이다. 여기서 나오는 시타테루히메는 앞서 본 바와 같이 히메코소 여신을 가리키는 말이다. 그러므로 우사신궁에 모셔졌던 히메라는 여신이 원래 신라에서 건너간 히메코소 여신이었을 가능성은 배제할 수 없는 것이다. 더군다나 기메야마신사의 유래기에서 보듯이 히메코소 여신이 우사를 거쳐서 왔다고 하듯이 그럴 가능성은 더욱 더 높다. 만일 그렇다고 한다면 이 여신은 히메시마로 가기 전에 우사에 머물렀던 것으로 된다.

그런데 또 하나 빼놓을 수 없는 곳은 오늘날 후쿠오카현福岡県 다가와군田川郡 가와루쵸의 가와루香春에 있는 가와루신사香春神社이다. 이곳에서 모시고 있는 신이 바로 히메코소라는 해석이 심심찮게 발견된다는 사실이다. 그 대표적인 예가 미야지 나오이치宮地直一와 아라키 히로유키荒木博之의 연구이다. 그 중 특히 아라키는 "가와라의 신을 모시고 있었던 사람들은 히보코의 전설과 제동製銅의 기술을 가진 집단이었다. 이 집단은 이도시마 반도의 이마스쿠今宿,

32 ·   中野幡能, 『八幡信仰』, 17-20面.

다카스高祖 부근에서 이동하기 시작하여 그 중심적인 일부는 가와라타케香原岳의 구리광산을 발견하여 그곳에 정주했다. 그리고 그들은 우선 최초로 구리광산을 발견한 미노타케의 동쪽 기슭에다 히보코 집단의 샤먼이며 그들의 수호신이기도 했던 히메신을 모셨다."고 해석하고 있는 것이다.[33] 이처럼 그들 모두 가와루신사의 제신은 히메코소 여신이라고 보았다. 그들이 가장 중요하게 다루고 있는 근거는 다음과 같은 『풍전국풍토기豊前國風土記』의 일문의 기록이다.

옛날 신라국의 신이 스스로 바다를 건너와서 이곳 가와라에 머물며 살았다. 그리하여 곧 이 신을 가와루의 신이라 했다.[34]

여기에서 보는 것처럼 가와라에는 신라에서 건너간 신이 모셔져 있는데, 연구자들은 이 신을 히메코소 여신으로 보고 있는 것이다. 만일 이것이 사실이라면 그녀의 이주는 이도를 출발하여 가와루-우사-히메시마-구레에 이르고 있음을 알 수 있다. 다시 말하자면 그녀의 오사카로 이주하는 루트는 다름 아닌 세도내해를 이용하고 있는 것이다.

그렇다면 구레에서 오사카로 바로 간 것일까? 아니면 오사카 이전에 들렸던 곳은 없을까? 그 흔적으로 보아 이 여신은 도중 오카야마岡山에 들렸던 것 같다. 오카야마현岡山県 소오샤시總社市 후쿠타니

---

33 · 荒木博之, 「古代韓國文化の日本傳播」, 金達壽, 『見直される古代日本と朝鮮』, 大和書房, 1994, 207面에서 재인용.

34 · 吉野裕 譯, 『風土記』, 343面.

가와루신사의 현판　　　　　가와루신사 경대에 세워진 신라여신의 비문

福谷에도 히메코소 여신을 모신 히메코소신사姬社神社가 있는 것이다. 역사학자 우에다 마사아키上田正昭에 의하면 이 신사는 다카하시가와高梁川의 상류지역에 위치해 있으며, 그 지역의 고문서에도 무로마치시대 때 행하여진 「히메코소 마쯔리」라는 제의를 기록해놓고있을 정도로 역사가 오래된 것임이 밝혀졌다.[35] 신사 측도 자신들이모시고 있는 히메코소신을 히보코에 의해 추격당한 신라의 여신이라고 설명하고 있다. 이것이 사실이라면 이 여신은 히로시마의 구레를 출발하여 오카야마의 쇼오샤시에 들렀던 것이 된다.

　구레에서 오카야마로 옮긴 히메코소 여신은 그곳에서도 오래있

---

35 •　上田正昭, 『東アジアと海上の道』, 明石書店, 1997, 237-238面.

소오샤시의 히메코소신사          소오샤시의 히메코소신사
입구에 세워진 안내비석

지 않았다. 이번에는 세츠로 이동했다. 그 단서를 제공해주는 자료
가 앞서 들었던 『습진국풍토기』의 기록이다. 그것에 의하면 세츠攝
津에 히메시마比賣島라는 섬이 있는데, 그 섬의 유래가 남편을 피해
츠쿠시의 이하히의 히메시마에 온 여신이 이곳에 와서 머물렀기 때
문에 생겨난 이름이라고 설명하고 있는 것이다.[36] 이곳에서도 지명
이 히메코소의 히메이었던 것이다.

　이상에서 보듯이 그녀는 규슈 북부 이도를 출발하여 오사카에
이르기까지 그 중간에 그녀의 자취를 많이 남겨놓고 있다. 이러한
것들을 종합하여 본다면 그녀의 행로는 신라 – 이도 – 가와루 – 우사

---

36 ·　吉野裕 譯, 『風土記』, 280面.

-히메시마-구레-소오샤-세츠-나니와로 이어지는 해상루트이었음을 알 수 있다.


## 5. 히메코소 여신의 신격

이와 같이 긴 여정을 통해 나니와에 도착하여 그곳에서 뿌리를 내린 히메코소 여신은 도대체 어떠한 성격을 지닌 신일까? 히메코소의 '코소'를 신라의 박혁거세의 거세, 거서, 거슬과도 통하는 말로, '있다(거주)'는 의미의 경칭으로 보는 사람도 있다.[37]

여기서는 전승을 통하여 그녀의 성격을 알아보기로 하자. 앞서 본 『습진국풍토기』에서는 그녀가 자신의 신앙을 확대시키기 위해 길을 지나가는 사람을 마구 죽이는 흉폭한 신으로 묘사된 적이 있다. 그 기록을 그대로 믿는다면 그녀는 악신이며, 저주의 신이다. 그러나 『기기』의 기록을 보면 그녀는 그것과는 전혀 다른 성격으로 나타나 있다.

이 두 기록을 보면 그 내용에 있어서 다소 차이가 난다. 특히 그녀와 관련해서 보았을 때 『고사기』에서는 그녀를 적옥이 인간으로 변한 사람으로 표현했고, 『일본서기』에서는 백석이 인간으로 변한 여인으로 묘사되어있는 것이다. 후자의 『일본서기』에서는 그 백석이 마을의 신으로 모셔져 있었던 것으로 되어있지만 그 돌이 어떻게 생겨났는지에 대해서는 기록해놓고 있지 않다. 그에 비해 『고사기』에서는 이에 대해 자세히 기술하고 있다. 즉, 그것에 의하면 신

---

37 · 김달수, 『일본열도에 흐르는 한국혼』, 동아일보사, 1993, 83쪽.

분이 천한 여성이 늪가에 자다가 햇빛이 그녀의 음부를 비추었더니 그녀는 곧 회임을 하여 아이를 낳았는데, 그 아이가 바로 그 적옥이라는 것이다. 다시 말하여 히메코소 여신은 일광감정에 의해 생겨난 돌이 변하여 된 여인이었던 것이다.

일광감정에 의해 인간이 태어나는 이야기는 한반도를 비롯한 중국, 인도, 이집트 등지에 널리 분포되어있다. 이 점에 대해 후쿠시마 아키오福島秋穗는 그 원류는 이집트, 인도에서 찾을 수 있을지도 모르며, 그것이 중국과 한국을 거쳐 일본으로 전해졌으며, 알이 일본에서는 변용되어 적옥 또는 백석으로 나타난 것이라고 추정했다.[38] 다시 말하여 그는 이 신화를 세계적으로 널리 분포되어있는 난생신화의 일종이라고 해석하고 있는 것이다.

이같이 본다면 그녀의 탄생신화는 일광감정과 난생의 요소를 동시에 지니고 있음을 알 수 있다. 바꾸어 말하면 그녀는 태양의 자식 난생녀이었던 것이다. 그녀의 이름이 『고사기』에 아카루히메阿加流比賣로 표기되어있는 것도, 『연희식』에는 시타테루히메下照比賣라고 표기되어 있는 것도 모두 이러한 성격을 나타내고 있음에 틀림없다. 즉, 아카루히메의 아카루는 '밝다'라는 의미의 말이며, 시타테루히메의 '시타'는 '아래'를, '테루'는 '비추다'는 의미이다. 그러므로 그녀는 아래의 세계를 밝게 비추는 여신으로 그 상징은 태양임을 쉽게 짐작하고도 남음이 있는 것이다.

히메코소가 최종적으로 정착한 나니와는 본시 신라와 인연이 깊은 지역이었다. 역사가 오오와 이와오大和岩雄에 의하면 나니와라

---

38 • 福島秋穗, 「古事記に載録された天之日矛の話の構造について」, 『記紀神話傳說の研究』, 六興出版, 1988, 454面.

는 말 자체가 고대 한국어에서 태양을 의미하는 날과 관련이 있으며, 특히 이곳에는 신라와 관련이 있는 유적지들이 많은데, 그 대표적인 것이 '토가노'에 신라신사新羅神社와 신라강新羅江이 있으며, '토가노' 그 자체도 연오랑과 세오녀가 살았던 영일현 도기야都祈野에서 유래되었다고 보았다. 그리고 명치유신 이후 정부에 의해 실시된 신불분리정책으로 말미암아 오늘날에는 없어졌지만 그 이전까지 스미요시신사住吉神社의 경내에는 신라사新羅寺라는 사찰이 있었다고 했다.[39] 이처럼 나니와는 일찍부터 신라계통의 사람들이 거주했던 지역이다.

그리고 이 지역은 킷시집단吉土集團의 본거지였다. 이들의 대부분은 한반도 출신이며, 킷시란 명칭도 신라의 관위 중 제14관위인 킷시에서 유래된 것이며, 또 이 지역에 근거지를 두었던 킷시씨貴志氏라는 집안도 있었다고 한다.[40] 이 집안 역시 킷시에서 유래됨은 두말할 나위가 없다. 이러한 킷시집단에는 히다카 킷시日鷹吉土, 쿠사카베 킷시草香部吉土, 쯔키 킷시調吉土, 미야케 킷시三宅吉土, 오쿠로 킷시小黑吉土, 구니마스 킷시國勝吉土, 사카모토 킷시坂本吉土 등 여러 갈래가 있었다.

그 중 우리의 눈길을 끄는 그룹이 미야케 킷시이다. 『신찬성씨록新撰姓氏錄』에 의하면 그들의 출자가 "신라국 왕자 히보코天日鉾命의 후예이다."라고 묘사되어있기 때문이다. 히보코란 앞에서 본 『고사기』에 의하면 신라에 있었을 때 히메코소의 전남편이다. 다시 말

---

39 • 大和岩雄, 「比賣許曾神社－漂着神としての新羅のヒメ神と古代信仰－」, 『神社と古代王權祭祀』, 白水社, 1989, 460面.

40 • 段熙麟, 『渡來人の遺跡を步く(2)』, 六興出版, 1986, 18面.

하자면 그들이 신라왕자 히보코의 자손이라 함은 다분히 이곳에 모셔져 있는 히메코소 여신과의 관계를 의식하고 있음을 보여주는 예라 할 수 있을 것이다.

그리고 『국사대사전國史大辭典』에 의하면 대화大化 이전부터 해외교섭에 종사하고 있었던 호족에게는 킷시라는 성씨를 하사했으며, 그 주류를 이룬 것이 나니와를 본관으로 하는 나니와 킷시難波吉士라고 했다.[41] 여기에서 보듯이 그들은 외교에 종사했다.

최원재는 그들이 해외업무에 종사한 예를 『일본서기』에 근거하여 다음과 같은 예를 들었다. 즉, 히다카 킷시를 고려와 백제에 파견하고, 쿠사카베 킷시인 이와카네磐金, 나니와 킷시 도쿠마로難波吉士德摩呂, 킷시 오유吉士老, 킷시 역어吉士譯語 히코彦, 오쿠로 킷시, 구니마스 킷시 스이케이水鷄를 백제로, 나니와 킷시 이타비木蓮子, 킷시 구라시타倉下, 쯔키 킷시, 사카모토 킷시 나가오長兄를 임나(가야)에, 구사카베 킷시 마토眞跡, 나니와 킷시 이와카네磐金, 나니와 킷시 가미神, 킷시 가네코金子, 킷시 오시비小鮪, 미야케 킷시 이리이시入石를 신라로, 그리고 킷시 오나리雄成를 수나라로, 킷시 나가니長丹를 당나라로 보내고 있는 것이다.[42] 이처럼 킷시는 해외교섭에 종사하였던 집단이었다. 그렇다면 그들의 지역에 정착하여 그들의 손에 의해 모셔졌던 히메코소 여신은 그들의 바닷길을 지켜주는 항해의 여신이었을 것으로 추정된다.

---

41 · 三浦圭一, 「吉士氏」, 『國史大辭典(4)』, 65-66面.
42 · 崔元載, 「比賣碁曾社の神に關する一考察」, 『일본어문학(26)』, 일본어문학회, 2004, 335쪽.

## 6. 항해안전과 태양의 여신

1950년 후쿠오카현福岡県 우키하시浮羽市 요시이쵸吉井町의 도미나가富永라는 마을에 메즈라시즈카珍敷塚라는 이름을 가진 고분이 발굴된 적이 있다. 그 고분에는 바위에 그려진 벽화가 남아있었는데, 그 중 특이하게도 벽화의 좌측에는 곤돌과 같이 생긴 배의 그림이 있고 그 배 위에는 커다랗게 그린 원형의 태양이 있으며, 그 배의 앞부분에는 새가 앉아있고, 돛과 같은 것도 보이며, 배 안에는 모자를 쓴 듯한 사람이 노를 젓고 있는 모습이 그려져 있다. 그러한 그림과 대칭을 이루듯이 우측에는 두꺼비도 보이고, 창과 방패같이 생긴 것을 들고 있는 인간도 보이며, 또 새 위에 달과 같이 생긴 또 하나의 원형이 보인다.

이를 보고 혹자는 "여기에 묻힌 인물이 태양이 빛나는 세계로부터 달이 지배하는 음의 세계로 새가 안내하는 배를 타고 현세에서 내세로 여행하는 모습이 그림으로 나타낸 것"이라고 해설을 하기도 한다. 이 그림이 무덤에서 발굴된 만큼 그 의미가 사후세계와 관련이 있다는 것을 감안한다면, 그러한 해석은 당연히 일리가 있다. 그러나 배위에 그려진 그림을 보고 그 배는 태양이 빛나는 세계의 배라고 해석하는 데는 동의할 수 없다. 그곳에 태양이 그려진 것은 히메코소의 여신처럼 바다를 가르며 나아가는 배의 안전을 지켜주는 것이 바로 태양이기 때문이다. 히메코소 여신은 나니와에 거점을 두고 해외와의 교섭에 활발하게 벌였던 킷시집단들의 항해안전을 지켜주는 태양의 여신이었던 것이다. 이 여신이 한때 스미요시住吉 신의 딸로 상정되었던 것도 바로 이러한 내성을 가지고 있었기 때문이라고 볼 수 있다. 이상에서 보았듯이 신라의 여신인 히메코소는

메즈라시즈카 벽화

한 여인이 일광감정으로 회임을 한 결과 태어나는 것으로 묘사되어 있듯이 태양을 상징하는 여신이다. 이러한 신이 신라왕자 히보코의 아내 또는 대가야의 왕자 쓰누가아라시토의 아내로 묘사되어있으나, 이것은 사실이 아니며, 도일경로과 태양신앙이라는 공통된 특징으로 말미암아 생겨난 결과일 뿐 원래 그들은 별개의 인물이다. 그러므로 그녀를 세오녀, 신공황후, 히미코 등과 같은 인물로 보기는 매우 어렵다.

한편 그녀의 세력이 일본에 건너간 동기는 확실하지 않으나 역사적인 관점에서 본다면 국내에서의 정치적 압박이 있었을 가능성을 배제하기 힘들다. 그리고 고국을 떠나 처음으로 상륙했던 곳은 이도지역의 히메시마이었으며, 그곳을 거점으로 이도지역과 남으로는 기이지역, 동으로는 무나가타에 이르기까지 세력을 뻗치고 있었다. 특히 이도지역에서는 이서국의 세력과 연합하여 고대국가 이도국을 건설하기도 했다.

그러나 한반도의 정치상황에 맞물려 고구려 세력에 밀려난 가야와 왜의 세력이 대거 유입되자, 그들은 다시 이서국 세력과 분리되어 새로운 터전을 찾아 동쪽으로 이동하기 시작했다. 그 결과 그녀는 이도-다가와-우사-히메시마(구니사키)-구레-오카야마-세츠라는 경로를 통하여 최종적으로는 나니와에 정착했다. 나니와는 원래 신라계 이주인들이 많이 거주하는 지역으로 특히 그녀는 그곳을 거점으로 해상활동을 벌이는 킷시집단의 수호신이 되었다. 결국 그녀는 나니와에서 일본사회에서 해상안전을 지켜주는 태양의 여신으로서 자리를 잡았던 것이다.

# 제5장
# 연오랑과 세오녀의 일본 정착지

1. 연오랑과 세오녀는 일본 어디로 갔을까?
2. 일본에서 연오랑과 세오녀를 찾기 위한 조건
3. 현지설화와 연오랑과 세오녀
4. 히노미사키신사에서 찾은 연오랑과 세오녀
5. 한국신사의 연오랑과 세오녀

## 1. 연오랑과 세오녀는 일본 어디로 갔을까?

인기 대중가수 최백호에게는 영일만 친구가 있다. 한일신화를 다루는 우리에게는 그곳에 연오랑과 세오녀가 있다. 고려의 승려 일연이 쓴 『삼국유사』의 「기이편」에 그들은 영일만에 살다가 바닷가의 바위를 타고 일본으로 건너가 왕이 되었다고 한다. 이에 대해 일연은 『일본제기日本帝記』에 신라인으로서 왕이 된 사람이 없기 때문에 그들은 필시 조그마한 변읍의 왕이었을 것으로 추정했다. 이러한 기록을 기준으로 본다면 이들은 중앙의 왕이 아닌 지역의 맹주가 되었음을 의미한다. 만약 이것이 사실이라면 일본에는 그들의 흔적이 남아있어야 한다. 이들은 일본 어느 지역으로 건너가 정착한 것일까?

영일만에 세워진
연오랑과 세오녀 상

　　지금까지 여기에 대해 연구자들의 많은 노력들이 있었다. 이들
의 의견들은 대략 다음과 같이 네 가지로 요약할 수 있다. 첫째는
이즈모설이다. 이즈모는 현재 시마네현의 동부지방을 가리키는 말
로 이곳에 정착하였다는 것이다. 김석형[1], 전호천[2], 소재영[3], 이관
일[4], 김현길[5], 이상준[6] 등이 여기에 속한다. 둘째는 야마구치설이다.
야마구치는 일본 본토의 서쪽 끝자락에 위치한 곳으로 한국의 창구
역할을 해주는 시모노세키가 바로 이 현에 속해 있다. 이곳을 연오
랑과 세오녀의 정착지로 본 것은 조선시대의 학자인 서거정, 그리고

1 ·　　김석형, 『북한연구자료선(2) 고대한일관계사』, 한마당, 1988, 387-392쪽.
2 ·　　全浩天, 『朝鮮からみた古代日本』, 未來社, 1989, 137-138쪽.
3 ·　　소재영, 「연오랑, 세오녀 설화 고」, 『국어국문학(36)』, 국어국문학회, 1967, 17-33쪽.
4 ·　　이관일, 「연오랑, 세오녀 설화의 한 연구」, 『국어국문학(55-57합)』, 국어국문학회, 1976,
　　　　377-393쪽.
5 ·　　김현길, 「설화를 통해 본 고대의 한일관계」, 『호서문학(11)』, 호서문학회, 1983, 15쪽.
6 ·　　이상준, 『연오랑이랑 세오녀 설화의 연구-현지조사를 중심으로 한 고찰-』, 영남대학교
　　　　대학원 석사논문, 2010, 59쪽.

일본인 학자 가미가이토 켄이치上垣外憲一가 여기에 속한다. 셋째는 오키설이다. 오키는 독도와 가장 가까운 도서지역으로, 일본인 나카다 카오루中田薰[7]가 이곳을 연오랑과 세오녀의 정착지로 보았다. 그리고 넷째는 관서설이다. 이곳은 오사카, 나라, 교토, 고베 등이 있는 일본 고대의 문화중심지로 연오랑과 세오녀가 바다를 통해 후쿠오카 북부지역에 상륙하여 세도내해를 통해 이곳으로 들어가 정착하였다는 설이다. 여기에는 이영희[8] 등의 연구가 여기에 속한다고 할 수 있다.

이처럼 많은 연구자들이 시간을 거듭하면서 그들의 정착지를 찾는데 노력을 기울이고 있지만 오늘에 이르기까지 이렇다 할 만한 성과를 거두지 못하고 있는 실정이다. 이에 본 장에서는 종전과 다른 새로운 연구방법으로 이들의 정착지를 찾고자 하는 것이다. 그 방법이란 영일지역에서 일본으로 표류한 사례를 통하여 연오랑과 세오녀의 정착지의 후보지로 선정하고, 그곳으로 추정한 선행연구를 검토하면서 실제로 지역에서 전해지는 신앙과 전승에 대한 현지조사를 통하여 정착지를 추정해보고자 하는 것이다.


## 2. 일본에서 연오랑과 세오녀를 찾기 위한 조건

일본에서 연오랑과 세오녀의 정착지를 찾기 위해서는 먼저 그들에게서 특징적인 단서를 파악하여야 한다. 먼저 이들의 특징을 이름

---

7 · 中田薰, 「延烏細烏考」, 『古代日韓交涉史斷片考』, 創文社, 1956, 39-50쪽.
8 · 이영희, 『무쇠를 가진 자 권력을 잡다』, 현암사, 2009, 34쪽.

에서 찾아보자. 여류문학가인 이영희는 "연오랑은 납과 함께 오는 사나이이며, 세오녀는 무쇠와 함께 오는 여인"이라고 보았다.[9] 재야 언어학자인 박병식은 이를 보다 적극적으로 해석하여 연오랑은 일본신화에 등장하는 스사노오와 같은 인물로 그의 이름은 "썩 빨리 건너온 오씨 성을 가진 남자"라는 뜻을 가진 것으로 해석했다.[10] 연오랑을 스사노오로 보는 시각은 그가 처음이 아니었다. 1950년대에 역사학자 이홍직이 연오랑과 세오녀의 설화를 진한인들이 일본으로 이주한 것을 반영하는 것이라고 하면서, 연오랑은 일본신화에 등장하는 스사노오와 같은 존재가 아닌가 하는 추정[11]을 한 것이 바로 그것이다.

여기에서 보듯이 각기 입장에 따라 그 해석도 다양하게 나타나 있다. 더군다나 이들의 주장에 뒷받침이 될 만한 예증자료가 제시되어있지 않아 선뜻 이해할 수 있는 것도 아니다. 그렇다고 해서 이들의 이름에서 단서가 전혀 없는 것은 아니다. 이들의 이름에 적힌 세 글자를 그대로 수용하여 본다면 이들 이름에서 하나의 공통점을 발견할 수 있다. 그것은 다름 아닌 까마귀를 나타내는 "오烏"이다. 까마귀는 흔히 흉조로 보기 쉬우나, 실은 그렇지 않다. 신화상으로 본다면 까마귀는 태양에 사는 길조이다. 고구려가 세발까마귀(삼족오)를 국가의 상징으로 삼았듯이 까마귀는 태양을 상징

9 • 이영희, 『무쇠를 가진 자 권력을 잡다』, 34쪽.
10 • 정순태, 「한민족의 뿌리를 찾아서」, 『월간 조선(7)』, 조선일보사, 2008, 604-605쪽.
11 • 이홍직, 「여명기의 한일관계와 전설의 검토」, 『한국사상의 제문제(2)』, 국사편찬위원회, 1959, 32-34쪽.

영일의 일월사당

현판

하는 새이다. 이들의 이름 속에 까마귀가 들어있다는 것은 그들이 곧 태양을 대변하는 인물이라는 것이다. 이러한 성격은 설화상에도 잘 나타나 있다.

제8대 아달라왕이 즉위한 4년 정유에 동해 바닷가에는 연오랑과 세오녀가 살고 있었다. 어느 날 연오랑이 바다에 나가 해조海藻를 따는데, 갑자기 바위 하나(물고기라고 한다)가 나타나더니 연오랑을 태우고 일본으로 가버렸다. 일본 사람들이 보고 말하기를 "이는 범상한 사람이 아니다."라고 하면서, 세워서 왕으로 삼았다(『일본제기』를 보면 전후에 신라 사람으로 왕이 된 이가 없었다. 그러니 이는 어느 변방 고을의 작은 왕이고 정말로 왕은 아닐 것이다). 세오녀는 남편이 돌아오지 않는 것이 이상했다. 바닷가에 나가서 찾아보니 남편이 벗어놓은 신발이 있었다. 바위 위에 올라갔더니, 그 바위는 또한 세오녀를 싣고 마치 연오랑 때와 마찬가지로 일본으로 갔다. 그 나라 사람들은 놀라고 이상하게 생각하여 왕에게 사실을 아뢰었다. 이리하여 부부가 서로 만나게 되었고 그녀를 귀비貴妃로 삼았다.

이때 신라에서는 해와 달이 빛을 잃었다. 일관이 아뢰기를 "해와 달의 정기가 우리나라에 내려와 있었는데 이제 일본으로 가버렸기 때문에 이러한 기이한 일이 생기는 법입니다." 했다. 왕이 사자를 보내서 두 사람을 찾으니 연오랑이 말하기를 "내가 이 나라에 온 것은 하늘이 시킨 일인데 지금 어떻게 돌아갈 수가 있겠는가? 그러나 내 아내가 짠 고운 비단이 있으니 이것을 가지고 하늘에 제사를 드리는 것이 좋을 것이다." 하고 비단을 내주었다. 사자가 돌아와 사실을 아뢰고 그 말대로 제사 지냈더니 해와 달이 전과 같이 밝아졌다. 그 비단을 임금의 창고에 간수하고 국보로 삼고, 그 창고를 귀비고貴妃庫라고 하고, 하늘에 제사 지낸 곳을 영일현迎日縣 또는 도기야都祈野라고 한다.[12]

여기에서 보듯이 그들이 일본으로 건너가자 해와 달이 빛을 잃어버렸고, 세오녀가 짠 비단으로 하늘에 제사를 지냈더니 다시 해와 달이 예전처럼 빛을 찾았다고 했다. 이처럼 그들은 일월을 나타내는 상징적인 인물이었다. 단순히 바닷가에서 해조를 따며 먹고사는 어부가 아니었던 것이다. 이러한 성격이었기에 일본으로 건너가서 지역의 왕이 된 것이다. 다시 말하자면 그들은 일월신앙을 일본으로 가져가 지역민들에게 전파한 제사장과 같은 존재였던 것이다.

---

12 •  이민수 역, 『삼국유사(상)』, 삼성미술문화재단, 1984, 44-45쪽.

이들의 도일은 부부가 동시에 건너가지 않았다. 남편이 먼저 건너가고 아내가 뒤따라가는 형식을 취하고 있다. 그것도 배를 타고 간 것이 아니라 바위를 타고 간 것으로 되어있다. 실제로 바위가 건너갈 수 없다. 그리하여 일연은 물고기일지도 모른다고 주를 달아 놓고 있다.[13] 이것은 신화로 보지 않고 사실로 보는 것에서 생겨나는 모순이다. 그러나 신화상으로 본다면 이것은 전혀 이상할 것이 없다. 왜냐하면 신화 또는 전설에서는 움직이는 육지, 또는 바다 위에 떠있는 대지가 자주 등장하기 때문이다. 이러한 관점에서 본다면 바위를 타고 얼마든지 일본으로 건너갈 수 있는 것이다.

한편 이들의 도일에 대해 역사학적 관점에서 해석하는 사람들도 있다. 그들에 의하면 영일지역이 고대국가 근기국勤耆國(斤烏支)이었고, 연오랑과 세오녀는 근기국의 제사장 또는 왕이었다는 가정아래 이들 집단이 기원후 2세기경 고대 신라에 편입되는 과정에서 사로 국 세력들로부터 정치적 압박을 받게 되자, 신라의 복속에 불응하고 도지들都祈野 앞바다에서 배를 타고 동해를 건너 일본으로 간 세력으로 보았다.[14] 이것이 사실이라면 연오랑과 세오녀는 망국의 한을 품고 바다를 건넌 신앙과 정치집단이다. 이러한 세력이었기 때문에 그들의 정착지는 반신라적인 성격을 띠지 않을 수 없었을 것이다. 귀국을 종용하는 신라왕의 명에도 거역하고 비단을 내어주었다는 것은 신라에 쫓기는 약체화된 세력이 취할 수 있는 외교적인 타협을 상징적으로 표현한 것인지도 모른다.

---

13 •  이병도 역, 『삼국유사』, 광조출판사, 1984, 202쪽.
14 •  이상준, 「연오랑·세오녀 설화의 현장」, 『연오랑세오녀연구소 제1회 한·일 국제세미나 발표 자료』, 연오랑세오녀연구소, 2010, 5쪽.

이러한 특징들로부터 다음과 같이 연오랑과 세오녀에 대한 단서 몇 가지 찾아낼 수 있다. 첫째는 신라(동해안)에서 일본으로 건너가야 하고, 둘째는 바위 또는 섬과 같이 토지(땅)가 건너가야 하며, 셋째는 건너가는 순서는 남자(연오랑)가 먼저이고, 여자(세오녀)가 뒤이어야 하고, 넷째는 이주 후 부부가 함께 왕 또는 신적인 존재로 모셔져야 하며, 다섯째는 그들이 일신의 성격을 지니는 동시에『삼국유사』의 표현처럼 월신적 성격도 함께 지니는 일월지정日月之精이어야 한다는 것이며, 여섯째는 그들이 신라의 압박에 못이겨 건너갔다면 정착지의 지역정서가 반신라적인 성격을 띠어야 한다는 것이다. 이러한 여섯 가지 단서를 가지고 일본 현지설화를 통하여 그들의 흔적을 찾아보기로 하자.

## 3. 현지설화와 연오랑과 세오녀

연오랑과 세오녀를 표류민으로 보는 견해가 일찍부터 있었다. 조선전기의 학자인 서거정은 그의 저서『필원잡기筆苑雜記』에서 이들이 바위를 타고 갔다는 것이 쉽게 납득이 가지 않았는지 그 부분에 대해서 "영오가 해조류를 따다가 갑자기 표류하여 일본국에 이르렀다." 하였고, 또 세오녀를 "남편을 찾다가 또 표류하여" 일본으로 갔다고 표현하고 있다.[15] 즉, 그는 연오랑과 세오녀 부부를 동해안에서 풍랑을 만나 뜻하지 않게 일본으로 표류한 사람으로 보았던 것이다. 이러한 관점은 그들의 정착지를 찾고자 하는 우리에게 많은 점

15 · 서거정, 박홍갑 역,『필원잡기』, 지만지, 2008, 126-127쪽.

을 시사해준다. 다시 말해 영일지역에서 표류하는 경우 일본 어느 지역에 다다르는지를 살펴보는 것이 아주 중요하기 때문이다.

여기에 매우 주효한 연구가 일본에 있다. 그것은 다름 아닌 한국에서 일본으로 표류한 사례들을 사료를 통해 철저히 분석한 이케우치 사토시池內敏의 연구이다.[16] 그의 연구는 연오랑과 세오녀의 고향인 영일지역에서 일본으로 표착한 사례도 상세히 들고 있다. 그것에 의하면 1599-1888년 동안 영일과 장기 지역에서 일본으로 표류한 사례는 모두 53개이다. 그 중 가장 많은 것은 나가토長門(18)이며, 그 다음으로 이와미石見(12), 쯔시마對馬(12), 치쿠젠筑前(6), 이즈모出雲(3), 오키隱岐(2), 호키伯耆(1)의 순이었다. 여기서 보아 알 수 있듯이 쯔시마를 제외하면 이미 많은 기존의 연구에서 이 지역들을 연오랑과 세오녀의 정착지로 보고 있다. 아마도 연오랑과 세오녀가 영일만에서 표류하여 일본으로 건너갔다면 그곳은 필시 이들 지역 중한 곳일 것이다. 그렇다면 그것에 대해 추정한 기존연구를 재검토하면서 현지에서 전해지는 설화를 통하여 이상에서 제시된 6가지 단서를 가지고 연오랑과 세오녀의 정착지를 찾아보고자 하는 것이다.

### 1) 나가토長門

나가토는 시모노세키下關에서 하기萩에 이르는 중간지역에 위치한 해안지역이다. 행정구역상으로는 야마구치현에 속한다. 이곳에는 한국과 관련된 신화전승 다섯 가지가 전해온다. 백마총, 진린塵輪, 신공황후, 이도츠히코伊都都比子, 임성태자琳聖太子에 관한 이야기

---

16 •  池內敏,「近世朝鮮人の日本漂着年表」,『近世日本と朝鮮漂流民』, 臨川書店, 1998, 4-142面.

가 그것이다. 백마총, 신공황후, 진린에 등장하는 신라인들은 일본의 정착에 실패한 자이지만, 이도츠히코와 임성태자는 일본 정착에 성공한 인물이다.

이 중 이도츠히코를 연오랑으로 본 일본인 학자가 있다. 그는 가미가이토 켄이치上垣外憲一로 그를 시모노세키를 중심으로 형성된 정치세력의 맹주이며, 신라의 왕녀를 아내로 맞이하기도 한 자이며, 연오랑과 세오녀가 원래 부부였다는 점을 제외하면 두 인물은 거의 일치한다는 점을 들어 그렇게 주장하였던 것이다.[17]

그러나 이 견해를 뒷받침할 논리적 근거는 빈약하다. 이도츠히코는 앞장에서 이미 충분히 논의하였듯이 현재의 시모노세키인 아나토를 지배하는 군주이었고, 그의 이름에 '이도'가 들어가 있는 것은 규슈 북부의 이도국의 군주 이도테와 같은 세력으로 볼 수 있다. 즉, 이도테의 "이도"와 이도츠히코의 "이도伊都"는 서로 통하기 때문이다. 이러한 집단을 신라의 세력으로 보는 가장 큰 이유는 "나는 하늘에서 고려국高麗國의 오로산意呂山으로 내려온 히보코日鉾의 후손 이도테이다."[18]라고 천황 중애에게 자신의 출자를 밝히는 부분의 기록이다. 여기서 히보코는 신라왕자 히보코를 말한다. 이러한 점을 감안하여 그들을 신라세력으로 보았던 것이다.

그러나 이것도 면밀히 살펴보면 그들의 국가가 이소시伊蘇志, 이소국伊蘇國이라고 표현되듯이 한반도의 이서국에서 파생된 것이라는 사실은 이미 앞장에서도 여러 번 밝힌 바가 있다. 즉, 그들은 신라에 통합된 이서국의 후예들이었다. 그리고 이도츠히코와 이도테의 이야

17 •  上垣外憲一, 『倭人と韓人』, 講談社學術文庫, 2003, 119面.
18 •  吉野裕 譯, 『風土記』, 平凡社, 1982, 335-336面.

기에는 히보코의 아내가 등장하지도 않을 뿐만 아니라 「일월지정」이라는 요소도 등장하지 않는다. 그러므로 이들을 연오랑과 세오녀로 보기는 어렵다.

조선 전기의 문신이자 학자인 서거정이 연오랑과 세오녀에 관심을 가지고 그의 저서인 『필원잡기筆苑雜記』에 "일본의 대내전大內殿은 그 선대가 우리나라로부터 나왔다 하여 사모하는 정성이 남다르다 한다. 내가 일찍이 널리 전대의 역사책을 상고해 보아도 그 출처를 알 길이 없고, 다만 신라의 『수이전殊異傳』에 동해 물가에 사람이 있었는데, 남편은 영오라고 하고, 아내는 세오라 하였다."고 하며 연오랑과 세오녀의 설화를 소개한 다음, "우리나라 사람으로 일본의 임금이 된 자는 이뿐이니 다만 그 말의 시비는 알 수 없다. 대내의 선조란 혹 여기에서 나온 게 아닌가 싶다."고 했다.[19] 즉, 그는 연오랑을 오우치씨大內氏의 선조라 보았던 것이다. 이같은 추정은 19세기의 인물 이유원李裕元의 저서인 『임하필기林下筆記』에도 그대로 기록되었다. 그곳에는 일본의 대내전의 선조가 연오랑이라고 추정은 하고 있지 않지만 "일본의 대내전은 그 선대가 우리나라에서 나왔기 때문에 우리나라를 흠모하였다."[20]고 전제한 뒤에 연오랑과 세오녀의 도일설화를 소개함으로써 마치 연오랑과 세오녀가 오우치씨의 시조와 같은 느낌을 주는 기술을 하고 있는 것이다.

이들이 오우치씨의 선조를 신라인으로 보는 것은 전혀 근거가 없는 것은 아니었다. 왜냐하면 『조선왕조실록』에 의하면 1441년(세

---

19 • 서거정, 박홍갑 역, 『필원잡기』, 126-127쪽.
20 • 이상준, 「연오랑·세오녀 설화의 현장」, 『연오랑세오녀연구소 제1회 한·일 국제세미나 발표 자료』, 22쪽에서 재인용.

종 23) 11월 갑인조에 "옛날 신라의 후예가 다대포에서 놀다가 아내를 취하여 자식을 낳았다. 지금의 대내전은 바로 그 후예이다. 그 때문에 태종 때 쓰시마의 왜인들이 우리나라의 국경을 침입해 들어왔을 때 대내전은 의를 부르짖고 죄를 물어 부락을 도살했다. 본국과의 교린에 심려를 기울이고, 선조와의 연결을 생각하는 대내전의 마음은 참으로 가상하다."[21]는 기록이 있다. 어쩌면 이러한 지식이 바탕이 되어 대내전을 신라인의 후예로 보고, 한 걸음 더 나아가 연오랑과 세오녀를 연결시켰을 가능성도 배제하기 어렵다.

서거정과 이유원이 주목한 오우치씨의 선조란 임성태자琳聖太子를 말한다. 과연 그들이 생각하는 만큼 오우치씨는 신라인 연오랑의 후예일까?

여기에 대해서는 확실한 증거는 없지만 일단 그것과 관련된 기록과 전승에서 그들은 신라보다 백제인의 이미지가 강하다. 이러한 사실은 서거정보다 훨씬 이전부터 알고 있었다. 그 예가 조선전기의 정치가이자 학자인 신숙주가 "일본사람의 말에 백제왕 온조의 후손이 일본에 들어와서 처음에 주방주周防州의 다다량포多多良浦에 도착하여 그 지명으로 성씨를 삼았으며 …(생략)… 그 세계世系가 백제에서 나왔다 하여 우리나라와 가장 친선하였다."[22]라고 한 것이 바로 그것이다. 즉, 그는 오우치씨 시조를 신라가 아닌 백제왕족이라 했던 것이다. 실제로 현지에서도 "대내씨는 백제국 성명왕의 제3자인 임성태자를 시조로 한다. 611년(推古 19)에 수호周防國 사바군佐波郡 다다라多多良 바닷가에 표착하여 일본에 정착하였으며, 그 후 성덕태자를

21 · 『조선왕조실록』 세종 23년 11월 갑인조.
22 · 신숙주, 「해동제국기」, 『해행총재(1)』, 민족문화추진회, 1967, 114-115쪽.

만나 오우치현大內縣을 영지로 인정
받았으며, 또 다다라라는 성씨를 하
사받은 것"으로 전해지고 있다.[23]

이를 뒷받침하듯이 구마게군熊毛
郡 히라오平生에는 백제부신사百濟部
神社가 있으며, 또 미네시美祢市 아키
요시秋芳町의 아키요시하치만궁秋芳八
幡宮에는 백제국제百濟國帝라는 이름
을 가진 신이 모셔져 있다. 즉, 백제
의 왕이 제신으로 되어있는 것이다.
지역사료인「풍토주진안風土注進案」에
의하면 가상연중嘉祥年中(848-851년) 백
제국왕이 오오즈大津에 표착하여 이
곳으로 이주 정착하였다고 기술되어
있다.[24]

승복사의 (伝)임성태자 묘

여기에서 주의할 점은 임성태자의 도일연대가 전승마다 각기 다
르다는 것이다. 그러나 그를 백제 성명왕의 아들이라고 설명하는
것은 거의 통일되어있다. 그렇다면 그는 통일 이전 신라의 아달라왕
시대를 배경으로 하는 연오랑과 세오녀와 시대적으로 맞지 않는다.
그 뿐만 아니다. 이들의 시조 임성태자는 연오랑과 세오녀가 나타내
는 일월신앙보다 묘견신앙妙見信仰이라는 칠성신앙과 관련이 깊다.

23 • 김영태, 「백제 임성태자와 묘견신앙의 일본전수」, 『불교학보(20)』, 불교문화연구원, 1983,
      52쪽.
24 • 藏本隆博, 「海潮と祭禮」, 『山口縣地方史研究(75)』, 山口縣地方史研究會, 1996, 37-38面.

그리고 부부가 함께 건너갔다는 이야기도 보이지 않는다. 그러므로 임성태자 또한 연오랑으로 볼 수 없다. 이러한 사정으로 미루어 보았을 때 야마구치의 나가토를 연오랑과 세오녀의 정착지로 볼 수가 없다.

## 2) 이와미石見

이와미란 시마네현의 동부지역을 일컫는 말이다. 이 지역에도 한국에서 건너간 신들의 이야기가 오늘에 까지 전해온다. 그 대표적인 것이 사히메와 스사노오의 전승이다. 사히메는 이 지역에 곡물의 종자를 전해준 곡모신이다. 그 내용을 소개하면 다음과 같다.

> 곡물의 종자를 전해준 사히메狹姬는 옛날 한반도에서 한 마리 붉은 기러기를 타고 바다를 건너 일본에 왔다. 그 신은 새의 등을 탈 정도로 조그만 했다. 그리고 그 손에는 어머니인 오오게츠히메大宜都姬의 유물로 받은 벼·보리·콩·조·피의 5곡 종자를 가득 쥐고 있었다. "내가 죽으면 나의 몸에서 곡물의 종자가 생겨날 터이니, 너는 그것을 가지고 일본에 건너가서 살아라." 이것이 어머니가 乙子(막내) 사히메에게 남긴 유언이었다. 이에 빨간 기러기를 타고 처음 발견한 작은 섬에 내리려고 하였다. 그러자 "이곳에서는 고기를 잡아먹기 때문에 종자는 필요 없다." 하고 거절당하고 말았다. 그리하여 사히메는 다시 기러기 등을 타고 하늘을 날아 히레후리산比礼振山에 내려서 마을 사람들에게 종자를 나누어 주었다. 그리하여 그곳에 종자라는 뜻에서 타네種라는 이름이 붙여졌다.[25]

이와미 긴잔의
사히메신사

　이상의 내용에서 보듯이 이 신화는 전형적인 사체화생형 곡물기
원신화이다. 여기에서 사히메는 모신 오오게츠히메가 죽고 그 시신
에서 생겨난 곡물을 가지고 붉은 기러기를 타고 바다를 건너 이와미
지역민들에게 전해준 여신이다. 이 여신은 산베이산三瓶山과 이와미
긴잔石見銀山에 사히메신사 또는 사히메야마신사에 각각 제신으로
모셔져 있다. 이 여신은 원래 곡모신이었으나 훗날 이와미 긴잔이
개발되면서 은광산의 여신으로 숭상되기도 한다. 이러한 일련의 과
정에서 보더라도 그녀에게서 세오녀와 같은 성격을 찾아낼 수 없다.
　오오다시大田市에는 한국에서 건너갔다는 신이 모셔져 있는 신사
가 있다. 가라가미시라기신사韓神新羅神社가 바로 그것이다. 지역전
승에 의하면 한반도에서 건너간 스사노오須佐之男命의 일족이 이곳
에 상륙하였으며, 이들은 다시 뿔뿔이 흩어져 살다가 훗날 딸인

25・　酒井董美 外, 『日本傳說大系(11) 山陰編』, みずうみ書房, 1984, 24-25面.

가라가미시라기신사　　　　　　　　　　　　　　현판

오오야츠히메大屋津姫命, 츠메츠히메抓津姫命는 이곳에 부신인 스사
노오와 합사하였으나 아들 이소타케五十猛만은 인근 마을 이소타케
쵸의 이소타케신사五十猛神社에 별도로 독립하여 터전을 잡았다. 지
금도 이곳에는 이들 가족이 헤어졌던 곳에 가미와카레자카神別れ坂
라는 지명이 남아있다. 이처럼 이곳에서는 스사노오의 일족이 신라
에서 건너오는 이야기가 전해지고 있는 것이다.

　　그러나 스사노오는 이 지역의 신이 아니다. 『기기』에 의하면 천
황가의 선조신인 아마테라스의 남동생으로 천상에서 죄를 지어 지
상으로 추방된 신이다. 그리고 이 신의 숭배는 기이紀伊, 비고備後,
하리마播磨, 오키隠岐 등 넓은 지역에 걸쳐 신앙되는 인기가 있는 신
이었다. 신화학자 마츠마에 타케시松前健에 의하면 이 신의 고향은
이즈모가 아닌 기이紀伊로 보았다. 그 이유는 『연희식』에 스사노오

야마타오로치(괴물)를 퇴치하는
스사노오

를 신으로 모시는 스사신사 중 이즈모의 것을 소사小社로 표현한 반면 기이의 것은 격을 높게 표현하고 있기 때문이었다.[26] 즉, 스사노오의 신앙이 기이에서 발생하여 이즈모로 번져 갔음을 알 수 있는 중요한 사료로서 보았던 것이다.

만약 이것이 사실이라면 스사노오는 훗날 윤색되었을 가능성이 높다. 더군다나 원래 이 신사의 이름도 가라가미시라기신사가 아니었다. 1726년 이전에는 오우라신사大浦神社이었다.[27] 신사의 이름이 바뀔 때 제신도 중앙의 신인 스사노오로 바뀌었을 가능성이 아주 높다.

그렇다면 이곳에 모셔졌던 원래의 신은 어떤 신일까? 그에 대한 단서가 신사의 뒤편에 류진사마龍神樣이라고 불리는 사당에 있었다. 이는 1660년 당시 지역민이었던 하야시 야산베林彌三兵衛가 건립한 것으로 알려져 있는데, 문정연간文政年間(1818-1830)에 작성된 「포차출명세서상장浦差出明細書上帳」에 신라국에서 용사신龍蛇神이 매년 10월 중에 신사의 경내로 올라오며 이를 사람들은 "신라의 사신蛇神이라고 믿고 봉납하고 있다."는 기록이 있다고 한다.[28] 그것을 입증이라도 하듯이 지역민 하야시 마사유키林正幸씨의 집 신단에는 미이라

26 · 松前健, 『日本神話の謎』, 大和書房, 1985, 128-129面.

27 · 高橋統一, 『神なる王/巫女/神話 - 人類学から日本文化を考える』, 岩田書院, 2000, 126面.

28 · 林正幸, 『五十猛の歴史と民話』, 個人出版, 1998, 68面.

로 만든 바다 뱀을 소중히 모시고 있었다. 그리고 이 지역에서는 매년 3월 11일이 되면 뱀신을 모시고 풍어와 풍년을 기원하는 행사를 벌이며, 어선을 새로 만들었을 때도 배에 잔뜩 장식한 다음 퍼레이드를 벌이며 신라신사의 신들과 함께 항해안전과 풍어를 기원한다고 한다.[29] 이러한 사실을 보더라도 이 신사의 원래 제신은 스사노오가 아닌 용사신이었을 가능성이 매우 높다.

이와 같이 이와미에도 한국에서 건너가는 신들의 이야기가 있지만 그것들은 연오랑과 세오녀와는 거리가 먼 것들이었다. 그러므로 이 지역도 연오랑과 세오녀의 정착지라고 볼 수는 없다.

### 3) 대마도對馬島

대마도에는 연오랑과 세오녀의 성격에서 볼 수 있는 태양과 관련된 신앙이 강하다. 그 대표적인 예가 아마테루신사阿麻氐留神社와 천도신앙天道信仰이다. 아마테루신사는 아마테라스와 같은 성격의 것으로 태양의 신이었다. 현재의 제신은 아마츠무카츠히메天津向津姬神이지만, 명치 이전까지만 하더라도 제신의 이름은 데루히콘겐照日權現, 히노가미日神命, 아마테루미타마天照魂命 등으로 불리운 태양의 신이었다. 이 점만은 연오랑과 세오녀와 닮아있다. 그러나 부부적인 성격도 보이지 않을 뿐 아니라 한국에서 바다를 건너왔다는 신화적 모티브도 보이지 않는다. 그러므로 이 신을 연오랑과 세오녀로 볼 수 없다.

한편 대마도에는 바다를 건너오는 일신의 신화가 있다. 그것이

---

29 • 林正幸, 『五十猛の歷史と民話』, 68面.

아마테루신사　　　　　　　　　　아마테루신사의 도리이鳥居

바로 천도신화이다. 그 내용은 여러 가지 유형이 있는데, 미시나 쇼에이三品彰英가 채집한 자료에 의하면 "옛날 궁중의 내원內院이 불의를 저질러 임금이 그녀를 빈 배에 태워 바다에 버렸다. 그 배가 즈츠豆酘 내원의 해변에 표착했다. 그녀는 이미 회임한 상태였으며, 이렇게 태어난 것이 천도보살天道菩薩이다. 그가 태어난 곳은 내원의 사이산埰山의 강가이다."라고 했다.[30] 그리고 1686년(貞享 3)에 성립된 『대주신사지對州神社誌』의 즈츠촌조豆酘村條에 "쓰시마對馬州의 즈츠豆酘郡 내원[內院村]에 데루히照日이라는 사람이 있었는데 어느 날 딸 한 명을 낳았다. 그 후 천무천황天武天皇의 치세 백봉白鳳 13

30·　三品彰英, 『增補 日鮮神話傳說の研究』, 平凡社, 1972, 371面.

년. 갑신년 2월 17일에 그 딸이 태양의 빛을 받아 회임하고, 이윽고 남자아이를 낳았는데 그를 천동天童이라 했다."[31]는 천도보살의 유서가 기술되어있다. 이를 종합하여 보면 대마도의 천도신화의 골격은 일월감정으로 인하여 임신한 여인이 바다에 버려져 대마도에 표착하여 지역신이 되었다고 하는 것이다. 일월감정이라는 점은 고구려의 주몽신화와 닮아있고, 고귀한 신분의 여인이 바다를 건너와 아이를 낳는다는 것은 신라의 선도산성모신화仙桃山聖母神話와 유사하다. 『삼국유사』에 의하면 "옛날 중국 황실의 여인이 바다에 떠서 진한에 이르러 아들을 낳아 해동의 시조가 되었다."[32]고 되어있기 때문이다. 이처럼 천도신화는 일월감정과 도해하는 모자신의 두 요소가 결합되어있다. 그가 일신으로 신앙화될 수 있었던 것은 전자의 요소가 있기 때문이다. 그렇다고 해서 그를 연오랑과 세오녀와 연결시키기는 어렵다. 바다를 건너 일신이 된다는 면에서는 연오랑과 세오녀와 같을지 몰라도 부부가 아닌 모자신적인 요소가 강하다는 점에서 더욱더 그러하다. 그러므로 이들도 연오랑과 세오녀가 아니라고 할 수 있다.

### 4) 치쿠젠(관서설)

치쿠젠筑前은 현재 후쿠오카현 서부지역을 일컫는 지명이다. 이곳에도 신라에서 건너오는 신에 관한 이야기가 『풍토기』에 있다. 그것은 남편으로부터 도망친 신라의 여신이 잠시 머물렀다는 히메

---

31 •    永留久惠, 『天神と海神』, 白水社, 1988, 105-107面에서 재인용.
32 •    이병도 역, 『삼국유사』, 432쪽.

시마의 유래담이다. 그녀의 남편은 어떤 사람이었기에 도망친 것일까? 이것을 추정케 해주는 기록이 『기기』의 히보코의 전승이다. 히보코의 이름이 태양을 의미하고, 또 부부가 모두 차례로 일본으로 건너가 신이 되고 있다는 점에서 연오랑과 세오녀와 닮은 점이 적지 않다. 그러한 이유로 실제로 많은 연구자들이 이들 부부를 일본의 연오랑과 세오녀와 같은 존재라고 보았다. 가령 역사학자 이병도가 "히보코 전설은 연오랑과 세오녀의 설화를 연상케 한다."[33]라 했고, 역사학자 정중환도 "『삼국유사』에 보이는 연오랑과 세오녀의 설화와 비슷한 신라관계 설화가 『일본서기』에 있다. 즉, 히보코의 설화가 그것이다."고 했다.[34] 또한 국문학자 장덕순은 히보코의 아내가 연오랑과 세오녀와 같이 태양신이며, 부부가 도일하였다는 공통점은 고대한일양국관계를 생각할 때 흥미로운 과제[35]라고 언급하는 점 등이 바로 그것들이다. 특히 최근에는 문학가인 이영희가 이를 보다 과감하게 해석하여 연오랑과 세오녀는 일본 측 기록에 등장하는 히보코의 부부라고 보고 그들이 정착한 곳은 관서라 했다.[36]

실제로 관서에는 연오랑과 세오녀의 출신지인 도기야都祈野를 연상시키는 지명과 그와 관련된 신사들이 남아있다. 그 대표적인 예가 다카이시시高石市의 도노기신사等乃伎神社와 오사카시大阪市의 이가스리신사坐摩神社이다. 역사학자 오오와 이와오大和岩雄에 의하면 도노기신사의 도노기는 원래 도기이며, 이를 土岐, 都幾, 都祁, 都下, 鬪鷄, 莬餓(刀我)라고도 한다고 했다.[37] 그리고 이가스리신사도 『일본

33 · 이병도, 『한국사-고대편-』, 을유문화사, 1956, 323쪽.
34 · 정중환, 『가라사초』, 부산대 한일문화연구소, 1962, 133-139쪽.
35 · 장덕순, 『한국설화문학연구』, 서울대출판부, 1970, 171쪽.
36 · 이영희, 『무쇠를 가진 자 권력을 잡다』, 35쪽.

서기』에 의하면 앞에서 언급한 도기와 같은 지명인 도가노菟餓野에 있다고 되어있다. 즉, 이 두 신사 모두 도기야라는 지역에 있는 셈이다. 도기는 해돋이의 돋이에서 기인한 말로 해가 뜨는 곳이며, 또 『삼국유사』의 해설처럼 일신에게 제사지내는 곳을 의미하는 일반명칭이었던 것이다. 그러므로 도기에 있는 도노기신사와 이가스리신사는 태양과 관련이 있는 신사임을 알 수 있다. 그러한 것은 이들 신사의 위치에서도 확인이 된다.

미즈타니 케이치水谷慶一에 의하면 오사카와 나라의 경계지역에 위치한 다카야스산高安山은 일출지로 유명한데, 동지 때 일출을 보는 곳에 이가스리신사가 위치해 있고, 하지에 일출을 바라다보는 곳에 도노기신사가 위치해 있다고 했다.[38] 다시 말하여 다카야스산에서 바라다보면 동지 때 해가 지는 곳은 도노기신사이고, 하지 때 해가 지는 곳이 이가스리신사라는 것이다. 따라서 도노기신사와 이가스리신사는 하나의 짝을 이루고 있다고 할 수 있다. 『기기』에 의하면 그곳에는 매우 큰 거목이 있었는데, 그 나무가 얼마나 컸었는지 아침햇살을 받으면 나무 그늘이 아와지시마를 덮고, 저녁 해를 받으면 다카야스산을 덮었으며,[39] 그 나무를 베어 배를 만들어 이즈伊豆지역의 공물을 나르는 것으로 사용했고, 그 배가 낡아 못쓰게 되자 배를 부수어 소금을 만드는 데 사용하여 막대한 이익을 남겨 그것으로 각 지역에 배를 만들게 했다. 그렇게 만들어진 배가 500여 척이 되었는데 그 배들이 일시에 도기의 인근 무코항武庫港에 모여들었을

37 • 大和岩雄, 『神社と古代王權祭祀』, 白水社, 1989, 436-437面.
38 • 水谷慶一, 『続知られざる古代』, 日本出版協會, 1981, 273面.
39 • 노성환 역주, 『고사기』, 민속원, 2009, 263-264쪽.

때 신라배의 실화로 소실되고 마는 사건이 일어났다. 그러자 신라의 왕이 조선기술자를 이곳으로 파견하였는데, 그들이 바로 이나베猪名 部라는 것이다.[40] 이것은 도노기신사가 있는 곳에 신라의 조선 기술 자들이 정착하였다는 것을 의미한다. 그리고 그곳에서 얼마 떨어지 지 않은 곳에 히보코의 아내인 아카루히메를 신으로 모신 히메코소 신사가 있다. 이러한 사실 등을 감안하여 본다면 히보코와 아카루히 메의 도일전승은 연오랑과 세오녀의 도일신화와 여러 가지 면에서 닮아있다. 가령 두 사람 모두 신라인이며, 또 부부가 차례로 일본으 로 건너가며, 또 이름에서 보듯이 두 사람 모두 일신적 요소를 지니 고 있다. 그러므로 이 두 설화는 동종이곡으로 보고, 연오랑과 세오 녀의 정착지를 관서로 보는 것도 있을 수 있다.

그러나 여기에 문제가 없는 것은 아니다. 신화의 내용을 기준으 로 본다면 연오랑과 세오녀의 설화와 히보코와 아카루히메의 신화 는 확연하게 서로 다르다. 도일의 계기와 순서는 물론 도일 후 정착 지도 서로 다르다. 히보코와 아카루히메의 부부는 갈등으로 인하여 여신이 먼저 일본으로 갔고, 그 뒤를 쫓아서 남신이 도일하는 것으 로 되어있다. 그리고 이 둘은 일본에서 만나지도 않았다. 히보코는 다지마에 정착하여 일본여인과 결혼하여 살았고, 히메코소는 오사 카에 정착하여 홀로 살았다. 다시 말하여 이들 부부는 일본에서 별 거한 것이다.

그러나 연오랑과 세오녀는 그들과 다르다. 남신(연오랑)이 먼저 가고 여신(세오녀)이 뒤따라 일본으로 가고, 또 도일의 계기도 갈등이 아닌 연모에 의해 이루어지며, 그들은 일본에서 서로 만나 헤어지지

---

40 · 井上光貞 監譯, 『日本書紀(上)』, 中央公論社, 1987, 331面.

않고 함께 살았으며 지역민들이 존경하는 왕과 왕비가 되었다. 그리고 도기야라는 명칭은 앞에서 언급하였듯이 어느 특정지역만을 나타내는 것이 아니다. 따라서 히보코와 아카루히메를 연오랑과 세오녀라고 할 수 없다. 그렇다면 관서지역도 연오랑과 세오녀가 정착한 곳으로 볼 수 없는 것이다.

### 5) 오키隱岐와 호키伯耆

오키는 우리의 독도와 가장 가까운 도서지역이다. 이러한 지리적 여건 때문에 오키는 일본에서도 한국의 표착물이 가장 많이 도착하는 곳 중의 하나이다. 이곳을 연오랑과 세오녀의 정착지로 보는 해석이 있었다. 가령 나카다 카오루는 "영일만 또는 율포에서 동으로 향하면 쯔시마 난류를 타고 용이하게 오키의 지부도知夫島에 도착할 수 있다."고 하며, 영일의 옛 이름인 근오기斤烏支와 통하고, 오키에 언양의 옛 지명인 지불知火(智火)과도 통하는 지부리知夫里가 있다는 점을 들어 연오랑과 세오녀의 첫 번째로 도착한 지역이 바로 오키라고 해석했다.[41] 그리고 그는 "연오랑이 지부도 이주 후, 곧 동해를 향해 항해한 구연의 땅 '오지烏支'의 이름을 자기의 신왕국에 옮긴 것인지, 또는 세오녀가 제천영일의 위공을 세운 연고지 '욱기야郁祈野'의 지명을 옮겼음인지 여하튼 은기의 지명은 연오랑 세오녀가 신라 동해변에서 옮겨간 것으로 생각한다."고 했다.[42]

이러한 설은 재일사학자 전호천 그리고 국문학자 김화경에도 영

---

41 •  中田薫, 『古代日韓交渉史斷片考』, 91面.
42 •  中田薫, 『古代日韓交渉史斷片考』, 91面.

향을 끼쳐 전호천은 "연오랑과 세오녀의 설화는 신라인이 이즈모, 호키, 다지마, 단고 등지에 이주하여 왕권, 왕국을 구축하였다는 것과 연오랑이 왕으로 추대되었다는 것을 전해주고 있다. 신라의 옛 지명에 근오기가 있다. 한국어에서 '근'은 크다는 것을 의미하기 때문에 근오기는 커다란 오기로, 지금의 경북 포항이다. 이 큰 오기로부터 온 사람들이 오키국의 오키가 되었다."고 하며 "오키는 한국에서 이즈모로 가는 발판이었다."고 했다.[43] 김화경도 이를 받아들여 연오랑과 세오녀가 오키를 통하여 이즈모로 들어갔다고 보았다.[44]

그렇다면 이러한 오키에는 연오랑과 세오녀처럼 신라에서 건너가는 부부의 이야기가 없을까? 그와 유사한 이야기가 있었다. 오키에서 가장 오래된 기록으로 추정되는 『이말자유래기伊末自由來記』에 "오키(隱岐國)에 처음으로 정착한 인간은 목엽인木葉人이었다. …(중략)… 이들 목엽인木葉人은 서방 천리 가라사려촉加羅斯呂觸으로부터 왔다고 하며, 또 가라韓의 제라국除羅國에서 왔다고도 한다."라는 구절이 있다.[45]

이 기록을 토대로 본다면 오키의 최초의 거주자 목엽인은 신라인이었다. 그들은 '가라사려촉' 또는 가라의 '제라국'에서 왔다고 되어있다. 여기서 말하는 "가라加羅(韓)"는 외국이라는 의미의 말로, 사려촉의 "촉"은 "초쿠"라고 발음되는데, 이는 나라를 의미하는 "코쿠"를 잘못 표기한 것으로 볼 수 있다. 그리고 사려斯呂는 신라의 옛 이름인 사로斯盧와 같이 "시로"로 발음되고, 또 "제라除羅"는 신라를 연상시키는 국명인 것으로 보아 그들의 고향은 사로국과 신라국으

43 • 全浩天, 『朝鮮からみた古代日本』, 137-138面.
44 • 김화경, 「연오랑이랑 세오녀 설화의 연구」, 『인문연구(62)』, 영남대, 2001, 80쪽.
45 • 金坂亮, 「伊末自由來記 - 資料 - 」, 『隱岐鄕土硏究(2)』, 隱岐鄕土硏究會, 1957, 39-43面.

로 일컬어지는 한반도의 동해안 지역출신임을 알 수 있다.

이러한 점은 일단 연오랑과 세오녀와 닮아있다. 그러나 이들은 나뭇잎과 짐승가죽으로 옷을 만들어 입는 원시상태의 사람들이다. 이러한 점은 연오랑과 세오녀의 이미지와 상당한 거리가 있다. 즉, 세오녀는 일신의 힘을 부활시키는 신비로운 비단을 짜는 최첨단의 기술을 가진 직녀이었다. 따라서 비록 신라인 두 부부가 바다를 건너서 오키에 정착하였다고 하지만, 이들 목엽인은 연오랑과 세오녀가 아니다.

앞에서 든 전호천의 논리대로라면 호키지역도 연오랑과 세오녀의 정착지 후보로 올릴 수 있다. 그러나 실제로 표류민의 사례에서 보았듯이 영일만에서 표류한 사람들이 이곳에 도착할 확률은 그다지 높지 않다. 그럼에도 불구하고 이곳과 관련지어 해석하는 사람이 있다. 그 대표적인 것이 영문학자이면서도 일본신화에 관심이 높았던 박시인의 연구이다. 그는 영일의 옛 지명인 도기都祈를 토끼月兎로 보고, 그것을 뒷받침해줄 수 있는 이야기로 오키에서 일본 본토로 건너가는 『고사기』의 토끼설화에서 찾았다. 더군다나 토끼를 도와준 신이 오호구니누시이고, 그가 이즈모의 왕이 되는 것으로 보아 그것은 연오랑과 세오녀 설화의 일본판이라고 해석한 것이었다.[46]

토끼와 만나는 오호구니누시

46 · 박시인, 『알타이 신화』, 청노루, 1994, 188-194쪽.

그러나 이같은 해석은 너무나 비약된 논리이다. 한국에서도『고사기』의 토끼설화와 유사한 것들이『고금소총』그리고 여수의 오동도 등에서 발견되는 것으로 보아 그것의 원향이 한국일 것으로 추정되기는 하나, 그것이 연오랑과 세오녀의 도일과 관련이 있을 수 없으며, 또한 이즈모의 왕이 된 오호구니누시는 연오랑과 세오녀와 같이 일신적 요소가 전혀 보이지 않을 뿐 아니라 외래신 보다는 토착신의 이미지가 강하다. 따라서 그와 관련된 신화를 연오랑과 세오녀의 일본판이라고 보기 어렵다.

## 4. 히노미사키신사에서 찾은 연오랑과 세오녀

그렇다면 연오랑과 세오녀는 일본 어디에 정착한 것일까? 연구자들 가운데 이즈모를 연오랑과 세오녀의 정착지로 보는 해석이 가장 많았다. 그러나 이들 중 어느 누구도 이즈모의 어느 곳이라고 구체적으로 추정하는 사람은 없었다. 북한의 역사학자 김석형은 연오랑과 세오녀의 설화를 두고 "이즈모 지방에서 패권을 잡고 왕노릇하는 신라인이 있었던 것이며, 그의 왕국은 신라 고국과 일정한 관계를 가지고 있었다. 여자들이 만든 비단을 신라 창고에 바치는 연계가 있었다."고 했다.[47] 즉, 그는 연오랑과 세오녀가 이룩한 나라는 신라와의 주종관계를 맺고 있었던 이즈모 지역의 소국으로 여인들이 짠 비단을 신라에 바치고 있었던 것을 반영하고 있는 것으로 보았던 것이다. 여기에서 보듯이 그는 연오랑과 세오녀가 정착한 곳이

---

47 · 김석형,『북한연구자료선(2) 고대한일관계사』, 한마당, 1988, 390쪽.

이즈모의 어느 지역인지는 말하고 있고 있지 않다. 그러한 사정은
남한에서도 마찬가지이다. 가령 국문학자 김화경은 연오랑과 세오
녀의 설화를 신라에서 이즈모지방으로 들어가 초기의 국가형태를
취하고 있었던 것을 말해주는 이야기로 해석할 뿐 그곳이 이즈모의
어느 지역인지 구체적인 지명을 제시해놓고 있지 않다.[48]

이즈모 지역에는 한국에서 건너간 신들이 모셔지고 있는 신사가
한두 군데가 아니다. 더군다나 지역적으로도 전 지역에 걸쳐 골고루
분포되어있다. 그리고 한 계통의 신들도 아니다. 명칭만으로 구분하
면 이들은 한신계韓神系, 신라계新羅系, 이타테계伊太氐系 등으로 나누
어 볼 수 있다. 한신계는 그 이름에 "한韓"이라는 표시가 분명히 되
어있고, 신라계는 신라라는 이름이 명시되어 있으며, 이타테계는 주
로 한신과 결합되어있는데, 이 신은 독립된 신사를 가지지 못하고,
주로 다른 신사의 경내에 말사 또는 섭사로 모셔져 있는 경우가 대
부분이다. 이러한 상황이기 때문에 신사의 명칭만으로 연오랑과 세
오녀의 흔적을 찾기란 어렵다. 그러한 가운데 최근 우리의 주목을
끄는 어느 지방 일간지의 기사가 있었다. 이즈모 지역에 연오랑과
세오녀의 신사가 있다는 것이다.[49] 기사의 내용 중 관련된 부분을
소개하면 다음과 같다.

니시코리 아키라씨와 찾아간, 세오녀를 모신 신사는 마쓰에시松江市
에서 삼나무 짙은 숲을 헤치고 승용차로 1시간 30분가량 달려야 도
착할 수 있었다. 길은 원시림과 같았으며 끝없는 계곡이 펼쳐져 있

48 · 김화경, 『일본의 신화』, 문학과 지성사, 2002, 291-298쪽.
49 · 경북일보, 2010년 8월 6일자.

었고 계곡 끝에 닿자 연오랑이 타고 온 바위가 있었다. 거기에는 안내 팻말도 세워져 있었다. 1천500여 년 전 연오랑이 타고 온 바위, 연오랑과 세오녀에 대한 막연한 의문이 풀리는 순간이었다. 일본인들이 그 오랜 세월을 자손 대대로 연오랑이 타고 온 바위라 했고 산꼭대기에는 세오녀 사당이 있었다.[50]

과연 이 기사의 내용과 같이 그곳에 세오녀 사당이 있는 것일까? 이 신문은 이를 증명하듯이 기사와 함께 사당은 물론 연오랑이 타고 온 배石船의 사진까지 소개하고 있기 때문에 그것이 지니는 신뢰성은 높아 보였다. 만약 이것이 사실이라면 많은 연구자들이 막연히 이즈모를 연오랑과 세오녀의 정착지라고 추정하던 것이 구체화 될 수 있는 그야말로 중요한 학술적 가치를 지니는 기사라 하지 않을 수 없다.

필자는 이 기사를 근거로 2011년 8월 중순 10일 정도 시마네현을 중점적으로 조사를 벌인 적이 있다. 그러나 세오녀를 모신 사당을 발견할 수 없었다. 신문사가 소개한 사당은 세오녀 사당이 아니라 가라가마신사韓竈神社였다. 그리고 제신도 연오랑과 세오녀가 아닌 스사노오였다. 그 석선도 연오랑과 세오녀가 타고 간 바위가 아니라 스사노오가 신라에서 일본으로 건너갈 때 탔다고 하는 배이었다. 신사는 이름에서 보듯이 한국계 신사임에는 틀림없다. 또 그 일대가 고대 제철집단이 거주했던 것으로 보아 그곳에 모셔진 제신은 한국계 제철의 신일 가능성은 높다. 최근 연오랑과 세오녀의 「일월지정」을 제철집단이 품어내는 용광로의 불로 해석하는 사람도 있지만,[51] 그곳을 연오랑과 세오녀와 관련시키는데는 무리가 따른다.

50 · 경북일보, 2009년 12월 25일자.

그 신문 기사는 향토사가의 잘못된 제보이거나 아니면 제공된 올바른 정보를 잘못 판단하여 나온 것일 가능성이 높다.[52]

그렇다면 이즈모에도 연오랑과 세오녀가 정착한 곳은 없는 것일까? 반드시 그렇지는 않았다. 우리의 눈길 끄는 곳이 한군데 있는데, 바로 그곳이 히노미사키신사日御碕神社이었다. 이곳은 앞에서 제시된 연오랑과 세오녀를 찾기 위한 여섯 가지 조건을 모두 갖추고 있다. 그와 관련된 구체적인 근거를 들면 다음과 같다.

첫째, 이곳은 신라와 관련이 깊은 곳이라는 점이다. 이 지역의 고대문헌인 『출운국풍토기出雲國風土記』에 의하면 다음과 같은 신화가 실려져 있다.

오우意宇라고 부르는 까닭은 국토를 가지고 온 야츠카미즈오미츠노八束水臣津野命가 어느날 "이즈모국은 두건의 좁은 천처럼 아직 미숙한 곳이다. 처음부터 작게 만들었구나. 내가 다시 만들어 부치겠다." 하며 신라의 미사키三崎에 토지의 여분이 있는지 없는지 살펴보고 "여분이 있구나." 하며 동녀의 가슴과 같은 큰 쟁기를 손에 들고 큰 고기를 내려쪅어 잡듯이 잡고서는 밧줄로 동여매고 영차 영차하며 당겨서 붙인 땅이 고즈去豆의 절벽에서 야호니키즈키八穗爾杵築의 미사키까지이다. 땅이 당겨오기 위해 밧줄을 동여맨 말뚝은 이와미石見와 이즈모出雲의 경계지역에 있는 사히메산佐比賣山(三瓶山)이다. 또

---

51 •  이영희, 『무쇠를 가진 자 권력을 잡다』, 27쪽.

52 •  이 부분의 확인을 위해 2012년 7월 18일 필자는 경북일보에 정보를 제공한 인물 니시코리 아키라씨를 시마네현 마츠에시에서 만나 직접 면담 조사했다. 그 결과 니시코리씨는 그와 같은 정보를 제공한 적이 없으며, 이즈모지역에는 세오녀 사당이 없다고 잘라 말했다. 따라서 이 기사는 기자의 잘못된 판단에 의해 작성된 것임을 알 수 있다.

신라에서 땅을 당겨오는 이즈모의 창세신을 그린 벽화

손에 쥐고 당긴 밧줄은 소노의 긴 모래사장이 바로 그것이다. 또
키타도北門의 사키국佐伎國에 남는 땅이 있는 가를 바라보고 "여분의
땅이 있구나." 하며 동녀의 가슴과 같은 큰 쟁기를 들고 큰 물고기를
내려찍어 잡듯이 잡고서 국토를 당겨서 붙인 것이 타쿠多久의 오리
타에折絶에서 사다狹田의 땅이다. 또 키타도의 노나미農波國의 땅도
여분이 있다는 것을 알고 당겨서 붙인 것이 우하宇波의 오리타에서
구라미闇見國까지의 땅이다. 그리고 코시高志의 츠츠都都의 미사키御
崎에 국토가 남는 것을 보고 "여분의 땅이 있구나." 하며 앞에서 했던
것처럼 땅을 당겨서 붙인 것이 미호노사키(三穂の崎)이다. 손에 쥔 그
물은 요미시마夜見島이다. 꽉 동여맨 배를 묶는 말뚝은 호키伯耆國의
히노가미타케火神岳이다. "이제 국토를 붙이는 작업이 끝났다." 하며
오우의 신사에 지팡이를 꽂고 "오에"라고 외쳤다. 그리하여 이곳을
오우라고 하는 것이다.[53]

여기에서 보듯이 신화상에서 본다면 오늘날 시마네 반도라 불리는 땅은 원래 이즈모의 것이 아니었다. 토지가 좁아서 야츠카미즈오미츠노라는 신이 이곳저곳에서 땅을 당겨 와서 붙여서 만든 땅이었다. 그런데 이 신사가 있는 지역은 신라에서 끌어당겨왔다고 했다. 이것은 신라인의 이주사실을 신화적으로 표현한 것에 불과하다. 다시 말하자면 이곳은 고대로부터 신라인들이 자리를 잡은 곳이었다는 것이다.

둘째는 신라에서 땅이 왔다는 사실이다. 위의 신화의 내용에서 보듯이 지역의 창세신이 신라의 토지를 끌어당겨 영토를 확장하였다는 것이다. 땅이 움직인다는 것도 이미 앞에서도 언급하였듯이 사실이 아니다. 그러나 그것은 신화상에는 사실이다. 연오랑과 세오녀가 바위를 타고 일본에 건너갔듯이, 위의 신화 또한 신라에서 땅을 당겨왔다는 것은 바다에 떠 있는 섬, 움직이는 토지라는 신화적 상상력이 없으면 성립되지 않는다. 이러한 신화가 바탕이 되어 신라의 영토가 바다를 건너 일본의 땅이 되었다는 이야기가 바로 히노미사키에 있는 것이다.

셋째는 부부가 동시에 건너가는 것이 아니라 남편이 먼저 일본에 정착한 연후에 부인이 뒤따라가서 재회하여야 한다. 이 부분도 히노미사키는 연오랑과 세오녀와 일치된다. 즉, 히노미사키의 유래를 기록한 「히노미사키신사어유서기日御碕神社御由緒記」에 다음과 같이 서술되어있다.

---

53 ·  吉野裕 譯, 『風土記』, 平凡社, 1982, 132-133面.

히노미사키
신사의 산문

아득한 신들의 시대에 남신(스사노오)이 이즈모 국토건설을 시작하고, 네노구니根國로 건너가 구마나리봉熊成峯에 올라가 떡갈나무 잎으로 점을 쳐 "내가 머물 곳은 떡갈나무 잎이 떨어지는 곳이다."고 하면서 잎을 던졌다. 그러자 떡갈나무 잎은 바람을 타고 훌훌 날아가 히노미 사키의 가구레가오카隱ヶ丘에 머물렀다. 이에 신의 아들인 아메노후 키네天葺根命가 그곳을 남신의 신혼이 머무는 곳으로 정하고 제사를 드렸다고 전해진다. 당 신사의 문양 또한 떡갈나무 잎인 것은 여기에 서 유래가 된다. 안녕천황安寧天皇 13년 칙령에 의해 현재의 장소로 옮겨왔으며, 이름도 '히노시즈미노미야'와 함께 히노미사키대신궁日 御碕大神宮이라 했다.[54]

---

54 · 이 자료는 神奈備라는 2012년 현재 홈페이지에 수록된 日御碕神社의 『平成祭礼データ』 에 수록된 「日御碕神社御由緒記」에 의거하여 소개한 것이다.

이 내용은 어디까지 구승이기 때문에 역사적인 신뢰성을 가지는 것은 아니다. 그러나 남신이 이곳으로 오기 전에 가구레오카에 있었고, 그곳에서 옮겨 온 것이 안녕安寧 13년이라 했다. 더군다나 안녕 13년은 서기 125년에 해당되기 때문에 그것을 역사적 시기가 아닌 아득한 오래전의 것을 나타내는 것으로 볼 수 있을 것이다. 이에 비해 여신(아마테라스)이 이곳에 모셔지게 된 것은 다음과 같다.

히노시즈미노미야는 신의 시대 이래 현재 위치에서 얼마 떨어지지 않은 해안의 후미시마経島(文島 또는 日置島)에 진좌해 있었다. 안녕천황 13년에 칙령에 의해 제사를 지냈고, 또 개화천황 때에는 칙명에 의해 사전이 지어졌다. 그리고 무라가미천황村上天皇 시기인 천력天曆 2년에 칙명에 의해 현재의 곳으로 옮겼다. 이 신이 후미시마에 정착한 것은 신의 시대에 스사노오의 아들인 아메노후키네天葺根命(또는 天冬 衣命)가 바닷가로 나갔을 때 섬 위에 있는 소나무에서 빛이 나더니 "나는 해의 신이다. 이곳에 머물면서 천하의 인민을 보호하고자 한다. 너는 빨리 나를 모시도록 하라."는 신탁을 받고, 서둘러서 대신을 모시게 된 것이라고 한다.[55]

여기에서 보듯이 여신이 후미시마에 있다가 현지로 옮긴 것은 천력 2년 무라가미村上천황 때의 일이라 한다. 서기로 말한다면 948 년이다. 이것 또한 앞의 것처럼 역사적인 연대가 아니다. 이러한 연대가 비록 의미가 없다고 하더라도 지역민들은 히노미사키의 남 녀 두신 중 남신이 먼저 이곳에 정착을 하였고, 또 그 뒤에 여신이

---

55 · 각주 62와 동일한 데이터를 활용한 것이다.

정착하였다는 것을 기억하고 있는 것으로 받아들일 수는 있을 것이다. 이처럼 이주와 정착의 순서가 연오랑과 세오녀와 같다.

넷째, 남녀가 함께 같은 장소에서 신 또는 왕으로 모셔져야 한다는 것이다. 히노미사키는 이러한 조건도 충족시키고 있다. 즉, 남신(스사노오)이 모셔져 있는 곳을 가미노미야神の宮라 하고, 장소도 여신의 것보다 위쪽에 있다. 이에 비해 여신이 모셔져 있는 곳은 아래쪽에 위치해 있는데, 이곳을 히노시즈미노미야日沈宮라 한다. 이처럼 남녀 두 명의 신이 짝을 이루며 한 곳에 정착하여 있는 것이다.

다섯째는 이곳의 신들은 일신과 월신적인 성격을 지니고 있다는 점이다. 현재 히노미사키는 농경의 신, 바다의 신으로 모셔지고 있지만, 원래는 이즈모에서도 태양숭배의 중심지였다. 그 예로 여신 아마테라스가 모셔지는 곳을 히노시즈미노미야라 하는데, 신사 측의 설명에 의하면 원래 있었던 장소는 이곳이 아니라 신사의 앞 바다 후미시마経島였다 한다. 오늘날에도 그곳에는 태양의 신을 모신 작은 사당이 남아있다. 이곳에서 옮겨져 오늘에 이르고 있는 것이다. 이러한 이주는 바다를 건너 후미시마를 거쳐 히노미사키에 자리 잡은 것을 의미한다. 더군다나 바다 저편에는 신라가 있다. 이러한 점에 있어서도 히노미사키의 신은 연오랑과 세오녀와 같은 성격을 지니고 있다고 할 수 있다.

히노미사키의 신들은 일신적일 뿐만 아니라 월신적인 성격도 함께 지니고 있다. 히노미사키측에 의하면 히노시즈미노미야에 모셔져 있는 여신은 이세신궁伊勢神宮과 대조를 이루는 성격을 가지고 있다고 한다. 이세가 낮의 일본을 지키는 태양신이라면, 이곳 히노미사키신사는 밤의 일본을 지키는 태양의 신이라는 것이다. 즉,

후미시마

일신이면서 밤을 지킨다는 것은 일월의 성격을 동시에 가진다는 의미이다. 이것은 그야말로 '일월지정'의 연오랑과 세오녀와 동일한 성격의 존재라 하지 않을 수 없다.

여섯째는 이 신사가 반신라적인 성격을 지니고 있다는 점이다. 사실 신라에서 국토를 끄어다가 자신의 땅에 붙였다는 것 자체가 반신라적이다. 그 이외에도 다음과 같은 전승을 반신라적인 사례로 들 수가 있을 것이다.

효령천황孝靈天皇 61년 11월 15일 히노미사키의 해상에 수십 척의 군선이 나타나 공격해왔다. 이것은 신의 시대에 야츠카미즈오미츠노가 신라국에서 가지고 온 토지를 도로 찾기 위하여 월지국月支國의 히코하니왕彦玻瓊王이 공격해온 것이다. 이에 아메후키노미코토

히노미사키신사의 가미노미야　　　　　히노미사키신사의 히노시즈미노미야

天葺根命의 11세손인 아키하하기明速祇命가 필사적으로 분투하여 막
아냈다. 이때 가미노미야에 모셔져 있던 남신 스사노오가 하늘에서
대풍을 일으켜 적을 공격하였기 때문에 미쳐 날뛰던 적들의 군함들
이 부서지고 침몰하여 히코하니왕이 대패하여 물러났다고 한다.[56]

　이것은 국토를 끌어간 것을 되찾고자 신라에서 쳐들어갔으나 신
풍으로 인해 실패했다는 이야기이다. 신라에서 국토를 끌어가고, 또
그것을 찾기 위해 신라인들이 이곳을 쳐들어갔다는 이야기가 이곳
에서 전해지고 있다는 사실은 그만큼 신라를 인식하고 있다는 것을
의미하며, 그 인식이 친신라적이기보다는 신라와 대립의 각을 세우

---

56 ・　石塚尊俊,『出雲隠岐の伝説』, 第一法規出版, 1977, 34-36面.

는 반신라적이라 할 수 있을 것이다.

이상에서 보듯이 일본에서 히노미사키신사에 모셔져 있는 남녀의 신이 일본 어느 신사의 신들보다 연오랑과 세오녀의 성격에 가장 많이 부합된다. 이러한 점에서 연오랑과 세오녀가 역사적 인물이고, 또 그들이 실제로 신라의 압박에 못이겨 배를 타고 바다를 건너 일본으로 건너가 정착하였다면 바로 그곳은 히노미사키이었을 것으로 추정하는 것이다.

## 5. 한국신사의 연오랑과 세오녀

오늘날 히노미사키에서 연오랑과 세오녀는 어떠한 모습으로 모셔지고 있을까? 이를 추측케 해주는 것이 한국신사韓國神社와 한국산韓國山이다. 이를 두고 재일 문학가 김달수는 원래는 한국신사가 본사였던 것이 후에 몰락하여 경내사가 되었을 가능성이 크다고 보았다.[57] 다시 말하여 새로운 신들이 들어오기 전에 이곳 경내의 주인이라는 뜻이다. 이 말은 이상에서 보았듯이 주효하다. 아마테라스와 스사노오는 원래 이곳의 토착신이 아니기 때문이다. 그렇다면 한국신사에 모셔져 있던 부부신은 다름 아닌 연오랑과 세오녀일 것이다. 다시 말하여 고대 한국에서 건너간 이들이 이곳에서 신으로 숭사되었던 것이 새롭게 진입한 아마테라스와 스사노오의 세력에게 자리를 물려주고 경내의 뒷켠 한국신사와 한국산이라는 이름으로 남아 있는 것이다.

---

57 · 김달수, 『일본열도에 흐르는 한국혼』, 동아일본사, 1993, 249쪽.

한국신사

한국신사의 현판

　지금까지 우리는 일본에서 연오랑과 세오녀의 정착지를 찾기 위해 먼저 두 가지 작업을 진행했다. 하나는 그들이 일본에 표류하여 갔다면 어느 지역으로 갔는지를 알아내는 것이고, 또 하나는 자료를 통하여 그들의 단서를 확보하는 일이다. 전자의 작업으로 실제로 영일지역민들이 동해에서 표류하여 다다르는 곳이 나가토, 이와미, 쓰시마, 치쿠젠, 이즈모, 오키, 호키라는 점을 밝혀냈으며, 또 후자의 작업으로는 첫째, 신라(동해안)에서 일본으로 건너가야 하고, 둘째, 바위 또는 섬과 같이 토지가 건너가야 하고, 셋째, 건너가는 부부의 순서가 남자가 먼저이고, 여자가 뒤이어야 하며, 넷째, 건너간 후 부부가 재회하여 함께 일본에서 왕 또는 신적인 존재로 모셔져야 하며, 다섯째, 일신의 성격과 함께 월신적인 성격도 함께 지니는 '일월지정'이어야 하며, 여섯째, 정착지의 지역 정서가 반신라적인 성격이어야 한다는 사실도 확인했다.

　이러한 두 가지 조건을 가지고 영일지역민들이 표착한 현장에서 현전하는 한국으로부터 이주하는 신과 사람들의 이야기를 조사한 결과 이상의 조건에 가장 부합하는 곳이 이즈모의 히노미사키신사였다. 현재 그곳에는 스사노오와 아마테라스가 모셔져있고, 신관도 스사노오계 아메노후키미코토天葺根命라는 자의 후손들이 대를 물려가며 하고 있었다. 그러나 그곳에서 새롭게 자리 잡은 아마테라스와 스사노오의 색채를 제거하자 실제의 모습이 드러났다. 즉, 그곳은 신라인들이 이주해온 곳이자, 신라 땅이 바다를 건너온다는 전승이 있는 곳이며, 또 그곳의 신들은 '일월지정'이라고 할 수 있는 남녀 부부의 신이며, 그것도 남신이 먼저 정착하고, 그 뒤를 이어 여신이 정착했고, 또 반신라적인 전승마저 전해지는 것이다. 이러한 점들은 연오랑과 세오녀의 설화에서 찾은 여섯 가지 단서와 모두 부합된다. 그러므로 이곳이야말로 연오랑과 세오녀의 정착지라고 말하지 않을 수 없다.

오늘날 이곳에서 모셔지는 스사노오와 아마테라스의 원향은 연오랑과 세오녀였던 것이다. 원래 주인이었던 연오랑과 세오녀는 스사노오와 아마테라스에게 자리를 내어주고 한쪽 귀퉁이에 마련된 조그마한 한국신사에서 이타케루五十盟라는 이름으로 바꾸어 조용히 자리 잡고 있다. 이처럼 히노미사키에는 연오랑과 세오녀의 자취는 사라지고 이름조차 남기지 않아 전문가의 손길을 빌리지 않으면 전혀 알 수 없는 것이 오늘의 현실이라 말하지 않을 수 없다.

# 제6장
# 교토를 건설한 신라계 이주인

1. 교토의 하타씨
2. 하타씨의 유래와 이주정착설화
3. 중국과 하타씨 그리고 일본민간전승과 하타씨
4. 하타씨 설화의 전승현장
5. 변모하는 하타씨족의 전승

## 1. 교토의 하타씨

근년에 일본 황실의 모계 혈통이 백제계라는 천황의 고백성 발언으로 인하여 국내외의 언론에 적잖은 파문이 일어난 적이 있었다. 일본 왕가의 혈통이 한국에서 비롯된 것이라는 사실이 학계에 알려진 것은 이미 오래 전부터의 일이었지만 이번의 충격은 일본왕 스스로의 자의적 의사에 의해 그것을 고백했다는 점에서 의미가 크다. 그 여파로 말미암아 우리나라의 공영 방송에서는 일본 왕실과 백제와의 관계를 강조하는 다큐멘터리를 만들어 방영하기도 하는 등 매우 적극적인 반응을 나타내기도 했다. 이러한 과정을 지켜보노라면 일본의 고대문화가 마치 백제의 일방적인 영향으로만 이루어진 것으로 알려지지 않을까 염려되기도 한다.

일본의 고대문화 형성에 영향을 끼친 외부적 자극은 백제만의 힘으로 이루어진 것이 아니었다. 그것에는 일본의 자생적 전통에, 고구려의 영향이 있는가 하면 신라와 가야의 영향도 있었다. 역대의 일본 왕들 중에 자신이 백제의 외손이라는 사실을 처음으로 밝힌 왕은 오늘날의 일왕이 아니라 지금으로부터 천여 년 전에 있었던 환무桓武였다. 그는 괄목할 만한 많은 치적을 남겼는데, 그 중에서 가장 높게 평가되고 있는 것의 하나가 오늘날 교토京都를 수도로 삼은 일이었다. 그 덕분에 교토는 1000여 년 동안 일본의 수도로서의 역할을 다해 왔으며 찬란한 문화유산을 후대에 남길 수 있었던 것이다.

이러한 역사와 문화의 고도인 교토를 가만히 살펴보고 있노라면 백제 문화의 영향만을 엿볼 수 있는 것이 아니다. 물론 백제왕가를 신으로 모신 히라노신사平野神社가 뚜렷한 모습으로 떠오르지만, 야사카신사八坂神社를 중심으로 한 고구려계 이주민 문화가 있는가 하면 우즈마사太秦를 중심으로 한 신라계 이주민 문화도 곳곳에 보인다. 그 중에서 특히 교토를 건설하는데 두드러진 활약상을 보이는 세력은 백제계보다 오히려 신라계 사람들이었다. 그 중에서도 신라계를 대표하는 씨족이 바로 하타씨秦氏가 아니었을까 한다. 우리에게 하타씨는 일반적으로 잘 알려진 존재가 아니다. 그러나 일본의 '조각분야 국보 제1호인 미륵반가사유상'이라 하면 일본에서는 모르는 사람이 없을 정도로 유명하다. 이는 우리나라에서도 꽤 널리 알려진 사실이다. 특히 우리나라에서는 그 불상의 모양이 신라에서 출토된 '청동미륵반가사유상'과 너무나 닮았고 또 그 불상의 소재가 우리나라 동해안에 산재해 있는 적송으로 만들어진 것이

라는 사실이 밝혀지면서 더욱 큰 관심을 불러일으키고 있다. 그 반
가사유상을 안치하고 있는 사찰인 광륭사廣隆寺를 건립한 사람이 바
로 하타씨秦氏이다.

이제 우리도 그 하타씨秦氏에게 관심을 기울일 필요가 있을 것
같다. 우리의 불상과 너무나도 흡사한 미륵반가사유상의 국적에 얽
힌 수수께끼에 관심을 가지는 일도 당연하지만 그에 못지않게 그것
을 안치한 사람의 이주 정착에 얽힌 의문을 추론해보는 일 또한 그
에 못지않게 중요하다. 왜냐하면 그가 없었더라면 그 불상은 그곳에
안치될 수 없었을 것이기 때문이다.

하타씨에 대해 관심을 가지고 연구하기 시작한 사람들은 주로
일본인들이었다. 수많은 연구자들이 있지만 최근의 대표적인 연구
로 꼽을 수 있는 것은 오오와 이와오大和岩雄, 이노우에 미쯔로오井上
滿郎, 나카무라 슈야中村修也, 가토 켄키치加藤謙吉 등이다. 오오와는
하타씨가 5세기 전후부터 6세기 전반에 걸쳐 주로 가야지방에서 이
주해온 사람이라고 했으며,[1] 이노우에는 5세기 후반에 한반도 동부
의 신라에서 모국의 동란을 피해 일본열도로 건너왔다고 했으며,[2]
또 나카무라는 하타씨가 한반도에서 이주해온 것을 인정하면서, 특
히 그들의 "우즈마사太秦"라는 칭호에 관심을 가지고 이를 족장을
나타내는 고대 한국어에서 유래된 말로 해석하기도 했다.[3] 여기에서
보듯이 많은 사람들은 하타씨의 유래에 대해 관심을 가지고 있었다.
그러나 가토오는 좀 달랐다. 그의 관심은 한반도에서 이주한 하타씨

---

1 •  大和岩雄, 『秦氏の研究』, 大和書房, 1993, 29面.
2 •  井上滿郎, 『渡來人』, りぷろぼーと社, 1987, 173面.
3 •  中村修也, 『秦氏とかも氏』, 臨川書店, 1994, 94面.

가 일본에서 어떠한 성격의 씨족으로 자리잡게 되었는가에 있었다. 그 결과 그는 하타씨를 '야마시로山背를 중심으로 각지에 흩어져 있는 이주인들을 규합한 의제적인 씨족집단'이라 규정하고 그들이 '천황가에 올려지는 공물을 담당하고 있었다'고 해석했다.[4]

이상에서와 같이 이주집단인 하타씨에 대한 연구가 일본에서는 비교적 활발하게 이루어지고 있는데 비해 우리측의 연구는 너무나 빈약하다. 그런 가운데서도 재일한국인 김달수는 하타씨가 신라, 가야로부터 이주한 신라왕자 히보코 집단天日槍集團에서 갈라진 하나의 씨족이며, 그들이 교토로 진출하여 누에치기, 베짜기, 제방사업 등을 실시하여 비옥한 농지를 만들었다고 했으며,[5] 필자도 하타씨 설화의 내용에 대해 의문을 품고, 광륭사의 불상이 신라와 관련이 깊은 점으로 미루어 보아 하타씨는 백제계가 아닌 신라계일 가능성이 높다고 지적한 바가 있다.[6] 이창수 또한 신라왕자 히보코의 전승지에서 대거 하타씨와 관련된 유물이 발견되는 것으로 보아 하타씨는 신라계 이주민집단이라고 해석했다.[7] 그 반면 오연환은 하타씨의 교토 근거지는 사가노嵯峨野이며, 그들은 광륭사, 이나리 대사稻荷大社, 마쯔오신사松尾神社 등을 세운 신라계 씨족이라고 했다.[8] 그와 같은 시점에서 홍윤기도 하타씨가 교토에서 건립한 이나리 대사,[9] 광륭사,[10] 헤비쯔카蛇塚[11] 등을 고찰하고 있다. 그리고 김현욱은

---

4 • 加藤謙吉, 『秦氏とその民』, 白水社, 1998, 206面.

5 • 김달수, 「일본 속의 조선 문화」, 김태준 외, 『한일문화교류사』, 민문고, 1991, 86-87쪽.

6 • 노성환, 「광륭사」, 『얼과 문화(6)』, 우리문화연구원, 1990, 37-38쪽.

7 • 이창수, 「기기에 나타난 도래인 연구」, 『일어일문학연구(47)』, 한국일어일문학회, 2003, 19-20쪽.

8 • 오연환, 「도래인과 평안시대」, 『일어일문학연구(33)』, 한국일어일문학회, 1998, 275-278쪽.

9 • 홍윤기, 「신라 농업신 신주 모신 이나리 대사」, 『한글한자문화(103)』, 전국한자교육추진

일본을 대표하는 하치만 신앙을 하타씨족에 의해 한반도에서 전래된 것이라고 해석했다.[12]

이상에서 보듯이 기존연구는 하타씨들이 언제 어디서 일본으로 이주하여 무엇을 남겼는지에 대한 연구가 중심을 이룬다. 그러나 하타씨와 관련된 부분에 대해서는 그다지 검토가 이루어지지 않고 있다. 하타씨와 관련된 전승자료는 다른 어느 씨족들에 못지않게 많다. 그럼에도 불구하고 국내에 별로 소개된 바가 없어 본 장에서는 하타씨에 관련된 설화를 중심으로 그들이 일본에 이주 정착하는 과정에서 토착문화와의 충돌로 인하여 어떻게 굴절 변용되어 나타나는지에 관해 살펴보고자 하는 것이다.

## 2. 하타씨의 유래와 이주정착설화

하타씨에 관한 최초의 현전 문헌 자료는 『고사기』이다. 그것에 의하면 응신應神천황조에 여러 한국계 이주인들과 함께 '하타노미야츠코秦造의 선조가 건너왔다'고 매우 간략히 기록되어 있을 뿐이다.[13] 그러므로 이 기록만으로는 그들이 한반도의 어느 지점에서 어떤 연유로 일본으로 이주했는지를 알 수가 없다.

총연합회, 2008.

10 · 홍윤기, 「교토의 명찰 광륭사 세운 진하승」, 『한글한자문화(104)』, 전국한자교육추진총연합회, 2008.

11 · 홍윤기, 「헤비즈카라는 진하승공의 바위무덤」, 『한글한자문화(105)』, 전국한자교육추진총연합회, 2008.

12 · 김현욱, 「秦氏와 八幡信仰」, 『일어일문학연구(54)』, 한국일어일문학회, 2005, 240쪽.

13 · 노성환 역주, 『고사기』, 민속원, 2009, 232쪽.

이에 비해 『일본서기』는 저간의 사정을 비교적 자세히 기록하고 있는데, 그 내용을 소개하면 다음과 같다.

이 해(응신 14년)에 궁월군弓月君이 백제에서 귀의해왔다. 그가 아뢰어 말하기를 "나는 우리나라의 인부 120현의 백성을 이끌고 귀화하려고 하였다. 그런데 신라인들이 방해하였으므로 그들은 지금 모두 가라국에 머물고 있다."고 하였다. 이에 가쯔라기소쯔히코葛城襲津彦를 보내어 궁월군의 인부를 가야로부터 불러오고자 했다. 그러나 3년이 지나도록 가쯔라기소쯔히코가 오지 않았다. …(중략)… 8월 헤구리노쯔쿠노스쿠네平群木菟宿禰와 이쿠하노노토다노스쿠네的戸田宿禰를 가라加羅에 보냈다. 천황이 정병을 주어 말하기를 "소쯔히코가 오랫동안 돌아오지 않는다. 분명히 신라가 방해를 하고 있기 때문에 머물러 있을 것이다. 너희들이 빨리 가서 신라를 물리치고 그 길을 열어라."라고 했다. 이에 헤구리노쯔쿠가 군사들을 이끌고 신라의 국경으로 향했다. 신라왕은 이를 보고 두려워하여 그 죄를 빌었다. 그리하여 궁월군의 백성들을 데리고 소쯔히코와 함께 돌아왔다.[14]

이 기록을 통해 우리가 알 수 있는 것은 『고사기』에서는 아주 간략히 서술되어 있는 것이 『일본서기』에서는 매우 구체적으로 서술되어 있다는 사실이다. 즉, 하타씨의 시조가 궁월군이며, 그가 120현의 백성을 이끌고 백제에서 일본으로 건너가려 했으며, 그 도중에 신라군의 방해로 말미암아 가락국에 억류되어 있었으나 일본은 그를 돕기 위해 가쯔라기소쯔히코를 보냈다가 그것이 신라의

14 •  宇治谷孟 譯, 『日本書紀(上)』, 講談社, 1988, 217-218쪽.

광륭사

방해로 실패했던 것을 다시 군사들을 보내어 무사히 일본으로 데려왔다는 것이다. 이 기록 자체를 믿는다면 하타씨의 시조인 궁월군은 신라가 아닌 백제에서 일본으로 건너간 것이 된다. 얼마 전까지만 하더라도 광륭사廣隆寺 측에서는 하타씨를 그렇게 설명했었다.

그러나 이를 그대로 믿는 학자는 거의 없다. 이노우에 미쯔로오 井上滿郞는 이는 사실과 다르다고 말하면서, 일본이 백제와 친밀한 국제관계를 가지는데 비해 신라와는 적대관계에 있었던 적이 많았는데, 특히 663년 나당연합군에 의해 백제와 일본의 연합군이 패배한 역사가 반영됨으로써 이 기록은 실제의 시기와는 다른 훗날에 만들어진 이야기라고 해석했다.[15] 여기에 대한 다른 사람들의 견해는 연구자마다 조금씩 입장을 달리 하지만, 하타씨가 백제인이 아니라는 의견에는 기본적으로 동의를 보인다. 왜냐하면 위의 설화 내용에 보이는 시기는 5세기 전반인데, 그 당시 상황에서 신라가 가락국을 공격할 만큼 위협적인 군사력을 가지고 있었다고 보기는 어렵기

---

15 • 井上滿郞, 『古代の日本と渡來人』, 明石書店, 1999, 52쪽.

때문이다. 뿐만 아니라 설사 그렇다 하더라도 신라의 방해를 받지 않고 백제에서 일본으로 건너가는 길은 얼마든지 있었던 것으로 보이기 때문이다.

여기에서 보는 것처럼 하타씨가 백제인이 아니라면 그의 고향은 한반도의 어디일까? 여기에 대해 몇 가지 설이 나뉘어지는데 크게 나누면 신라설과 가야설로 정리할 수 있다. 신라설에는 아유카이 후사노신鮎貝房之進(1864-1946)[16]과 야마오 유키히사山尾幸久가 대표적 인데, 그들은 "하타"라는 씨족명에 관심을 가지고 이를 지명으로 해석했다. 즉, 하타를 『삼국사기』에 나오는 파탄波旦, 파리波利라는 지명에서 유래된 것으로 보고 그들의 고향이 오늘날 경상북도의 울진 지역이라고 해석하였던 것이다.[17] 만일 그것이 사실이라면 그들의 고향은 백제가 아닌 신라가 될 수밖에 없다.

하타씨의 고향에 대한 또 한 가지 설은 그것이 가야라는 주장이다. 그들은 하타라는 말이 지역명을 가리키는 말이 아니라 '바다'를 의미하는 고대 한국어에서 유래되었다고 보았다. 즉, 바다를 건너온 사람들이라는 의미로 해석하였던 것이다. 그리하여 오오와 이와오 大和岩雄는 '바다를 건너온 가야계 사람들'이라고 보았고, 이노우에 히데오井上秀雄도 바다를 끼고 있는 점을 감안한다면 오늘날 경남 김해지역에 기반을 둔 '금관가야'라고 주장한 바가 있다[18].

---

16 •   일본의 언어학자, 역사학자, 가인歌人. 호는 괴원槐園. 현재 미야기현宮城県 게세누마시시気仙沼市 출신. 장형은 초대 게세누마 정장町長인 아유카이 모리토쿠鮎貝盛徳, 둘째형은 가인인 오치아이 나오부미落合直文, 그의 연구는 언어학과 민속학적인 방법으로 한국고대의 지명, 왕호 등을 고증하는데 특징이 있다. 대표적인 저서로『日本書紀朝鮮地名考』,『朝鮮国名考』,『朝鮮姓氏・族制考』등이 있다.
17 •   大和岩雄,『秦氏の研究』, 35面의 것을 재인용.
18 •   井上秀雄,「渡來人の系譜」,『歷史讀本』, 新人物往來社, 1994, 126面.

이처럼 하타씨의 고향을 두고 두 가지 견해가 있으나 역사학자가 아닌 필자로서는 그에 대해 명쾌한 결론을 내릴 수가 없다. 다만, 한 가지 분명한 것은 그들은 한반도에서 바다를 건너간 이주인이며, 그들의 고향은 백제가 아니라 신라 또는 가야일 것이라는 추론이다. 그리고 설화적인 면에서 추론한다면 가야계에 가깝다. 그들의 고향이 경북 북부해안 지방인 울진이라면 신라의 방해를 받았다거나 또 가야에 머물렀을 리가 없었을 것이며, 또 그곳에 일본이 군사를 파병하기도 그다지 용이하지 않다. 이러한 상황을 설정하였을 때 일본에서 바다를 건너가기 쉬운 해안을 끼고 있는 지역이 아니면 안된다. 그렇다면 일본과 가장 가까운 금관가야일 가능성이 가장 높다고 하지 않을 수 없기 때문이다. 그러나 금관가야는 신라에 병합되고 그들 왕족은 김유신처럼 신라로 귀화하여 왕족대우를 받았다. 이러한 의미에서 엄밀하게 따진다면 그들은 가야계 신라인이라는 표현이 합당할지도 모르겠다.

아무튼 이러한 그들이 도대체 무엇 때문에 그들의 유래가 백제에서 시작되었다고 진술하였을까? 여기에 대해서는 두 가지 입장에서 생각할 수 있다. 한 가지는 일본인들이 『일본서기』의 편찬 당시 백제문화를 신라와 가야제국의 문화보다도 훨씬 우수한 것으로 보고 하타씨를 백제문화의 전파자로 자리매김하였다고 보는 것이고,[19] 또 다른 한 가지는 앞에서 본 이노우에의 의견처럼 일본인들이 보는 신라(가야를 포함)가 백제보다 훨씬 더 적대적이었다는 것에 기인되었다고 볼 수 있을 것이다.[20] 어느 쪽을 택하든 정작 본인인 하타씨의

19 · 井上秀雄, 「渡來人の系譜」, 『歴史讀本』, 126面.
20 · 井上滿郎, 『古代の日本と渡來人』, 51面.

입장에서 본다면 신라와 가야보다는 유리한 백제를 택하였다는 것이 된다. 이는 가야 또는 신라에서 건너간 씨족들이 일본 현지의 당시 상황에 따라 자신의 유래에 관한 진술조차 바꿀 수 있음을 보여주는 것일지도 모른다.

이렇듯 우여곡절을 겪으며 일본에 정착한 하타씨는 또 하나의 명칭을 얻게 되었는데, 그것이 다름 아닌 우즈마사太秦라는 호칭이다. 지금도 이 명칭은 광륭사가 자리 잡고 있는 일대의 지명으로 사용되고 있다. 더군다나 이 호칭은 그들이 일본에 정착하는 과정에서 생겨난 것이라서 더욱 우리의 관심을 끈다. 이 호칭의 유래에 관한 설화는『일본서기』와『신찬성씨록新撰姓氏録』에 보이는데, 그 내용은 거의 비슷하다. 먼저『일본서기』의「웅략천황雄略天皇조」에는 다음과 같은 이야기가 실려져 있다.

하타씨가 이끌던 백성들을 오미 무라지臣連들에게 분산시켜 각자 원하는 대로 사용하게 하였다. 하타씨의 관리자인 도모노미야쯔코伴造에게 그 백성들을 맡기지 않았다. 그로 말미암아 하타노미야츠코 사카秦造酒는 매우 근심하면서도 천황을 잘 섬기고 있었다. 천황은 그를 총애하고 영을 내려 흩어진 하타씨의 백성을 모아서 사케노기미秦酒公에게 하사했다. 이에 공은 각종 다양한 수구리村主들을 거느리게 되어 조세로 거둔 비단을 바쳤으니 그 양이 산더미와 같았다. 이로 말미암아 그들의 성씨를 우즈마사라 했다.[21]

위의 내용과 관련되는 이야기가 후대의 문헌인『신찬성씨록』에

---

21 •  宇治谷孟 譯,『日本書紀(上)』, 講談社, 1988, 308面.

는 다음과 같은 모습으로 수록되고 있음을 볼 수 있다.

천황이 말하기를 진왕秦王이 바치는 실絲·면綿·견絹·금을 입으면 부드럽고 온화하여 마치 그것이 피부와 같다고 했다. 그리하여 성씨를 하타波多라 했다. 그리고 사케노기미가 웅략천황 때 실, 면, 견을 바쳤는데, 그 모양이 산더미 같았다. 이에 천황이 기뻐하며 그에게 우즈마사禹都万佐라는 호를 내렸다.[22]

이상에서 보듯이 웅략천황 때 하타씨의 대표자인 사케노기미가 많은 견직물을 천황에게 헌상했는데, 그 헌상품을 쌓아놓은 모양이 산더미처럼 보였다 하여 우즈마사라는 성씨를 하사 받았다는 이야기인 것이다. 물론 이 이야기 전부를 역사적 사실로 믿는 사람은 거의 없을 것이다. 그러나 이 기록상의 모든 사실이 부인되는 것은 아니다. 적어도 위의 설화를 통하여 우리는 하타씨가 천황에게 바쳐지는 공물 중의 일부를 담당했다는 점과 함께 그것이 일본 고대의 섬유와 관련이 깊다는 점만은 대체로 인정하지 않을 수 없을 것이다. 가토 켄키치加藤謙吉의 연구에 따르면 하타씨가 거느리고 있었던 사람들 중에는 양잠과 직물을 생산하는 집단이 있었고,[23] 그러한 탓인지 그들이 주로 담당했던 공납품은 실, 면, 견직물 등의 양잠 관련 제품이었다 한다. 그리고 나오키 코지로直木孝次郎도 하타씨들이 일본천황가의 재정을 담당하는 2대 기관인 내장內藏과 대장大藏 중에서 대장을 주로 담당했다는 사실을 밝혀내기도 했다.[24] 이런 연구

22 • 佐伯有清, 『新撰姓氏錄の硏究 -本文編-』, 吉川弘文館, 1962, 279面.
23 • 加藤謙吉, 『秦氏とその民』, 206面.

성과들로 미루어보건대 그들은 천황가와 아주 밀접한 관계를 유지했던 집단이었다 할 수 있을 것이다.

이런 사정에도 불구하고 위의 설화가 많은 사람들로부터 신빙성을 얻지 못하는 것은 다름 아닌 그들의 호칭인 '우즈마사'의 유래에 관한 부분 때문이다. 이 의문을 해결하기 위해 우즈마사에 대해서도 두 가지 견해가 제시된 바 있다.

그 첫째는 지명에서 유래되었다는 설이다. 이에 대해 구체적으로 접근한 사람은 야마오 유키히사이다. 그는 '우즈마사'를 한반도에 있었던 소국명으로 이해해야 한다고 전제한 다음, 그곳의 비정지로 경북 울진을 들었다. 그 이유는 울진이 진한 12국 중 최북단에 위치한 우중국優中國이며, 그것이 기록에 따라 우추于抽(창녕의 진흥왕 순수비), 우유于柚(『삼국사기』의 「우로전」), 우진于珍(『삼국사기』의 「지리지」) 등으로 표기되고 있는데, 이들을 일본어식으로 읽었을 때 모두 '우즈'라는 발음이 들어간다는 것을 발견하고, 이 '우즈'가 마을村이라는 의미의 말인 '마사'와 합쳐져 '우즈마사'가 되었다고 해석하였던 것이다.[25]

둘째는 언어학적 해석이다. 여기에는 미시나 쇼에이三品彰英가 대표적이다. 그에 따르면 우즈마사는 귀하다[貴]는 의미의 우즈와 이기다[勝]는 의미의 마사가 합쳐진 '귀승貴勝'이라는 말로 이는 우두머리라는 뜻을 가진 고대 한국어에서 유래된 말로 해석해야 하며, 따라서 우즈마사는 족장이라는 말로 해석하는 것이 좋다고 했던 것이다.[26]

---

24 • 直木孝次郎, 『古代日本と朝鮮. 中國』, 講談社, 1988, 26面.
25 • 大和岩雄, 『秦氏の硏究』, 42面에 수록된 것을 재인용.

이를 종합하여 보면 하타씨는 고대 한반도의 족장세력으로서 그들 휘하에 있던 많은 백성들을 이끌고 일본으로 이주한 신라 또는 가야계의 세력집단이라는 사실을 알 수 있다. 그러한 그가 일본의 야마시로山背에 정착하면서 천황가의 재정을 담당하는 중요한 직책을 맡음으로써 천황가와 밀접한 관련을 가지고 그 세력을 신장시킴으로써 일본 고대의 거대 씨족집단이 되지 않았을까 한다. 그러던 그들이 가야나 신라에 대한 일본인들의 이미지가 적대적인 방향으로의 변화를 보이자 그들의 출자마저도 백제에서 시작된 것처럼 행세하지 않았을까 한다. 이는 백제와 연합하여 신라와 싸워 패배한 경험이 있는 일본사회에서 살아남기 위한 몸부림이었는지도 모르는 것이다. 『일본서기』의 하타씨 관련 문맥이나 『신찬성씨록』의 문맥이 지니는 설화적 성격를 바탕으로 이러한 추론이 가능하지 않을까 한다. 이것이 8세기 초엽 하타씨의 모습이었다.


## 3. 중국과 하타씨 그리고 일본민간전승과 하타씨

9세기로 접어들면서 하타씨의 출자전승에도 커다란 변화가 일어나게 된다. 815년경에 성립되었을 것으로 추정되는 『신찬성씨록』에는 많은 하타씨들이 자신들의 출자를 설명하고 있는데, 거기에서 우리는 지금까지의 기록과는 달리 한반도에 대한 흔적을 전혀 찾아볼 수 없게 된다. 이를 좀 더 구체적으로 확인하기 위해 『신찬성씨록』에 등록된 하타씨들의 리스트를 살펴보기로 한다.

26 •   中村修也, 『秦氏とかも氏』, 94面에 수록된 것을 재인용.

첫째 좌경左京의 난에 등록되어 있는 하타씨 중 (1) 우즈마사노키미스쿠네太秦公宿禰는 진시황제의 3세손 효무왕孝武王에서 유래되었고, (2) 하타노나가쿠라노무라지秦長藏連는 우즈마사노키미스쿠네와 같은 선조이며, 융통왕融通王의 후예라 했으며, (3) 하타노이미키秦忌寸는 우즈마사노키미스쿠네와 같은 선조이며, 융통왕의 5세손 단조왕丹照王의 후예라고 자처했다. 그리고 같은 (4) 하타노이미키는 우즈마사노키미스쿠네와 같은 선조이며, 융통왕의 4세손 오쿠라大藏의 진지승秦志勝의 후예이라고 했고, 또 (5) 하타노미야츠코秦造는 시황제의 5세손 융통왕의 후예라고 자처했다.[27]

둘째 우경右京의 난에는 (6) 하타노이미키가 우즈마사노키미스쿠네와 같은 선조, 공만왕功滿王의 3세손 하타노사케노키미秦公酒의 후예이며, 같은 (7) 하타노이미키는 우즈마사노키미스쿠네와 같은 선조이며, 공만왕의 후예이다고 했으며, (8) 하타노이미키는 우즈마사노키미스쿠네와 같은 선조이며, 시황제의 14세손 존의왕尊義王의 후예이며, (9) 하타노이미키는 시황제의 4세손 공만왕의 후예이며, (10) 하타비토秦人는 우즈마사노키미스쿠네와 같은 선조, 하타노사케노키미의 후예라고 했다.[28]

셋째 야마시로山城國의 난에는 (11) 하타노이미키는 우즈마사노키미스쿠네와 같은 선조, 진시황제의 후예이며, (12) 하타노이미키는 시황제의 15세손 가와하타노키미川秦公의 후예이며, (13) 하타노이미키는 진시황제의 5세손 궁월왕弓月王의 후예이며, (14) 하타노칸무리秦冠는 진시황제의 4세손 법성왕法成王의 후예이라고 했다.[29]

27 •  佐伯有淸, 『新撰姓氏錄の硏究 - 本文編 - 』, 279-280面.
28 •  佐伯有淸, 『新撰姓氏錄の硏究 - 本文編 - 』, 295-296面.

넷째 야마토大和國의 난에는 (15) 하타노이미키는 우즈마사노키미 스쿠네와 같은 선조이며, 진시황제의 4세손 공만왕의 후예라 했다.[30]

다섯째 셋츠攝津國의 난에는 (16) 하타노이미키는 우즈마사노키미스쿠네와 같은 선조이며, 공만왕의 후예이며, (17) 하타비토는 하타노이미키와 같은 선조, 궁월왕의 후예라고 설명했다.[31]

여섯째 가와치河內國의 난에는 (18) 하타노스쿠네秦宿禰는 진시황의 5세손 융통왕의 후예이며, (19) 하타노이미키도 하타노스쿠네와 같은 선조이며 융통왕의 후예라 했고, (20) 하타비토는 하타이미키과 같은 선조, 궁월왕의 후예라고 했고, (21) 하타노키미秦公는 진시황제의 손자인 효덕왕孝德王의 후예라 했으며, (22) 하타노카바네秦姓는 진시황제의 13세손 연해공然解公의 후예라 했다.[32]

일곱째 이즈미和泉國의 난에는 (23) 하타노이미키가 타이류노키미노스쿠네太龍公宿禰와 같은 선조이며, 융통왕의 후예라 했으며, (24) 하타노가츠秦勝는 잎의 것과 같다고 했다.[33]

이상 24개의 하타씨가 『신찬성씨록』에 등록되어 있는 것이다. 그런데, 이들 중 어느 누구도 백제 또는 신라, 가야의 후손이라고 지칭되는 사람은 없다. 불과 1세기 전만 하더라도 그들은 실제로는 가야계 신라인이면서도 『일본서기』를 통하여 백제의 후손임을 자칭하지 않았던가? 그러던 그들의 유래가 이번에는 중국 진시황제의 후손으로 윤색되고 있는 것이다. 그들이 자신들의 출자를 중국의

---

29 • 佐伯有淸, 『新撰姓氏錄の硏究 - 本文編 -』, 307-308面.
30 • 佐伯有淸, 『新撰姓氏錄の硏究 - 本文編 -』, 312面.
31 • 佐伯有淸, 『新撰姓氏錄の硏究 - 本文編 -』, 316面.
32 • 佐伯有淸, 『新撰姓氏錄の硏究 - 本文編 -』, 321-322面.
33 • 佐伯有淸, 『新撰姓氏錄の硏究 - 本文編 -』, 329面.

진시황제에게서 찾은 것은 그들의 성씨인 하타씨와 관련이 있을 것으로 보인다. 그러나 하타秦라는 글자를 아무리 일본어로 읽는다 해도 "하타"로 읽을 수가 없다. 그러므로 중국식의 진씨秦氏가 하타로 불린 것이 아니라 "하타"라는 성씨가 먼저 있고, 그것을 훗날 한자로 표기할 때 "진秦"자를 빌려 표기하였다고 보는 것이 타당하다. 그러므로 하타씨를 진시황제와 연관시키는 작업은 『일본서기』보다 1세기 뒤인 9세기 『신찬성씨록』의 시대에 본격적으로 이루어진 것이라고 보아야 할 것이다.

특히 일본에 의해 한국이라는 나라를 세계의 지도상에서 지워버렸을 때 당시 일본의 역사학과 고고학자들은 『신찬성씨록』의 기록을 그대로 믿고 그들이 진나라 왕실의 후예라는 설을 내세운 사람들이 많았다.[34] 가령 중국의 진나라가 멸망하고 많은 사람들이 한반도로 유입되어 진한국을 세우고, 그것이 발전하여 신라가 되었는데, 그들이 신라에서 다시 일본으로 이주하여 원래 가지고 있었던 그들의 출자전승을 『신찬성씨록』을 통하여 나타낸 것이라고 보는 것이다. 실제로 중국측의 문헌인 『위지동이전魏志東夷傳』에 "진한은 마한의 동쪽에 있다. 그 나라에 사는 어떤 노인이 전하여 말하기를 옛날 망명인들은 진나라의 전역戰役을 피해 한반도에 와서 마한의 동쪽 경계지를 할양받아 그곳에다 성책을 치고 살고 있었는데, 그들의 언어가 마한과 같지 않았다."[35]는 기록을 찾을 수 있다. 이러한 사실을 감안한다면 중국의 진나라 사람들이 진한을 거쳐 일본에 건너갔

34 · 上田正昭, 「古代史のなかの渡来人」, 京都文化博物館編, 『古代豪族と朝鮮』, 新人物往來社, 1991, 66面.
35 · 『三國志』魏書東夷傳辰韓条.

을 가능성도 없지 않다.

그러나 실제로 그럴 가능성은 매우 적다. 설사 그들이 중국 진나라의 후손이라 할지라도 진나라가 기원전 3세기 말엽에 멸망하였기 때문에 그들이 한반도로 들어와 응신천황의 통치기인 3세기 초엽에 일본으로 다시 건너갔다면 그들은 적어도 한반도에 600여 년 동안 거주한 셈이 된다. 그렇다면 그들은 이미 중국문화를 잊어버린 완벽한 신라인이 되었을 것이다. 그런데 그들이 '백제에서 왔다(『일본서기』)'고 했다가 다시 '중국 진시황의 후손(『신찬성씨록』)'이라고 기록하고 있는 사실을 두고 우리는 그들이 잊어버리고 있었던 과거의 기억을 되살려 올바로 고쳐서 기록한 것이라고 해석해야 하므로 이는 너무나도 설득력이 없다 하겠다.

그들이 백제에서 중국으로 스스로의 출자를 바꾼 사정을 이해하기 위해서는 그들과 동시에 일본으로 이주한 아야씨漢氏의 경우를 살펴볼 필요가 있다. 『고사기』에 따르면 아야씨는 하타씨와 마찬가지로 5세기 이전에 대륙의 선진문화와 함께 한반도에서 건너간 이주인 집단이다.[36] 5세기 후반 일본이 대륙문화를 적극적으로 수용하기 시작할 때 아야씨는 외교업무에 종사하면서 신문화 도입의 기수로서 활약했다. 하타씨가 오늘날의 교토에 자리를 잡은 반면에, 아야씨는 아스카飛鳥에 자리를 잡았다. 더군다나 많은 사람들은 아야씨가 '아야'라고 불린 점 등을 고려하여 그들의 출자는 가야제국 중의 하나인 안라국安羅國으로 추정하고 있다.[37] 다시 말하자면 하타씨가 금관가야 출신이라 한다면 아야씨는 아라가야 출신인 셈이다. 그러므

---

36 • 井上秀雄,「渡來人の系譜」,『歷史讀本』, 127面.
37 • 上田正昭, 論考. 古代史と東」, 岩波書店, 1998, 125面.

로 하타씨와 아야씨는 서로를 의식하지 않을 수 없었을 것이다. 그러던 아야씨는 791년경에 성립된 역사서 『속일본기續日本記』를 통하여 그들의 시조 사카노우에노오오이미키坂上大忌寸가 후한後漢의 영제靈帝의 증손 아지왕阿智王의 후예라고 윤색했다.[38] 이러한 점은 『신찬성씨록』에서도 마찬가지였다.[39] 그러나 언제 편찬되었는지 성립시기에 대해서는 확실하지 않지만 그들의 계보 〈판상계도坂上系圖〉에는 다시 그것이 변하여 그들은 스스로를 한고조漢高祖의 후예라고 자처하고 나섰던 것이다.[40] 후한의 영제보다도 전한의 고조가 역사적으로 남긴 공적이 많다는 사실을 알게 된 그들이 이제는 스스로의 모순을 헤아리지도 아니하고 왜곡을 일삼고 있었던 것이다.

아야씨들의 이러한 출자의 왜곡상을 하타씨들이 모를 리 없었다. 여기에 자극을 받은 그들은 아야씨와 같은 발상으로 중국을 최초로 통일하고 처음으로 황제로 칭한 진시황제를 그들의 시조로 삼은 것이었다. 이 시기에 이르자 이제 일본의 외래 씨족들은 더 이상 한반도를 자신들의 출신지로 밝힐 만한 긍지를 지니지 못하고 그 역할을 중국 땅으로 넘겨주는 행태를 보인 것이 아닐까 한다. 이처럼 일본에서의 변화된 한국관에 따라 하타씨의 출자도 한국에서 중국으로 변개되었던 것이다.

이러한 윤색의 현실은 15세기경 무로마치시대室町時代에 접어들면 더욱 적극적으로 나타난다. 그 대표적인 예가 제아미世阿彌의 『풍자화전風姿花傳』에 실려져 있는 하타 카와카츠秦河勝의 표착전설이

---

38 · 『續日本記』延歷 10年 4月條.
39 · 佐伯有淸, 『新撰姓氏錄の硏究 -本文編-』, 291面.
40 · 井上秀雄, 「渡來人の系譜」, 『歷史讀本』, 128面.

다. 그 내용을 소개하면 다음과 같다.

흠명欽明천황의 시대에 야마토大和國의 하쯔세가와初瀨川에 홍수가
일어났다. 그때 강 상류 쪽에서 항아리 하나가 떠내려 왔다. 그 속
에는 용모가 단정하고 수려하게 잘생긴 남자 아이 한 명이 들어 있
었다. 미와신사三輪神社의 토리이鳥居 앞에서 이를 발견한 마을 사람
들은 곧 천황에게 진상했다. 그러하였더니 천황의 꿈에 그 아이가
나타나 "나는 진나라 시황제로 인연이 있어 일본으로 다시 태어났
다."고 했다. 이를 특이하게 생각한 천황이 그 아이를 거두어 길렀
다. 그 아이가 바로 하타 카와카츠秦河勝였다. 그는 어른이 되자 자
질을 발휘하여 약관 15세의 나이로 대신의 직위에 올랐으며, 천황
으로부터 하타秦라는 성씨를 하사 받았다.[41]

광륭사를 세웠다고도 알려져 있는 하타 카와카츠는 7세기 전반
의 인물로 특히 그는 쇼토쿠 태자聖德太子의 측근 중 한 사람이었다.
그는 한국계 이주집단인 하타씨의 실력을 기반으로 태자의 경제적,
군사적 참모로서 활약했던 야마시로山背의 호족이다. 그러므로 하타
카와카츠는 하타씨들에게 있어서는 중시조中始祖쯤에 해당하는 인
물이다. 그러나 위의 설화에서 보면 하타씨의 시작이 그로부터 시작
되는 것처럼 서술되어 있다. 즉, 그 자신이 시황제의 환생이라고
말함으로써 지금까지 백제에서 유래했다거나 진시황제의 후예라는
그의 선조들의 이야기를 모두 부정하고 말았던 것이다.

---

41 · 小松和彦, 「秦河勝漂着傳說小考」, 『鬼の玉手箱』, 福武書店, 1991, 223面에 수록된 것을 재
인용.

하타 카와카츠 전설에서 우리의 눈길을 끄는 또 한 가지 특징은 그가 이 세상에 출현할 때 항아리를 타고 강 상류에서 떠내려 왔다는 모티프이다. 이는 도깨비를 물리쳤다는 모모타로오桃太郞라는 일본의 민간설화와 매우 유사하다. "강에서 빨래하던 어느 노파가 상류에서 떠내려 오는 복숭아를 발견하고 건져서 집으로 가지고 가서 남편과 함께 갈라 보았더니 그 속에서 남자아이가 태어났는데, 그 아이가 바로 모모타로오이다."[42] 그는 주민들을 괴롭히던 도깨비를 물리치고 보물을 획득하는 등의 뛰어난 활약상을 보인다. 일찍이 일본 민속학의 아버지로 불리는 야나기다 구니오柳田國男는 이 이야기를 두고 '수계를 통하여 신령이 속이 빈 것을 타고 인간세계에 다가오는 신의 유래담'으로 해석했는데,[43] 특히 이렇게 태어난 아이들은 성장과 동시에 무예와 재주가 출중하여 영웅이나 현인이 되는 것이 일반적이다. 속이 빈 항아리를 이용하여 강 상류에서 떠 내려와 인간세계에 출현하고 자라나면서 재주를 발휘하여 불과 15세의 나이에 대신의 직위에까지 올랐다는 하타 카와카츠의 설화야말로 야나기다가 말하는 '수계를 통한 신령출현의 이야기'로 해석할 수 있을 것이다.

이처럼 하타 카와카츠의 전설은 하타씨의 출자에 관련된 이야기가 시대에 따라 변화되고 있음을 알려주는 좋은 예이다. 원래는 가야계 신라인이었던 것이 백제로 변하고, 또 그것이 중국으로 변하더니 이번에는 일본민간전승의 형식을 빌려 자신이 바로 진시황제라고 자처하는 모습으로 변모되기도 하는 것이다. 바로 이러한

---

42 · 坪田讓治, 『日本むかしばなし(1)』, 新潮社, 1975, 24-38面.
43 · 柳田國男, 『桃太郎の誕生』, 角川書店, 1983, 35-36面.

변화가 우리에게 한국계 이주인으로서 일본사회에 정착하면서 그 지역의 문화를 적극 수용하지 않으면 안되었던 당시의 사정을 말해 주는 것으로도 해석할 수 있다. 이러한 사정은 하타씨들이 세운 신사와 사찰에서도 여실히 드러남을 볼 수 있다.


## 4. 하타씨 설화의 전승현장

하타씨가 세운 대표적인 사찰로서는 광륭사를 들 수가 있고, 신사로서는 마츠오 대사松尾大社와 이나리 대사稲荷大社를 들 수 있다. 광륭사는 하타씨의 근거지인 우즈마사에 위치한 사찰로서 하타씨의 씨족사찰이다. 이 절은 별칭도 많아 사료에 의하면 봉강사蜂岡寺, 갈야진사葛野秦寺, 계림사桂林寺, 진공산秦公寺 등으로 표기되기도 하였다.[44] 광륭사의 창건에 대한 설화는 『일본서기』에 다음과 같이 나타나고 있다.

쇼토쿠 태자가 여러 대신들에게 "나는 존귀한 불상을 가지고 있는데 누가 이 불상을 모시겠는가?"하고 물었다. 그때 하타 카와카츠가 나서서 "제가 받들어 모시겠나이다." 하였다. 그리하여 그가 태자로부터 불상을 받아 봉강사蜂岡寺를 세웠다.[45]

위의 내용을 보면 이 절의 창건자는 하타 카와카츠이며, 그가

---

44 · 朴鐘鳴, 『京都のなかの朝鮮』, 明石書店, 1999, 70面.
45 · 宇治谷孟 譯, 『日本書紀(上)』, 91面.

쇼토쿠 태자로부터 불상을 받아 광륭사의 전신인 봉강사를 세운 것으로 되어 있다. 만일 이 기록이 사실이라면 광륭사는 603년(推古 11)에 창건된 셈이 된다. 그러나 정작『광륭사연기廣隆寺緣起』에는 그와는 달리 하타 카와카츠가 쇼토쿠 태자가 죽자 그를 기리기 위해 광륭사를 건립했다 하며, 또『광륭사자재교체실록장廣隆寺資財交替實錄帳』에도 622년에 건립된 것으로 되어 있다. 현재의 연구로는 622년에 하타 카와카츠가 쇼토쿠 태자의 보리추선菩提追善을 위해 603년에 태자로부터 받은 불상을 본존으로 하는 사찰을 건립했을 것이라는 것이 정설로 되어 있다.[46]

이와 같이 보았을 때 이 사찰은 고대 한국과 아무런 관련이 없는 지극히 평범한 지방호족의 사찰처럼 보인다. 그러나 문제는 이 절에 모셔져 있는 본존불인 미륵반가사유상이다. 실제로 이 사찰의 이름보다 미륵반가사유상이 국내외적으로 더 유명하다. 그 예술적인 가치로는 일본 정부가 이를 자신들의 조각분야 국보 1호로 지정한 사실에서도 그 가치를 어느 정도 알 수 있을 것이다. 이와 함께 독일의 실존주의 철학자 야스퍼스도 이 불상에 대해 극찬의 말을 아끼지 않았다. 그가 한 말을 소개하면 다음과 같다.

나는 지금까지 철학자로서 인간존재에 있어서 최고로 완성된 모습의 표현으로서 여러 가지 모델을 접하여 왔다. 고대 그리스신들의 조각도 보았고, 로마시대에 만들어진 수많은 조각들도 보았다. 그러나 이 조각품들에는 여전히 완전히 극복하지 못한 지상의 인간적인 냄새가 남겨져 있었다. 이상적인 이지와 아름다움을 표현한 고

46 •　朴鐘鳴,『京都のなかの朝鮮』, 71面.

대 그리스신들의 조각에도 지상의 더러움과 인간적인 감정이 어디엔가 베어 있었다. 기독교적인 사랑을 표현하는 로마시대의 종교적인 조각에도 진실로 깨끗이 정화된 인간존재의 기쁨이라는 것이 완전하게 표현되어 있지 않다고 생각한다. 정도의 차이는 있을지 몰라도 이러한 조각품들은 아직 지상의 감정적인 더러움을 남긴 인간의 표현에 불과하다. 즉, 그것은 인간실존의 심오한 부분에까지 도달한 자의 모습이 아닌 것이다. 그럼에도 불구하고 이 광륭사의 미륵상에는 진실로 완성된 인간실존에 있어서 최고의 이념이 아낌없이 표현되어 있다. 그것은 지상에 있어서 모든 시각적인 것, 속박을 뛰어넘은 인간존재에 있어서 가장 청정한, 가장 원만한, 가장 영원한 모습의 상징이라고 생각한다. 나는 오늘날까지 수십 년 동안 철학자로서 내 생애에 있어서 이 만큼 인간실존에 있어서 진실로 평화로운 모습을 구현한 예술품을 본적은 지금까지 한 번도 없었다. 이 불상은 우리들 인간이 지닌 마음의 영원한 평화의 이상을 진실로 남김없이 최고도로 표징하고 있는 것이다.[47]

이처럼 광륭사의 본존불인 미륵반가사유상은 서양의 대표적 지성인 야스퍼스로부터 절찬을 받았다. 그 뿐만 아니다. 재일교포 작가 김달수는 그 불상이 머금고 있는 미소를 '절대의 미소'라고 이름 붙였을 정도로 이 불상은 보는 사람의 눈을 매료시켰다. 그 매력에 이끌린 어느 대학생이 불상의 뺨에 입 맞추려고 하다가 손가락 하나를 부러뜨리는 사건이 있었다. 이 사건으로 광륭사의 미륵불상은 더욱더 화제가 되기도 했다.[48]

---

47 • 김달수, 『일본열도에 흐르는 한국혼』, 동아일보사, 1993, 67쪽의 것을 재인용.

이와 같은 예술성 못지않게 이 불상은 여러 가지로 특이한 점이 많다. 그 중 하나는 그 이전까지의 불상과 달리 기법이나 재질에 있어서 판이하게 다르다는 점이다. 즉, 그 이전의 아스카 불상은 모두 재질이 녹나무[樟木]로 되어 있는데 비해, 이 불상은 적송으로 되어있다는 점, 그리고 이 불상의 조각기법이 다른 아스카 불상과는 달리 재질의 중앙부분에서 조각을 해 나갔을 뿐 아니라 머리 부분에서 왼쪽 손가락까지 모두 하나로 되어 있다고 한다.[49]

이러한 관계로 이 불상은 일찍부터 한국에서 건너온 불상이 아닌가 하는 의문점을 낳게 했다. 또 이 불상은 한국의 중앙국립박물관 소장으로 국보 83호 청동미륵반가사유상과 쌍둥이처럼 너무나 닮았다는 것이다. 이에 오하라 지로오小原二郞는 그것이 한국의 적송으로 만들어졌음을 밝혔고, 미즈사와 스미오水澤澄夫, 히라노 쿠니오平野邦雄, 김달수 등은 이 불상이 신라에서 건너간 것이라고 보았고,[50] 미술사학자 강우방은 우리의 국보 83호 반가상이 7세기 초엽 백제지역에서 제작되었으며, 일본의 그것은 그것의 모작이라고 해석한 바가 있다.[51]

이처럼 이 불상이 만들어진 곳에 대해 의견이 분분하다. 혹자는 일본에서 만들어진 것이라고도 한다. 그러나 현재에는 한반도에서 만들어진 것이라는 데 의견이 더 모아지고 있다. 이 불상은 과연 언제 어디에서 누구에 의해 만들어져 언제 일본으로 건너간 것일까?

---

48 • 김달수, 『일본열도에 흐르는 한국혼』, 65쪽.
49 • 久野健, 『古代朝鮮佛と飛鳥佛』, 東出版, 1979, 121面.
50 • 김달수, 『일본열도에 흐르는 한국혼』, 69쪽 참조.
51 • 강우방, 「金銅三山冠思惟像-北齊佛像, 일본 광륭사 사유상과의 비교-」, 『원융과 조화』, 열화당, 1990, 115쪽.

여기에 대해서는 자세한 기록이 없어 알 수 없다. 다만 알 수 있는 것은 『광륭사래유기廣隆寺來由記』, 『일대요기一代要記』, 『부상약기扶桑略記』, 『일본서기』 등과 같은 문헌에서 단편적으로 나타나 있을 뿐이다.

1499년경에 성립된 『광륭사래유기(정식 명칭은 『山城州葛野郡楓野大堰鄉廣隆寺來由記』이나 이하 줄여서 『유래기』라 함)』에서의 미륵보살상에 대한 부분의 기록을 소개하면 다음과 같다.

> 금동미륵보살상金銅彌勒菩薩像 좌상의 높이는 2척 8촌으로 추고천황 11년 계해년 백제국이 쇼토쿠 태자에게 주었다. 태자가 오하리다궁小墾田宮에서 하타 카와카츠秦川勝에게 하사하였다. 이 상은 영험하고 불가사의하여 공경하고 존숭하는 사람에게는 원하는 바가 이루어지지 않는 것이 없었다.[52]

이상의 기록에서 보듯이 광륭사의 미륵불상은 백제에서 들어간 것으로 되어있다. 백제 전래설에서 중요한 증거가 되는 셈이다. 여기에 대해 정효운은 크기의 기술이 광륭사의 미륵반가사유상과 거의 비슷하다고 지적하면서 백제에서 만들었을 가능성도 배제할 수 없다고 했다.[53] 그러나 광륭사에는 반가상유상이 한체가 아니라 두체가 모셔져 있다. 한체는 우리의 국보 83호와 쌍둥이 보살상인

---

52 • 정효운, 「일본 국보 1호는 누가 만들었나」, 『한국과 일본, 왜곡과 콤플렉스의 역사(1) 사회, 문화편』, 자작나무, 1993, 27쪽에서 재인용.

53 • 정효운, 「일본 국보 1호는 누가 만들었나」, 『한국과 일본, 왜곡과 콤플렉스의 역사(1) 사회, 문화편』, 27쪽. 그는 이 글에서 이 미륵상이 어느 곳에서 만들어졌다는 설을 취하지 않고, 신라, 백제, 일본에서 만들어졌을 가능성을 모두 염두에 두고 『일본서기』를 비롯한 문헌을 더욱 철저히 고찰할 필요가 있다고 했다.

광릉사의 미륵반가사유상

중궁사의 반가사유상

국보 1호로 불리는 보살상이고, 또 다른 한 체는 일명 우는 미륵상으로 유명한 보계미륵보살반가사유상이다. 현재 이 불상은 국보 1호로 불리는 반가상유상의 맞은편에 안치되어있다.

여기에 대해 역사학자 홍윤기는 이것에 대해 매우 흥미로운 해석을 했다. 즉, 『유래기』에 나오는 보살상은 우는 미륵상이지 국보 1호의 미륵상이 아니라고 했던 것이다. 그에 의하면 우는 미륵상은 녹나무로 만들어져 있는데, 이는 법륭사의 백제관음과 구세관음, 중궁사의 미륵반가사유상 등 백제에서 건너간 불상에서 보이는 하나의 공통점이라는 것이다.[54]

이것이 사실이라면 국보 1호로 유명한 미륵반가사유상은 신라에서 만들어졌을 가능성은 매우 높다. 그것에 뒷받침할 증거로는 『일본서기』에 등장하는 기록이다. 『일본서기』에는 이 곳 불상에 관해서 3가지 기록이 남아 있다. 첫째는 앞에서 본 쇼토쿠태자가 하타 카와카츠에게 준 불상이고, 둘째는 616년 7월에 신라가 죽세사竹世士를 통하여

54 • 홍윤기, 「신라인 秦河勝과 교토땅 광륭사」, 『한글한자문화(95)』, 전국한자교육추진총연합회, 2007, 78쪽.

보내온 불상을 이 절에서 받들어 모셨다는 것이며,[55] 셋째는 623년 7월에 다시 신라가 지세미智世爾로 하여금 불상 1구와 금탑, 사리 등을 보내어 이 절에 봉안하였다는 것이다.[56] 만일 그것이 신라의 불상이라면 이 3기록 중 어느 하나에 속할 것이라는 점은 충분히 짐작하고도 남음이 있다.

그럴 가능성은 13세기의 문헌인 『부상약기』와 『일대요기』에서도 보인다. 그 내용이 거의 대동소이하기 때문에 『부상약기』의 내용을 소개하면 다음과 같다.

추고推古천황 24년 5월 3일에 여왕이 병환으로 누우니, 태자는 여왕의 쾌유를 서원하여 조정의 고관들에게 제 고장마다 절과 탑을 세우라고 명했다. 7월에 신라왕이 높이 2척의 금불상을 보내어 기증하자 이 불상을 봉강사에 안치하였다. 이 불상은 때때로 빛을 번쩍번쩍 발광하는 이적을 보였다.[57]

이처럼 『부상약기』와 『일대요기』에 의하면 광륭사의 금불상은 신라왕이 이웃나라 추고천황의 병이 낫기를 기원하며 보낸 것으로 되어있다. 이러한 불상이 하타씨가 세운 봉강사에 안치되었다는 것은 신라와 관련이 깊은 이주인 호족의 사찰에 보존될 것이라는 개연성을 말하여 주는 것으로 해석해도 좋을 것이다. 이는 가야계의 신라 이주인인 하타씨가 신라불교를 적극적으로 수용한 사실을 반영

---

55 •  宇治谷孟 譯, 『日本書紀(上)』, 109面.
56 •  宇治谷孟 譯, 『日本書紀(上)』, 111面.
57 •  홍윤기, 「신라인 秦河勝과 교토땅 광륭사」, 『한글한자문화(95)』, 78쪽에서 재인용.

하는 예증이기도 하다. 혹자는 이 절의 별칭 중의 하나인 계림사桂林寺는 신라의 성지 계림鷄林에서 유래되었을 것으로 추정하기도 하였다.[58] 그리고 미술사학자 정은우도 우리의 국보 83호 반가상의 출토지가 충청도와 안동, 신라 오릉 등으로 추정되고, 특히 그것이 봉화 북지리 반가상과 양식적으로 유사한 것 등으로 보아 백제에서 출토된 것이 아니라 신라지역에서 출토되었을 가능성이 높으며, 그에 따라 이와 닮은 광륭사의 반가상도 신라에서 건너갔을 것으로 보는 해석이 가능하다고 했다.[59] 만일 이런 추론이 가능하다면 그들은 일본에 정착하여 대륙의 불교를 받아들일 경우에도 자신들의 고향인 신라의 불교적 성향을 존중하였음을 알 수 있는 것이다.

그러나, 그들이 시종일관 신라만을 존숭할 수는 없었다. 그들의 출자전승이 백제에서 중국으로 변모됨에서 알 수 있듯 그들에 대한 현지인들의 정서를 결코 무시할 수는 없었다. 그리하여 그들이 창건하는 신사는 매우 일본적인 것을 취하고 있음을 볼 수 있다. 가령 마츠오 대사는 산신과 해신을 모신 일본 토착종교에 그 근간을 두는 신사이다. 사전社傳에 의하면 이 신사의 제신은 오오야마구이신大山咋神과 이츠키시마히메市杵島姫命이다. 이 신사의 창건에 대해서는 10세기 문헌인 『본조월령本朝月令』에 다음과 같이 기술되어 있다.

정1위 훈1등正一位勳一等 마츠오대신松尾大神의 신사는 츠쿠시筑紫의 무나가타胸形에 있는 중부대신中部大神이 무진년 3월 3일 마츠자키

58 ·   朴鐘鳴, 『京都のなかの朝鮮』, 72-73面.
59 ·   정은우, 「일본 국보 1호인 광륭사의 목조반가상은 한반도에서 건너 간 것인가」, 『미술사 논단(2)』, 한국미술연구소, 1995, 435쪽.

히오松埼日尾(또는 히사키미네日埼峯이라고도 한다)에 강림하였는데, 이를 대보大寶 원년 가와베후쿠川邊服의 남자인 하타노이미키노리秦忌寸都理가 히사키노미네日埼峯에서 마츠오松尾로 권청하여 모셨다. 또 다구치바라田口腹의 여인 하타노이미키치마루메秦忌寸知麻留女가 처음으로 이 신을 모시는 사제자가 되었다. 그리고 그녀의 아들인 하타노이미키쯔카후秦忌寸都駕布가 무오년부터 사제가 되었고, 그 이후 그들의 자손이 뒤를 이어 대신을 받들어 모셨다.[60]

이상에서 보듯이 마츠오 대사의 제신은 츠쿠시의 무나가타 신으로 대보원년(701년)에 하타노노리秦都理가 마쯔오에 권청하여 신사의 건물을 세우고 히타노치마루메秦知麻留女가 이를 모심으로써 출발하게 되었다는 것이 요지이다. 이 무나가타 신의 다른 이름이 바로 이츠키시마히메市忤島姬命이다. 그런데 이 신은 무나가타라는 지명에서 알 수 있듯이 원래 교토의 신이 아니다. 이 신은 현해탄을 바라

마츠오 대사의
본전

보는 규슈 북부 무나가타宗像에 모셔지는 여신으로 배의 항해를 돌보아 주는 바다의 신이었다. 그러한 신을 하타씨는 오늘날 마츠오로 권청하였던 것이다.

그렇다면 이 신이 권청되기 전에 마츠오에는 모셔지는 신이 없었을까? 그렇지 않다. 『고사기』에 이미 그에 대한 신이 등장한다. 즉, 『고사기』에 "오오야마구이신大山咋神, 그를 야마스에노오오누시신山末之大主神이라고도 한다. 이 신은 아후미淡海의 히에산日枝山에 진좌하고, 또 가도노葛野의 마츠오松尾에도 진좌하였는데, 그는 나리카부라鳴鏑라는 화살을 가지고 있는 신이기도 했다."[61]라고 기술되어 있는 것이다. 이 신은 그 이름에서 보듯이 산을 지배하는 남성의 산신이다. 따라서 이 신은 지역민들의 입장에서 보았을 때 하타씨에 의해 모셔진 이츠키시마히메보다 훨씬 더 오래된 신이었다. 즉, 이 신만 지역민에 의해 모셔지던 것이 하타씨에 의해 또 한명의 신이 합사되었던 것이다. 그러한 행위는 얼핏 보아 남성의 산신에 여성의 해신을 합치는 하나의 당위성도 있다. 그러나 이는 하타씨가 지역신에 대한 제사권을 바다의 여신과 합치면서 지역민으로부터 빼앗아 자신들의 것으로 했다는 것을 의미하는 것이기도 하다. 이처럼 하타씨는 교토를 개발하면서 자신들의 신을 가져다가 모신 것이 아니라 일본의 토착신앙을 적극 수용함으로써 자신의 세력기반을 다져 나갔던 것이다.

그러한 예를 이나리 대사稻荷大社의 경우에서도 찾을 수 있다. 현재 이나리 신사에는 '여우'가 신으로 모셔져 있는데, 이 신은 상업을 번창케 해주는 신으로 전국적으로 알려져 있다. 그러나 원래 이 신은 상업의 신이 아니라 농업의 신이었다. 즉, 여우는 일본의 민간

---

61 · 노성환 역주, 『고사기』, 민속원, 2009, 84-85쪽.

신앙에서 농업의 신을 보좌하는 동
물이었다. 그러던 것이 에도시대江
戶時代에 접어들어 농업신보다 여
우의 모습을 한 신의 신앙이 전국
적으로 퍼져 나감에 따라 그 성격
도 변하여 본래의 성격인 농업이
아니라 상업의 신으로 바뀐 것이
다.[62] 현재 이 신사는 전국에 4만여
개소에 그 분사分社를 가지고 있다.
일본 전체 신사의 수가 11만 개가

이나리대사의 여우상

된다는 것을 감안하다면 그 수가 거의 3분의 1정도 차지할 정도로
엄청난 규모의 종교단체로 발전해 있다.[63]

이 신사의 창건연기설화도 농업과 관련이 있었다. 즉,『산성국풍
토기山城國風土記』의 일문逸文에 다음과 같은 이야기가 실려져 있다.

진씨 본가秦中家 이미키忌寸의 먼 조상인 이로구伊侶具의 하타노기미
秦公가 벼와 조 등의 곡물을 쌓아놓고 살 정도로 풍부하게 살고 있
었다. 그리하여 그는 떡으로 과녁을 만들어 화살을 쏘았다. 그런데
어느 날 화살을 쏘았더니 떡이 백조가 되어 하늘로 날아가 산봉우
리에 떨어졌다. 이상하게도 바로 그 자리에 벼이삭이 돋아났기 때
문에 그곳에 신사를 세우게 된 것이다. 이나리伊奈利란 말은 이렇게
하여 생겨난 것이다.[64]

62・ 井上滿郎,『古代の日本と渡來人』, 148面.
63・ 朴鐘鳴,『京都のなかの朝鮮』, 151面.

여기에서 이나리伊奈利란 이네나리伊禰奈利 즉, 벼를 의미하는 '이네'와 영근다는 의미의 '나리'가 합쳐진 말이다. 요컨데 벼가 영근다는 의미의 말인 것이다. 이처럼 이나리 대사의 제신은 농업의 신이었다. 내용 중에서 과녁으로 삼았던 떡이 백조로 변하여 날아갔다는 것은 학계에서는 흔히 '벼 혼稻魂의 도망'이라는 모티브로 해석하기도 한다. 즉, 떡을 과녁으로 삼아 쏘았다는 것은 농경신에 대한 불경스런 행위를 의미하며, 그에 따라 농경신의 혼 즉, 도혼이 도망간다는 것이다. 이러한 모티브에 대해 오바야시 타료大林太良는 동남아시아의 도작민족에 있어서는 '벼 혼이 도망하면 곡창은 이내 비게 되며 기근이 찾아오는 징조'로 해석하기도 했다.[65] 일본에서도『풍후국풍토기豊後國風土記』에「하야미速見郡 다노田野 조」에 옛날 마을사람들이 수전을 개발하고 부를 축적하여 잘살게 되었을 때 호사스럽게 생활한 나머지 떡을 가지고 과녁을 만들어 활을 쏘았더니, 그 떡이 백조가 되어 날아 가버리고 마을에서는 끊임없이 사망자가 속출했고, 논도 만들 수 없게 되어 드디어 그곳은 황폐해지고 말았다는 이야기가 있다.[66] 이처럼 쌀로 만든 떡을 과녁으로 삼아 활을 쏜다는 것은 비극적인 결과를 낳게 되는 것이다. 그러나 하타씨의 이나리 대사 창건설화에서는 내용은 비슷하나 그 결과는 정반대이다. 기근도 일어나지 않았고, 하타씨는 그 과실을 인정하고 신사 경내의 나무를 뽑아다가 자기 집에 심어두고 깊게 신앙함으로써 재앙에서 벗어나고 있다. 그리하여 니시다 나가오西田長男

---

64 • 吉野裕 譯,『風土記』, 平凡社, 1969, 273-274面.
65 • 大林太良,『稻作の神話』, 弘文堂, 1973, 17面.
66 • 吉田裕 譯,『風土記』, 平凡社, 1969, 241面.

이나리대사의 경내 모습                    이나리대사의 여우모양 소원걸이

는 이 내용은 하타씨가 오만하고 사치스럽게 생활한 결과 농경신
으로부터 벌을 받아 패가망신하였다는 내용이 누락되었을 것으로
추측했고,[67] 나카무라 슈야中村修也도 그러한 해석에 동조를 했다.[68]

　여하튼 이나리 대사의 창건연기설화에는 벼이삭과 벼 혼의 도망
그리고 '이나리'와 같은 말에서 보듯이 농경과 관련된 요소가 많다.
실제로 이나리 대사가 위치한 후카쿠사深草에는 고고학적 발굴에 의
해 수많은 목제 농기구가 발견되어 야요이시대彌生時代 중기와 후기
때 이미 농업생산집단이 있었음이 입증되었다.[69] 따라서 이 지역에
사는 농민들은 당연히 일찍부터 농경신에 대한 신앙이 두터웠을 것
이다. 그리고 이러한 농경신에 대한 신앙은 5세기경 하타씨가 한반

67 •　西田長男,「稲荷社の起源」, 直江廣治 編,『稲荷信仰』, 雄山閣, 1983, 242面.
68 •　中村修也,『秦氏とかも氏』, 165面.
69 •　井上滿郎,『古代の日本と渡來人』, 148面.

도에서 이주하기 전부터 있었음이 확실하다. 더군다나 오늘날 이나리 대사의 신상神像은 여우로 되어 있다. 여우를 상징물로 삼는 농경신은 한국에서는 일체 보이지 않는다. 그야말로 일본의 독특한 신앙이라 하지 않을 수 없다.

이러한 신앙의 신사가 하타씨에 의해 창건되었다는 것은 매우 흥미로운 일이 아닐 수 없다. 즉, 새로운 대륙의 선진기술을 가지고 토목과 관개사업을 실시하여 비약적인 생산력을 높인 하타씨들이 떡으로 과녁을 만들어 사용할 정도로 막강한 경제력으로 풍요를 누렸으나, 일본의 토착신앙을 무시할 수 없었다는 것을 의미하는 것이기도 하다. 이는 외국에서 건너간 하타씨들이 자신들의 신앙을 고집하지 않고 토착신앙을 적극 수용하여 신사를 세움으로써 스스로 민간신앙의 중심에 설 수 있었던 것이 아닐까 한다. 바로 이러한 사실을 위의 설화가 말하여 주고 있는 것이다.


## 5. 변모하는 하타씨족의 전승

설화상에 나타난 하타씨는 한반도의 족장계급으로서 응신천황応神天皇시대에 자신의 휘하에 있는 백성들을 이끌고 일본으로 이주한 집단이다. 그들이 무엇 때문에 일본으로 이주하게 된 것인지, 그리고 그들의 이주에 어떠한 세력이 방해가 되었는지 등에 대해서는 구체적인 자료가 없기에 아무도 그 실상을 속단할 수 없다. 그러나 분명한 것은 그들이 가야계의 신라인이라는 사실이다. 때문에 그들이 세운 사찰인 광륭사에는 신라의 청동미륵반가사유상과 쌍둥이라 할 수 있는 목각의 미륵반가사유상이 안치되어 있는 것이며, 또 계림이라는 이름의 사찰명을 사용하기도 했던 것이 아닐까 한다.

그러나 그들에게 어떤 어려움이 있었는지 몰라도 그들은 스스로의 출자를 신라가 아닌 백제라고 『일본서기』를 통하여 진술하더니, 또 『신찬성씨록』을 통하여 다시 백제가 아닌 고대 중국 진시황제의 후손이라고 밝히기도 했다. 이러한 현상이 어찌 그들만의 탓이겠는가? 오히려 이는 일본인이 지니고 있던 한국관의 변화에 따른 왜곡일 가능성이 더 크지 않을까 한다. 이처럼 그들은 자신의 종족적 뿌리를 밝힘에 있어서 일본 정국의 상황 및 국제 정세에 민감하게 반응하면서 스스로의 권위를 외부세계에서 찾기도 하였던 것이다.

이와는 반대로 그들이 일본 사회에 정착하는 과정에서 그들은 지역의 토착신앙을 적극적으로 변용하여 받아들이고 있음을 알 수 있었다. 불교신앙적인 측면에서 본다면 그들이 대륙의 불교를 받아들일 때는 신라적인 성격을 강하게 띠었지만, 토속신앙의 신사를 건립할 때 그들은 자신들의 신앙을 고집하지 않고, 그 지역민의 신앙을 적극 수용함으로써 자신들의 입지를 강화할 수 있었던 것이다. 마츠오 대사와 이나리 대사는 그에 대한 좋은 예증이라 하지 않을 수 없다. 이처럼 그들은 한국과 일본이라는 이질적인 두 문화를 적절히 융합하고 변용하면서 일본사회에 뿌리를 내린 것이다.

# 제7장
# 시모노세키의 지역전승에 나타난 신라상

## 1. 한일 창구역할의 땅 시모노세키

야마구치현山口県 시모노세키下關는 인구가 불과 30만 명이 채
되지 않는 자그마한 중소도시이다. 그러한 규모에 비해 일본의 도시
들 가운데 이곳만큼 우리들에게 잘 알려진 곳도 드물 것이다. 시모
노세키는 일본열도 중 본토의 서쪽 끝에 위치해 있는 관계로 고대로
부터 지금까지 한반도와 일본열도를 연결하는 뱃길에서 항상 중심
에 서 있었다. 시모노세키가 우리의 기억에 성큼 다가온 것은 1905
년(明治 38) 일본이 부산과 시모노세키를 연결하는 관부연락선이 취
항되고 나서 부터이다. 그 이후 많은 사람들이 이곳을 통하여 한국
과 일본을 오고갔기 때문이었다. 1913년 4월부터 투입된 배의 이름

신라환

이 신라환新羅丸이었다. 특히 이 배는 1925년에는 무선전화가 설치될 만큼 최신 시설을 자랑했다. 그러나 1945년 5월 수리를 마치고 시모노세키 앞바다 관문해협関門海峽에서 등대 부근 어뢰에 부딪쳐 바다 속으로 침몰함으로써 역사의 무대에서 퇴장했다. 이러한 신라환의 운명처럼 해방 전의 한국인들에게 시모노세키는 여러 가지 복잡한 이미지로 형성되어있음에 틀림없다.

역사적으로 보아도 시모노세키는 한국과 아주 가깝다. 임란 이후 일본과의 통교를 위해 조정에서 파견된 조선통신사들이 부산을 떠나 뱃길로 수일이 걸린 이후에 일본 본토에 처음으로 상륙하는 곳이 시모노세키였으며, 그곳에서 며칠 동안 쉬면서 여행의 피로를 풀었던 곳이기도 했다. 그러므로 시모노세키에는 한국과 관련된 여러 가지 이야기들이 남아있다. 이러한 전승 속에 한국이 어떻게 반영되어있는가를 살펴보는 것도 나름대로 의의가 있다고 생각한다.

본 장에서는 여기에 초점을 두고 일차적인 과제로 시모노세키의 지역에서 전해지고 있는 신라 관련 전승을 중심으로 그 속에 반영된 신라의 이미지를 찾아보고자 한다. 그 이유는 역사적, 지리적으로 보았을 때 고대국가 가운데 신라가 가장 가깝고, 또 일본과 복잡한 역사적 관계가 있었기 때문이다.

지금까지 여기에 대한 연구는 국내외적으로 거의 없었다. 다만 있다면 시노모세키와 함께 야마구치현에 속해 있는 야마구치시山口

市에 관한 것은 있다. 그것도 신라가 아닌 백제, 또 그 중에서도 임성태자琳聖太子라는 한 사람에 초점이 맞추어져 있었다. 그 대표적인 예가 언론인 송형섭[1]과 소설가 김성한[2] 그리고 작가 김달수[3] 등의 문장들이다. 그들은 직접 야마구치를 방문하고 수집한 자료를 정리하여 임성태자에 대해 일반 독자들에게 소개하고 있는 것이다. 이들에 의하면 임성태자는 백제 성왕의 3남으로서 바다를 건너 이곳으로 이주 정착하였으며, 중세 때 이 지역의 지배자였던 오우치씨大內氏가 이들의 후손이라는 것이다. 이를 더욱더 발전시켜 본격적인 연구를 한 사람이 불교학자 김영태였다. 그는 불교의 묘견신앙妙見信仰을 일본에 전한 사람이 바로 임성태자라는 사실을 밝혀내기도 했다.[4]

그러나 지리적인 조건에서 보았을 때 앞에서 말한 바와 같이 시모노세키는 백제보다 신라와 훨씬 더 가까운 위치에 있다. 그러므로 그 속에는 신라에 관한 전승도 없지 않을 것이다. 그럼에도 지금까지 연구자들은 야마구치에 있어서 백제 임성태자전설에만 관심이 쏠려 있을 뿐 시모노세키의 신라전승에 대한 관심은 거의 없었던 것이다. 본 연구는 한일 간의 고문헌은 물론 시모노세키의 구비전승을 통하여 그에 관한 자료를 수집하고 내용을 검토함으로써, 시모노세키에 있어서 신라가 어떠한 모습으로 그려져 있는지를 살펴보고자 하는 것이다.

1 •   송형섭, 「야마구치 일대에 세운 강력한 왕국」, 『일본 속의 백제문화』, 한겨레, 1988, 57-63쪽.
2 •   金聲翰, 『日本のなかの朝鮮紀行』, 三省堂, 1986, 12-24面.
3 •   김달수, 『일본열도에 흐르는 한국혼』, 동아일보사, 1993, 255-257쪽.
4 •   김영태, 「백제 임성태자와 묘견신앙의 일본전수」, 『불교학보』, 불교문화연구원, 1983, 52쪽.

## 2. 시모노세키에 정착한 신라인

　일본의 고대사 연구자인 우에다 마사아키上田正昭는 고대에 있어
서 고대 한국인들이 고국을 떠나 일본으로 이주하는 시기가 대략
4단계가 있었다고 했다. 제1단계는 3-4세기말이고, 제2단계는 5세
기 전후로 한 시기이며, 제3단계는 5세기 후반에서 6세기 초이며,
제4단계는 7세기후반에서 9세기 초까지의 시기라고 정의를 내린 바
가 있다.[5] 물론 이들의 이주는 한반도의 정치상황과 직간접적으로
결부되어있다. 이로 말미암아 수많은 고대 한국인들은 새로운 희망
을 품고 일본으로 건너갔을 것이다. 그러므로 고대 한국인의 자취가
일본 곳곳에 남아서 전해온다. 시모노세키도 여기서 예외일 수 없
다. 비교적 거리상으로 가깝게 위치해 있기 때문에 일찍부터 고대
한국인, 특히 신라계 사람들이 정착하였음을 기록 또는 지명 그리고
전승을 통하여 확인할 수 있다. 여기에 대해 살펴보기로 하자.

　시모노세키 지역은 한반도와 지리적으로 가까웠던 만큼 우에다
가 정의한 제 1단계보다도 훨씬 이전인 야요이시대 때부터 한반도
인들이 이곳으로 옮겨와 살았던 것 같다. 그 예가 호오쿠豊北지구
도이가하마土井ヶ浜에 있는 야요이弥生시대의 고분군들이다. 1930년
대부터 이곳을 발굴하기 시작한 고고학의 조사단은 매우 특이한 현
상을 발견했는데, 그것은 다름 아닌 그곳의 유골의 머리들이 모두
한반도로 향해져 있었던 것이었다. 이를 두고 인류학자 가나세키
다케오金関丈夫는 "신장에서 훨씬 큰 새로운 하나의 요소가 야요이
문화와 함께 확실히 한반도 남부지역에서 도래했다."고 해석한 바

---

5 •　　上田正昭, 『帰化人』, 中央公論社, 1965, 23-26面.

있다.[6] 즉, 그들의 고향을 한반도 남부로 해석한 것이었다. 이처럼 시모노세키는 까마득한 옛날부터 고대 한국인들이 바다를 건너 이주해 살았던 지역 중의 한곳이었다.

역사시대에 접어들면 이주인들에 관한 것들이 기록에 등장한다. 그것들에 의하면 시모노세키를 중심으로 형성된 한반도계의 정치세력이 있었다. 그들의 맹주는 이도츠히코伊都都比子였다. 그에 관련된 이야기가 제1장에서도 언급한 『일본서기』에 나오는 쯔누가아라시토의 도일전승이다.

이 전승을 토대로 보면 이도츠히코는 아나토穴門 즉, 나가토長門를 중심으로 소왕국을 건설하고 있었던 것이다. 그는 가라국 왕자인 쯔누가아라시토를 자신의 영지에 잡아두려고 하였으나 여의치 않았다. 쯔누가아라시토는 그를 군주로서의 자질을 갖춘 자로 보지 않았다. 다시 말하여 『일본서기』는 그를 위대한 통치자로 보고 있지 않은 것이다. 일본인 연구자 가미가이토 켄이치上垣外憲一는 이러한 이도츠히코를 동해안에서 일본으로 건너가 소국의 왕이 되었다는 연오랑과 같은 인물이라고 해석했다.[7] 즉, 한국계 이주세력으로 보았던 것이다.

그가 한반도에서 건너간 이주세력이라는 점에 있어서는 이견이 없으나 그를 연오랑이라고 보는 것은 상당한 논리적 비약이다. 왜냐하면 그것을 입증할만한 이론적 근거가 희박하기 때문이다. 그러나 이도츠히코가 한국계라는 것은 분명한 것 같다. 그러한 방증이 그와 같은 씨족으로 추정되는 이도테五十迹에 관한 기록에서 나타나기 때

---

6 •   김달수, 『일본열노에 흐르는 한국혼』, 253쪽에서 재인용.
7 •   上垣外憲一, 『倭人と韓人』, 講談社學術文庫, 2003, 119面.

문이다. 이도테는 규슈 북부에 자리잡은 이도국伊都國의 지배자이다. 그에 관한 기록이 8세기 문헌인『일본서기』와『풍토기風土記』에 나온다. 이도테가 중애仲哀천황을 맞이하기 위하여 아나토의 히코시마彦島까지 마중 나갔다는 기록은 제1장에서도 언급한 바 있다.

이도테가 중애를 맞이하기 위해 마중나간 아나토의 히코시마는 오늘날 시모노세키의 앞 바다에 놓인 나가토의 히코시마를 말한다. 그곳을 지배한 자가 앞에서 언급한 이도츠히코이다. 이도테가 그곳까지 마중을 나갔다는 것은 이들 모두 같은 계통의 세력이었기 때문에 가능했다. 왜냐하면 이도테의 "이도(五十, 抬土, 伊都)"와 이도츠히코의 "이도伊都"는 서로 통하기 때문이다. 이도테가『일본서기』의 말과 같이 이도계의 시조라고 한다면 나가토의 이도츠히코는 이도테의 후손에 해당되는 인물인 셈이다. 다시 말하여 오늘날 시모노세키 지역 나가토는 이도테의 후손 이도츠히코의 지배지였던 것이다.

이러한 정치세력을 신라계로 보는 가장 큰 이유는 앞에서도 여러 번 예를 든바 있는『풍토기』에 이도테가 "나는 하늘에서 고려국高麗國의 오로산意呂山에 내려온 히보코日鉾의 후손 이도테五十迹이다."[8]라고 중애에게 자신의 출자를 밝히는 부분의 기록 때문이었다. 여기서 히보코는 신라왕자 히보코를 말한다. 이 점을 감안한다면 이들은 분명 신라세력임에 틀림없다.

천황이 이도테를 칭찬하여 '이소시'라 하였고, 또 사람들은 이들의 본토를 이소국伊蘇國이라 하였다는 기록이『일본서기』에 기록되어 있다. 이것은 그의 출자를 찾는데 매우 중요한 단서이다. 왜냐하면 그들의 고향을 막연히 신라가 아닌 좀 더 구체적인 지명으로 추

---

8 •   吉野裕 譯,『風土記』, 平凡社, 1969, 335-336面.

정해볼 수 있기 때문이다. 다시 말하여 이들의 출자는 '이소시', '이소국'이라는 표현에서 보듯이 이소국을 나타내는 것으로 볼 수 있다. 신라지역에 있었던 고대국가 중 이소국과 가장 유사한 발음이 나는 국가는 이서국 밖에 없다. 그렇다면 그들은 신라계가 아니라 신라에 통합된 이서국의 후예들이라는 점은 명확하다.

이것이 사실이라면 그들의 선조는 이서국에서 일본으로 건너가 규슈 북부를 비롯해 야마구치의 시모노세키 지역에서 소왕국을 건설한 정치세력이 있었으며, 그곳을 대표하는 자가 이도테, 이도츠히코이라는 사실을 확인할 수 있다. 이러한 역사적 사실들이 전승되어 8세기 문헌인 『일본서기』와 『풍토기』에 기록되어 있었던 것이다. 이처럼 시모노세키의 나가토에는 신라에 병합된 이서국 일파가 이룩한 소왕국이 있었던 곳이었다.

이 왕국의 멸망에 대해 가미가이토는 신라와의 관계가 크다고 했다. 즉, 「신라본기新羅本紀」에 의하면 344년 2월 왜국이 요구해온 통혼을 거절하자 왜는 격노하여 345년에 국교를 단절하고, 346년에 대규모의 군사들을 움직여 신라를 침공하여 경주를 포위했으나 고구려의 개입으로 말미암아 큰 손실을 입고 퇴각한 사건이 있는데, 그때 그 왜가 시모노세키의 이도츠히코 왕국이었다는 것이다. 이들은 국력을 기울여 벌인 신라와의 전쟁에서 비참한 패배로 끝나 세력이 극도로 약화되었으며, 그 틈을 타서 속국이었던 이즈모왕국出雲王도 이반하였으며, 그에 따라 몰락의 길로 갔다는 것이다.[9] 이러한 해석은 어디까지나 하나의 가설로서 제시된 것이기 때문에 모든 부분을 역사적 사실로 받아들일 수 없다. 그러나 시모노세키의

---

9 · 　上垣外憲一, 『倭人と韓人』, 135-137面.

히코시마에 신라계 이서국 세력이 있었던 것만은 틀림없는 사실임은 이미 앞에서 밝힌 바이다.

시모노세키의 지명에 하타오幡生라는 곳이 있다. 이곳은 아야라기綾羅木의 남쪽 이쿠노쵸生野町에 위치해 있는데, 이곳의 지역신을 모시고 있는 이쿠노신사生野神社가 발행한 유서서由緖書에 다음과 같은 지명 유래설화가 적혀있다.

옛날 이 신사가 있는 미야야마宮山의 일대는 바다에서 들어오기 좋은 천연의 양항이었다. 신공황후가 삼한을 정벌할 때 최초로 군선을 갖추고 여기서 출발했다. 그때 군선에 꽂은 수백 종의 깃발[幡]이 하룻밤 사이에 만들어졌다. 그 깃발들이 마치 돋아나 있는 것처럼 보였기 때문에 하타오라는 지명이 생겼다고 전해진다.[10]

이 신사는 현재 응신천황応神天皇, 중애천황仲哀天皇, 신공황후神功皇后, 무나가타 세 여신[宗像三女神]을 제신으로 모시고 있고, 과거의 이름은 하타오하치만궁幡生八幡宮이었다고 한다. 이 신사 경내에 6세기경 전방후원분으로 횡혈식 석실을 갖고 있는 고분이 있다. 따라서 이 신사의 건립은 고분을 토대로 만들어졌을 것으로 예상된다. 그렇다면 이곳의 제신은 위와 같은 하치만계 신들이 아니라, 고분의 피장자와 관련이 있는 신이라는 점을 쉽게 추정할 수 있다.

---

10 • 이것은 生野神社의 由緖에 적힌 내용을 그대로 소개한 것이다. 거기에는 이러한 내용 이외에도 제신, 유서, 말사, 고분, 氏子구역, 신사개명, 제일, 신격에 대해서도 간략하게 기록하고 있다. 이 신사의 신이 무장들로 부터 신앙을 많이 얻었는데, 임진년 豊臣秀吉이 조선으로 군사들을 출병시킬 때 소나무 8그루를 심고서 전승을 기원을 하였다는 이야기가 전해지고 있다. 이 소나무들은 벼락을 맞아 죽었으며, 그것을 1917년(大正 6) 야마구치현 지사의 인가 하에 처분되었으며, 拜殿正面의 奉納額, 松皮가 그 일부라고 한다.

그렇다면 이곳의 피장자는 누구일까? 여기에 대해 이노우에 다카오井上孝夫가 매우 흥미로운 해석을 가하여 우리의 주목을 끌게 한다. 즉, 그에 의하면 "하치만궁八幡宮이란 원래 야하타八幡의 신을 받들고, 신라계 이주인인 하타씨秦氏의 선조신을 모시고 있었다. 그러므로 하타오의 하타幡는 하타秦와 서로 통한다. 즉, 하타오는 하타베秦部의 의미이며, 이 일대는 신라계 하타씨족의 개척지이었다. 하타오의 북쪽으로 조금 떨어진 히에다稗田라는 곳에 하타야시키秦屋敷라는 고대호족의 거주지가 있었다는 전설이 이 가설을 증명해 주고 있다. 또 히에다에 하타畑라는 지명이 남아있는 것도 하타 일족의 흔적으로 볼 수 있을 것이다."라고 했다.[11]

이러한 그의 해석에 일리가 있다고 생각한다. 왜냐하면 앞으로도 많이 논의하게 되겠지만, 신공황후는 역사적으로 실재한 인물이라고 볼 수 없기 때문이다. 그러므로 하타오의 지명이 신공이 아닌 신라계 호족 하타씨와 결부되어 생겨났다는 그의 설은 매우 설득력을 지닌 것으로 생각된다.

신라인이 등장하는 지역전승은 나카노마치中之町의 가메야마하치만궁亀山八幡宮이라는 신사에서도 찾을 수 있다. 이 신사의 입구에 세워진 '상옥발상지지기념비床屋発祥之地記念碑'에 그 내용이 적혀 있다. 이 비는 말 그대로 일본에서 최초의 이발소가 발생한 곳을 기념하기 위해 세운 것이다. 모양도 이발사에 어울리게끔 사람의 머리를 상징하는 둥근 구슬과 빗[櫛] 그리고 일본면도칼[日本剃刀]의 형태를 취하고 있다. 그러한 석비에 다음과 같은 이야기가 적혀있다.

---

11 • 井上孝夫, 「下関地域の基層文化－地名と伝説を手掛かりに－」, 『下関市立大学 紀要論文(2)』, 下関市立大学付属産業文化研究所, 1992, 22面.

가마쿠라시대鎌倉時代 중기(1264-1273)에 가메야마천황龜山天皇을 섬기고 있던 교토 천황궁의 북면北面 호위 무사 종오위하북소로장인 지두從五位ノ下北小路藏人之頭 후지와라 모토하루藤原基晴는 보검의 분실사건에 대한 책임을 지고 자리에서 물러나 3남인 우메노스케마사유키采女之亮政之를 데리고 보검을 찾기 위해 당시 몽고군들의 침공으로 다급한 사정을 알리고 있었던 나가토의 시모노세키에 내려와 있었다.

그때 모토하루 부자는 당시 시모노세키에서 머리 묶는 것을 업으로 하고 있었던 신라인으로부터 기술을 배워서 오고가는 무사들을 손님으로 맞이하는 이발소를 열었다. 가게의 도코노마床の間에는 가메야마천황과 후지와라藤原 집안의 조상을 모시는 제단이 있었기 때문에 지역민들은 언제부터인가 '도코노마가 있는 가게'로 부르기 시작하였으며, 그것이 훗날 와전되어 '도코노바床場'가 되고, 그것이 다시 '도코야床屋'로 부르게 되었으며, 드디어 이것이 그 집의 택호가 되었다. 그리하여 이발소를 나타내는 '도코야'라는 말은 시모노세키가 발상지가 되어 그 후 전국으로 퍼져나갔다.

후지와라 모토하루는 1278년(弘安 1)에 사망하여 시내의 전념사専念寺에 안장되었다. 그리고 그의 아들인 우네메노스케는 이발소를 계속하면서 보검을 계속 찾았다. 그러는 중에 호상豪商의 협력을 얻어 드디어 보검을 찾아서 천황에게 봉환했다. 그 후 그는 가마쿠라鎌倉로 거처를 옮겼으며, 막부로부터 교토풍京都風의 머리를 묶는 이발사髮結職로 중용되었으며, 그들의 자손들도 가업으로 계승하여 그 직을 이어갔다. 세월은 흘러 1572년(元亀 3)에 17대 당주 후지시치로藤七郎의 시대가 되자 다케다 신겐武田信玄과의 싸움에서 패하여 도망치던 도쿠가와 이에야스德川家康를 도운 공적으로 인해 에도막부가 성립되자 에도江戸 핫뱌쿠야쵸八百八町의 이발 영업권을 부여받았으며, 또 하시미마모루야쿠橋見守役와 화재 때는 봉행소奉行所의 중요서류를 반출할 수 있는 등의 역할도 맡게 되었다. 특히 2대 쇼군 도쿠가와 히데타다德川秀忠가 "백성들은 모두 머리를 묶어 흐트러진 몸을 깨끗이 하는 것은 장수의 으뜸이다." 하며 머리를 묶는 명을 내린 이후부터는 서민들도 모두 머리를 묶게 되었다. 이로 말미암아 남성머리 전문이발사[男髪結職]와 여성머리 전문이발사[女髪結職]가 급증하여 일본 독특한 머리스타일이 유행하기 시작했다. 에도시대의 풍속문화는 이발사들에 의해 만들어졌다고도 할 수 있다. 가부키歌舞伎의 배우 머리와 의상 그리고 우키요에浮世絵에 보이는 미인화美人画의 머리스타일과 의상은 당시 여자머리 전문이발사들이 발휘한 예술성의 풍부함을 말해주는 것이다.

이발소의 개조 후지와라 우네메노스케 마사유키의 공적을 찬탄하고 매우 소중한 역사적 사실을 후세에 전하고자 여기에 기념비를 건립했다.

이 기념비의 건립은 1995년(平成 7) 7월 17일로 되어있으며, 이상의 내용은 시모노세키 이용미용전수학교 이사장이자 교장인 오노 코사쿠小野孝策가 작성하고 쵸후 출신 석공 나카무라 시게오中村重雄가 새긴 것으로 되어있다. 그러나 이상의 내용이 모두 진실이라고 말할 수 없을 것이다. 가령 교토대학도서관의 히라마츠문고平松文庫가

이발소발상지기념비

소장하고 있는 『장인보임藏人補任』에는 가메야마천황시기(1259-1274)에 장인두藏人頭, 오위장인五位藏人에 후지와라 모토하루라는 이름이 확인되지 않고 있으며, 또 그들이 시모노세키에 있었던 시기가 몽고의 일본침입을 배경으로 하고 있기 때문에 신라인 이발사라는 표현은 시대에도 맞지 않는다. 이러한 정황을 보더라도 이상의 내용은 역사적 근거보다는 지역전승을 바탕으로 작성된 문장일 것으로 추정된다.

역사적인 검증은 차치하고서라도 그 내용 중 우리의 눈길을 끄는 것은 무명의 신라인 이발사가 시모노세키에 살고 있었다는 점이다. 전승에 따르면 그는 일본인들이 이발사의 개조라고 하는 후지와라 우네메노스케마사유키(이하 생략하여 마사유키로 함)를 있게 한 사람이다. 그를 신라인이라고 표현한 것은 신라시대의 사람이 아니라 한반도의 옛 신라지역 출신이라는 의미로 보아야 할 것이다.

이용과 미용의 관계자들이 자신들의 직업의 역사를 잊지 않으려고 최초의 이발사를 찾아내어 기념비까지 세운 노력은 그야말로 감탄스럽기까지 하다. 그러나 여기서 그들이 한 가지 착각하고 있는 것이 있다. 과연 일본 최초의 이발사가 그들의 말대로 마사유키냐 하는 것이다. 전승에서 보듯이 도코야는 마사유키의 가계家系에서 비롯된 것일 수는 있어도 일본 최초의 이발사는 마사유키가 아니다. 그보다 먼저 그에게 기술을 가르쳐 준 무명의 신라인이 이미 시모노세키에서 영업을 하고 있었기 때문이다. 그렇다면 일본 이발사의 개조는 당연히 시모노세키에서 이발을 전문으로 영업하고 있었던 이름도 알려져 있지 않은 신라인이 되어야 한다. 그럼에도 불구하고 이들은 신라인을 배제하고 일본인인 마사유키를 그들의 조상으로 받들고 있는 것이다.

그들이 신라인을 개조로 삼지 않는 이유는 단순한 착각에서 비롯된 것이 아니라 의도적이었다고 한다면 그것은 신라에 대한 부정적인 이미지가 작용하였거나, 아니면 그 기술을 전수한 사람보다는 일본인으로서 그것을 처음으로 익혀서 사회적으로 출세한 사람을 기준으로 삼았기 때문일지도 모른다. 하지만 그에게 기술을 전수한 사람은 엄연히 신라인이다.

매년 10월 전국의 이발사와 미용사들이 모여 가메야마하치만궁에서 모발공양제毛髮供養祭를 거행하고 있다. 이때 그들의 개조를 있게 한 무명의 신라인 이발사를 기리는 기념행사도 함께 진행된다면 한일 우호증진에 도움이 될 것이다. 아무튼 이 전승은 몽고의 침입 때에도 신라계 이주인들이 거주하고 있었으며, 그들은 일본에 없는 새로운 기술을 가지고 있었던 선진문화의 소유자들이었다고 하는 것이다.


## 3. 조선통신사 기록에 나타난 시모노세키의 백마총

시모노세키가 한국과 연결하는 창구 역할을 한 것은 고대부터 지금까지 변함이 없다. 561년 신라국사가 일본으로 파견되었을 때 일본 조정은 그들을 맞이하기 위해 시모노세키에 '혈문관穴門館'이라는 영빈관을 설치했다.[12] 신라국사는 이곳에서 머문 다음 왜경으로 향하였던 것이다. 이처럼 국가 사절단이 일본으로 오고 갈 때마다 이곳 시모노세키를 들렀던 것이다. 그 후에도 일본조정에서는 신라와 당의 국사를 맞이하기 위한 영빈관인 '임해관臨海館'을 설치하여

---

12 • 中村啓信 校注, 『日本書紀註釋(上)』, 精興社, 1988, 403面.

운영하기도 했다. 이러한 관례는 임란이후에도 변함이 없었다. 그에 가장 좋은 예가 통신사 외교이었다.

일명 조선통신사들은 부산을 출발하여 쓰시마對馬島 - 잇키壹岐島 - 아이시마藍島를 거쳐 일본 본토로서는 처음으로 시모노세키에 상륙한 다. 그리고는 바다를 바라보고 있는 아미타사阿彌陀寺(현재 赤間神宮) 및 인접사隣接寺 등지로 흩어져 며칠을 머무르게 되는데, 이때 많은 현지인 들과의 접촉들이 이루어졌다. 그때 조선통신사들은 일본의 역사에 대한 지식도 어느 정도 습득하게 되며, 특히 전란으로 인해 시모노세키 의 앞 바다에서 빠져죽은 안덕천황安德天皇(1178-1185)[13]에 대한 시를 남기는 것이 일종의 관례가 되다시피 했다. 그리고 그들은 이때 일어난 일들을 많이 기록에 남기고 있는데, 우리들의 주목을 끄는 것 중의 하나가 백마총에 관한 전승이다. 백마총에 관한 이야기는 일본 측의 기록에는 보이지 않고 우리 측 기록에만 보이는 것인데, 그 대표적인 예로 신유한의 『해유록海遊錄』에 다음과 같은 기록이 있다.

---

13 • 안덕천황의 諱는 토키히토言仁이다. 그는 1180년 4월 22일 불과 3세(만 1년 4개월)에 즉 위하나, 나이가 너무 어려 실제 정치는 기요모리淸盛가 행하고 있었다. 즉위하던 해에 기 요모리의 주도하에 천도가 계획되고, 실제로 후쿠하라福原(현재 神戸市)로 천도가 되나, 반년이 지나 다시 교토京都로 돌아왔다. 1183년에 요시나카源義仲의 교토공략에 의해 헤 이케平家 일문과 함께 3종의 신기를 몸에 지니고 서울을 떠나, 다자이후大宰府를 거쳐 야 시마屋島로 가서 거처를 정하였다. 그러나 요리토모源頼朝가 파견한 가마쿠라鎌倉의 겐지 군源氏軍에 의해 헤이씨平氏가 야시마의 전투에서 패배하자 해상으로 도주한다. 그리고 1185년 최후의 결전인 시모노세키 앞바다 단노우라壇 /浦에서 헤이씨平氏와 겐지씨源氏가 격돌하여 헤이시군이 패배하여 멸망하기에 이른다. 이때 안덕천황은 죽음을 각오하고, 신새神璽와 보검을 몸에 지닌채 조모인 二位尼(平時子)에 안겨 바다 속으로 뛰어들어 목 숨을 거두었다. 이로써 역대천황 가운데 최연소의 나이인 8세로 사망했다. 이때 3종의 신기 중 신새와 보검이 바다 밑으로 빠졌고, 그 후 신새는 건져 올렸으나 보검은 끝내 찾지 못했다는 설도 있다. 시모노세키시 이자키쵸伊崎町에는 단노우라 전투의 다음날 어 부들의 그물에 안덕천황의 시신이 걸려 인양되어 그의 시신을 일시적으로 안치했다는 오 다비쇼御旅所가 있다.

서쪽 굽은 언덕에 흙으로 무덤을 만들어 놓았는데 이름을 백마총이라 한다. 속에서 전하기를 신라왕이 장수를 보내어 왜국을 공격하매 왜인이 강화하기를 청하여 적간관에 이르러 흰 말을 잡아서 맹세하고 그로 인하여 죽은 말을 묻어서 무덤을 만들어 그 땅에 표를 하였다 한다. 왜인의 풍속에는 무덤의 제도가 없는데 지금 무덤의 모양을 보니 반드시 신라 사람이 만든 것이다.[14]

위의 기록에서 보듯이 신유한은 과거에 일본에 대한 신라의 공격이 있었고, 이에 견디지 못한 일본 측이 백마를 죽여 신라에 화해를 요청한 일이 있으며, 그때 죽인 백마의 무덤이 바로 백마총이라고 설명하면서, 일본인들의 무덤은 우리와 같이 쓰지 않는데, 우리와 같은 무덤이 있는 것을 보니 그것은 틀림없이 신라인들이 만든 것이라고 단언하고 있다. 여기에 보듯이 신유한은 마치 자신이 직접 백마총을 본 것 같이 묘사하고 있다.

그러나 현재 이곳에는 그러한 것이 남아있지 않다. 실제로 있었는지 아니면 도중에 없었는지는 알 수 없으나 그 이후 사행원으로 갔던 남옥의 기록에는 조금 다르게 묘사되어있다. 즉, "백마총은 신라가 왜를 공격하여 적간관에 이르자 왜인이 화해를 청하므로 흰말을 죽여서 맹세하고 말을 묻어서 지금까지 무덤형태가 있다고 한다."[15]고 하는 그의 기술에서 보듯이 백마총의 발생 원인에 대해서는 신유한과 거의 다를 바가 없지만 백마총을 직접 보았다고 하지

14 ·   신유한, 「해유록」, 『해행총재』, 민족문화추진회, 1967, 454쪽.
15 ·   남옥, 김보경 역, 이혜순 감수, 『일관기-붓끝으로 부사산 바람을 가르다-』, 소명출판, 2006, 307쪽.

않고 있는 점에 있어서는 신유한과 입장 차이를 보이고 있다. 즉, 그는 다른 사람들에게서 이러한 이야기를 들었다고 하는 전언의 형식을 취하고 있는 것이다.

이처럼 신라가 일본을 침략하여 굴복시키고, 백마를 제물로 바치게 한 결과 백마총이 생겼다는 이야기는 어디까지 사실인지 알 수가 없다. 그리고 실제로 시모노세키에 백마총이 있었는지도 확실하지 않다. 그에 따라 이것에 대해 역사적인 해석을 가하는 일도 일어난다. 그 대표적인 예가 원중거이다. 그는 자신의 저서 『화국지』에 다음과 같이 묘사했다.

고려 5백년에 관해서는 몽고와 더불어 군사를 연합하여 일본을 정벌한 일 외에는 모두 증거가 없다. 어쩌면 자랑삼아 쓸 만한 일이 없어서 그런 것일까? 그러나 김상락이 재차 와서 공이 있어 끝내는 말을 죽여 맹세를 받고 돌아갔으니, 위세가 이미 떨쳐졌고 왜에 대한 우환 또한 사라졌다. 여기에서 가히 전쟁에 이긴 나라임을 알 수 있으니, 병력과 사람을 얻은 효력이다. 내가 그래서 "김상락金上洛과 이충무는 가히 천추에 함께 제사를 드릴만 하다."고 하였다. 왜를 접한 시작과 끝은 고려사에 나와 있어 여기서는 상세히 적지 않았다. …(중략)… 『연대기年代記』에 이르기를 "응신 22년에 신라의 군대가 명석포에 깊이 들어왔다."고 하였는데, 명석포明石浦는 대판大阪에서 겨우 백리 떨어진 곳이다. 일본인이 화친을 청하여 백마를 죽여 맹세하였으며 적간관의 동쪽에는 아직도 백마총이 있다고 하였다. 이는 아마도 김상락이 재차 들어왔을 때의 일인 것 같으며 신라병이라고 말한 것은 알 수가 없다. 이것은 혹시 고구려를 고려라 말하고 고려병을 혹 몽고병이라고 말한 것과 같이, 기록이 잘못된 것이 아닌가 싶다. 우리나라의 앞 뒤 역사기록에는 모두 백마를 죽였다는 문장이 없으니 알 수가 없다.[16]

여기에서 보듯이 원중거는 신라의 침입사실에 대해 매우 회의적이다. 그렇다고 해서 그러한 사건을 완전 부정하는 것은 아니다. 다만 그는 이 전승이 시대적 착오를 일으켜 여몽연합군의 일본정벌의 역사가 신라로 변형되어 있는 것으로 추정했던 것이다. 그가 말하는 김상락은 김방경을 말한다. 김방경은 원나라의 일본정벌에 두 차례나 참여하여 쓰시마와 잇키의 정벌에 큰 전과를 올린 적이 있다. 원중거가 재차라고 하는 것은 김방경의 잇키 전투를 말한다. 이 전투가 시간의 흐름과 더불어 고려병을 혼돈하여 신라병이라고 한 것으로 보았던 것이다. 여하튼 이것이 조선통신사의 기록에 자주 등장한다는 것은 당시 조선의 지식인층에 있어서는 어느 정도 일반화되어 있었다 해도 과언이 아니다.

이것이 조선 후기 한치윤의 『해동역사海東繹史』에도 영향을 주어 원중거가 열거한 일본사료 『연대기』를 인용하여 "신라병이 일본 깊숙이 침공하여 명석포에 이르렀는데, 대판에서 1백리 떨어진 곳이다. 일본인이 화친을 청하고 백마를 잡아 맹세하였다. 적관의 동쪽인데 지금도 백마총이 있다."[17]라고 기록되었다. 이처럼 신라의 일

16 • 원중거, 박재금 역, 이혜순 감수, 『화국지-와신상담의 마음으로 일본을 기록하다-』, 소명출판, 2006, 172-173쪽.
17 • 한치윤, 『海東繹史』 권41, 교빙지9, 통일본시말, 응신천황 22년조에 "新羅兵功日本深入明石浦, 距大坂百里, 日本人請和刑白馬盟, 于赤關之東至今尙有白馬塚"이라고 서술되어있다. 이 같은 기사는 안정복의 『동사강목』, 이덕무의 『청장관전서』에서도 기록되어있어, 조선 후기 지식인들 사이에서는 신라의 일본의 침공에 관한 지식을 공유했던 것으로 보인다.

본정벌은 민족적 자존심을 높이는데도 이용되었던 것이다. 그러나 원중거와 한치윤이 말하는 『연대기』란 어떤 기록이었는지 분명치 않다. 그렇다고 해서 일본에 신라의 병사들이 오사카 부근까지 공략한 기록이 전혀 없는 것은 아니다. 가령 1348년경(貞和 4)의 문헌인 『봉상기峰相記』에 다음과 같은 실려져 있다.

순인천황淳仁天皇의 시대, 763년(天平宝字 7)에 하리마播磨国 이호군揖保郡 후제코布施郷에서 다리가 5개인 송아지가 태어나서 이를 조정에 자세히 알렸더니, 조정에서는 천문박사天文博士로 하여금 점을 치게 했다. 이는 이적異賊이 침략하여 세상에 큰 혼란을 가져올 징조로 보았다. 과연 그 이듬해 신라가 군선 2만여 척을 거느리고 하리마를 쳐들어 와서 에지마家島, 다카시마高島에 진을 쳤다. 조정은 이에 깜짝 놀랐으며, 후지와라노사다구니藤原貞国에게 이쿠와的라는 성씨를 하사하고 적의 우두머리를 활을 쏘아 죽여라고 했다. 이때 천황은 사다구니를 장군으로 임명하고 "인근지역의 병사들을 모아 이적을 토벌하라. 하리마의 세금은 모두 적을 물리치기 위한 기도를 올리는데 사용해도 좋다."고 했다. 이에 국분사国分寺 동원東院의 천수천안관세음千手千眼観世音과 투구를 쓴 비사문천毘沙門天을 모셔 놓고 홍요대덕弘曜大徳이 승전을 위한 기도를 올렸다. …(중략)… 이때 돌연히 태풍이 불어 이적의 배 732척이 침몰하고 말았다. 이에 일본군은 사망한 적의 우두머리 목을 취해 높은 선반 위에 올려 놓았다. 사다구니는 큰 공적을 세웠기 때문에 하리마 서부지역 5군(赤穂, 佐用, 宍粟, 揖保, 飾磨)의 대령으로 임명되었다. 오오다大田, 후쿠이福井, 이와미石見 등은 사다구니의 영지였으나, 그는 오오다에 살았다. 이곳의 구로오카명신黒岡明神(黒岡神社)은 사다구니를 신으로

구로오카신사

모시고 있으며, 또 그의 후예들은 이쿠와씨(郁氏)라고 하며 이 지역에서 살고 있다.[18]

　여기에서 보듯이 이 이야기는 구로오카신사의 유래를 설명하는 것이다. 이것에 의하면 신라군이 오사카 부근인 하리마 지역까지 침략하였으며, 이를 퇴치하기 위해 일본 측이 천수천안관세음과 비사문천이라는 불보살에게 기원함으로써 바다의 바람을 일으켜 신라의 병선을 침몰시켰다는 것이다.

　이처럼 14세기 일본 측의 문헌에 신라가 오사카 부근까지 침략하는 전승이 있었던 것이다. 원중거는 이러한 이야기가 『연대기』에 있었다고 했다. 그것에 의하면 신라가 일본으로 쳐들어간 것은 응신 応神 22년(222), 다시 말하여 신공의 섭정기라 했다. 이처럼 연대상으로만 차이를 보이며, 내용상으로는 대동소이하다. 이러한 특징은 아

---

18 •　兵庫県史編集専門委員會, 『兵庫県史 史料編 中世4』, 兵庫県, 1989, 36-68面.　·

마도 이 전승이 『봉상기』 및 『연대기』를 비롯한 다른 문헌들에도 기록이 되어 있었을 가능성이 높다는 것을 암시하는 것으로 볼 수 있다. 그 중의 하나인 『연대기』를 원중거가 보고 이같은 전승이 있다는 것을 알았으며, 이는 신라가 아닌 몽고병사였을 것으로 추정하였으며, 그에 비해 한치윤은 내용을 그대로 인정하여 신라가 직접 오사카 부근까지 침략하였다고 하였던 것이다.

이처럼 조선통신사들의 기록에 의하면 백마총에 관한 이야기가 대략 두 가지 유형이 있다는 것을 알 수 있다. 하나는 신라군이 시모노세키지역을 공격하여 일본이 항복하였다는 것이고, 또 다른 하나는 신라군이 오사카 근처 명석포까지 공격하여 일본으로부터 항복을 받아냈다는 것이다. 백마총은 그 결과물이었다. 이러한 전승은 역사적인 사실여부를 떠나서 신라가 그들에게 공포의 대상이었던 시대의 역사를 반영하고 있는 것으로 볼 수도 있다.


## 4. 지역전승에 나타난 신라

시모노세키의 구비전승에 나타난 신라는 전반적으로 적대적이다. 그 대표적인 예로 진린塵輪, 신공황후神功皇后의 전승을 들 수가 있다. 더군다나 그 전승의 대부분이 신사에서 행하여지는 제의의 기원을 설명하는 데 이용되고 있기 때문에 그것이 가지는 전승력은 매우 강하다. 그에 대한 각 실례들을 살펴보기로 하자.

시모노세키의 쵸후長府에는 이미노미야신사忌宮神社가 있다. 그곳은 중애仲哀, 신공, 응신應神 3명을 제신으로 모시고 있으며, 이곳에 신라와 관련된 이야기가 있는데, 그것이 바로 진린의 이야기이다. 진린은 한국 측 기록에는 일체 나오지 않고 일본 측에서만 나타나는 인물이다. 그리고 내용에서 그를 요괴로 묘사하고 있기 때문에 실제로 존재했던 역사적 인물이라고 보기는 어렵다. 야마구치와 이웃하고 있는 시마네현에서는 이를 소재로 가면극의 일종인 가구라神樂를 만들어 공연하기도 한다. 그러한 탓에 동해안과 마주하고 있는 야마구치현와 시마네현의 지역에서는 그의 이름이 제법 많이 알려져 있기도 하다. 그에 관한 이야기를 소개하면 대략 다음과 같다.

중애천황은 반란을 일으킨 규슈의 구마소를 정벌하기 위해 군사를 이끌고 나가토의 토요라豊浦에 와서 진을 치고 있었다. 그때 신라국의 진린이 구마소熊襲를 선동하여 토요라를 공격했다. 천황군은 분전하였지만 검은 구름을 타고 바다를 건너온 진린이 하늘에서 활을 쏘아댔기 때문에 고전을 면치 못했다. 이때 성문을 수비하는 아베노다카마로阿部高鷹, 스케마로助麿의 형제도 차례로 전사하였다. 천황은 크게 분노하여 스스로 활을 쏘아 진린을 맞추어 떨어뜨렸다. 그러자 적군은 용기를 잃고 물러났다.[19]

여기에서 보듯이 진린은 일본을 침략하는 신라의 장수로 묘사되어 있다. 그는 신이한 괴력을 가지고 있어서 검은 구름을 타고 다니며, 하늘에서 화살을 쏘는 인물이었다. 그러므로 그가 이끄는 군대는 천하무적이고, 그에 따라 일본군은 고전을 면치 못했다. 그 결과 아베노다카마로와 스케마로의 형제들이 전사를 했다. 이같이 일본

---

19 •   山口県教育委員会,『山口県文化財概要(5)』, 山口県, 1962, 120面.

이미노미야 신사

이 위기에 처해 있었을 때 중애 천황이 손수 활을 잡아 쏘아 진린을 맞혀 목숨을 잃게 하였고, 그로 말미암아 상황이 역전되어 승리를 일본군이 거두게 되었다는 것이다. 다시 말하여 신라의 진린은 괴력을 가진 훌륭한 무사이지만, 그것을 물리친 중애는 더욱 더 위대하다는 것이다. 이처럼 신라의 진린은 퇴치의 대상으로 묘사되어있다. 이미노미야신사에는 진린의 머리를 묻은 곳으로 추정되는 귀석鬼石이 지금도 전해지고 있다. 귀석이라 함은 진린의 얼굴이 마치 귀신과 같이 생겼다 하여 붙여진 것이었다. 즉, 그는 사람이 아닌 도깨비 오니鬼였다.

　이미노미야신사에는 전승뿐만 아니라 그와 관련된 제의도 있다. 그것이 바로 매년 8월 7일부터 13일까지 개최되는 스호테이마츠리 数方庭祭이다. 그 행사는 진린의 목을 묻었다는 귀석鬼石을 중심으로

이미노미야 신사의 귀석 　　　하마다시浜田市 역 앞 진린을 소재로 한 포스트

행하여진다. 좀 더 구체적으로 설명하자면 제의기간 중에는 매일 밤 7시경부터 본전에서 제의가 있고, 그 이후 7시 30분경부터 9시 30분경까지 제의행사가 펼쳐지는데, 대략 내용은 다음과 같다.

먼저 깃발[幟]과 등롱[切籠]과 큰북과 징 등을 든 사람들이 신사의 정문 도리이鳥居가 있는 곳에서 집결하면 신관의 인도 하에 신사 측의 악사들의 북과 피리 소리에 맞추어서 돌계단을 올라 신사 안으로 들어가 '귀석'을 오른쪽으로 한 바퀴 돌고나서 큰북을 귀석 위에 올려다 놓는다. 그리고 큰 북을 크게 치면 사람들은 일제히 큰소리를 지르며, 남자들은 크고 긴 대나무를 들고 춤을 추고, 여자들은 그것보다 작은 조릿대에 장식물을 단 것을 들고 징과 북소리에 맞추어 귀석을 돌며 춤을 춘다.

과거에는 남자는 칼과 창, 여자들은 기름통을 들고 추었다. 여사들이 기름통을 드는 데는 신공황후가 신라군을 물리치고 개선하는 것을 환영하기 위해 기름통에 불을 붙여 해안으로 나가 맞이한 것에서 유래되었다고도 한다.[20] 이러한 놀이를 에도시대 번주인 모리 츠나모토毛利網元(1650-1709)가 금지를 시켰고, 그 대신 칠석지七夕紙를 붙인 대나무에다 등롱을 달고, 또 창과 칼 대신에 대나무를 드는 것으로 대체하였다고 한다.[21]

이러한 수호테이가 본래는 신공황후와 무관함은 두말할 나위가 없다. 그렇지만 그 기원에 대해서도 정확히 알려진 바가 없다. 그러한 가운데 미야모토 쯔네이치宮本常一는 호오쿠쵸豊北町의 다스키田耕 지구와 도노이殿居 마을에서는 에도시대에 가뭄이 들면 지역민들은 신사에 찾아가 빙빙 돌면서 수호테이를 행하였다고 한다. 이것으로 미루어 원래는 기우제를 지내기 위한 예능이라고 보았다.[22] 그에 비해 고쿠부 나오이치國分直一는 한국의 소도와 같은 계통의 행사에서 시작된 농경적 의미를 지닌 제의가 훗날 하치만八幡신앙과 진린설화에 부합되어 생겨난 것이라고 보았다.[23]

한편 '수호테이'라는 말의 기원에 대해서도 명확하지 않다. 일설에는 옛날 이미노미야忌宮에서 행하여진 염불강습인 수법정修法庭에서 생겨난 말이라는 설도 있고,[24] 또 '수보정数宝庭'이라고 쓰고 다산을 의미하는 말로도 해석되기도 했다. 민간에서는 후자의 설이 받아

20 ·  下関市教育委員会, 『下関民俗歳時記』, 下関市, 1979, 142面.
21 ·  下関市教育委員会, 『下関民俗歳時記』, 144面.
22 ·  宮本常一, 財田司一『日本の民俗(35)-山口-』, 第一法規社, 1974, 163面.
23 ·  国分直一, 「長府忌宮神社の数方庭行事をめぐる問題」, 『地域文化研究所紀要(1)』, 梅光女学院大学, 1985, 15面.
24 ·  下関市教育委員会, 『下関民俗歳時記』, 142面.

수호테이를
준비하는
이미노미야신사

들여져 남자아이가 태어나면 큰 깃발[大幟]이 달린 큰 화살[大矢]을,
여자아이가 태어나면 우아한 칠석장식을 한 등롱을 들고 참가한다
고 한다. 그리고 제의기간 중에 3번을 참석하면 무병장수, 가내평
안, 사업번창 등을 소원이 이루어진다 하여 많은 지역민들이 참가하
고 있다.

이러한 수호테이가 현재 시 지정 무형문화재로 지정되어있지만,
그 속에 흐르는 이야기의 기본틀 속에는 일본을 공격하는 신라가
있다. 즉, 진린 전승과 수호테이 마츠리에서 보듯이 신라는 일본을
공격하여 위협하는 세력으로 퇴치의 대상으로 묘사되어있는 것이다.

일본인을 괴롭히는 신라의 요괴에 관한 이야기는 도요라쵸豊浦
町의 아츠모厚母에도 전해진다. 아츠모에는 오니가죠鬼ヶ城라는 옛
산성터가 있었다. 이곳에 전해지는 신라의 요괴 우시오니에 대해
지역의 오토시신사大歳神社의 전승은 다음과 같이 서술하고 있다.

62대 무라가미村上천황 때 신라국의 우시오니라는 자가 큰 돌로 산에 성을 쌓고 살면서 주민들을 괴롭혔다. 한편 오오토시신사의 궁사 가미베 진자에몬上部甚左ㅗ門에게 타마나玉菜라는 예쁜 딸이 있었다. 매일 밤 진자에몬의 집을 엿보는 자가 있었는데, 그는 바람처럼 나타났다가 바람처럼 사라지곤 하여 분명히 요괴라고 생각했다. 959년(大德 2) 10월 14일의 밤이었다. 진자에몬은 활을 준비하고 창틈으로 요괴가 나타나기를 기다렸다가 요괴가 나타나자 요괴의 큰 눈을 겨냥하여 활을 쏘았다. 그러자 요괴가 화살에 맞아 집이 흔들릴 정도로 큰 비명을 지르면서 도망쳤다. 진자에몬은 사람들과 함께 이를 추적하였더니 우시오니牛鬼가 왼쪽 눈에 화살을 맞아 죽어 있었다. 아츠모에는 우시오니 숲牛鬼森이라는 곳이 있는데, 이곳은 우시오니의 시신을 묻은 곳이라 한다. 그런데 이곳에는 한쪽 눈만 있는 모기들이 서식하고 있는데, 이는 우시오니의 원령이 다시 태어난 것이라 한다.[25]

우시오니牛鬼

여기에서도 일본인을 괴롭히는 괴물은 신라에서 건너간 우시오니牛鬼로 되어있다. 우시오니는 얼굴은 도깨비, 몸은 소로 되어 있는 괴물로서, 그에 관한 이야기는 비단 이곳에만 전해지는 것이 아니라, 오카야마, 에히메, 도쿠야마 등 주로 서일본지역에 널리 분포되어있다. 이러한 괴물이

---

25 • 西山勇,「伝説から見た鬼ヶ城」,『郷土史談(1)』, 夾竹桃書屋叢書第一輯, 1965, 99面.

신라와 관련을 가지고 있는 것이다.

한편 이곳의 우시오니는 신라에서 온 것이 아니라 교토에서 온 것이라는 전승도 있다. 가령 미나모토 라이코源賴光가 요괴인 슈텐동자酒呑童子를 퇴치하였을 때, 그의 부하로 있던 하은귀霞隱鬼가 서쪽으로 도망쳐 시라기츠산白橘山에 살면서 주민들을 괴롭혀, 당시 군사郡司였던 타이라노 사다히라平貞衡가 이를 퇴치하여, 하은귀의 목을 베어 쇠창살에 꽂아서 사람들에게 공개했다고 한다. 그 후 시라기츠잔을 오니가죠鬼ヶ城라 하게 되었다는 전승이 있는 것이다.[26]

그러나 우시오니의 거주지가 오니가죠이며, 그곳을 과거에는 시라기츠산이라 했다는 사실에 유의할 필요가 있다. 즉, 미즈가미 가오루水上勳는 '시라기츠'는 다름 아닌 신라를 나타내는 '시라기'에서 와전된 것이라 해석하고 있기 때문이다.[27] 이러한 해석은 매우 설득력이 있어 보인다. 왜냐하면 우시오니에 관한 전승은 타 지역과 서로 주고받는 영향관계에서 성립될 수 있지만, 그 전승이 시라기츠잔과 관련이 된 것은 한국과 관련이 있는 것으로 보이기 때문이다. 즉, 위의 설화가 배경으로 하고 있는 959년은 신라가 아닌 고려시대이다. 실제로 시라기츠잔에는 1281년 몽고군이 일본을 침략하였을 때 태풍이 불어 그 일부가 시모노세키 지역으로 밀려서 상륙하여 그곳에서 주둔한 적이 있다. 그 몽고군에는 고려군도 속해 있었다. 이들은 생존을 위해 인근 부락민들에게 피해를 주었던 것이다.[28] 이지역의 방언에 우는 아이에게 "울면 '곤고오'가 잡아간다."고 말하는

---

26 • 宮本正章, 「長門の鬼伝説」, 『近畿民俗(129.130号通巻)』, 近畿民俗学会, 1992, 43-44面.

27 • 水上勳, 「〈塵輪〉〈牛鬼〉伝説考 - 〈新羅〉來襲伝説と瀬戸内の妖怪伝承」, 『帝塚山大学人文科学部紀要(18)』, 帝塚山大学人文学部, 2005, 34面.

28 • 松岡利夫, 古川薫, 『日本の伝説(35) 山口の伝説』, 角川書店, 1979, 79面.

데, 이때 곤고오는 원구 즉, 몽고군을 지칭하는 말이다. 또 이 지역
에서 걸음이 빠른 자를 보고 '고쿠레모구레'라고 하는데, 고쿠레는
고구려(고려), 모구레는 몽고를 뜻하는 말이었다. 이처럼 이곳의 우
시오니라는 괴물은 몽고군이었다. 이것이 시간이 흐르면서 몽고에
대한 기억이 사라지고, 그 자리에 신라가 자리를 잡게 됨으로써 몽
고는 신라로, 우시오니는 신라에서 건너간 요괴가 되었던 것이다.
이처럼 시모노세키지역에 있어서 신라의 부정적인 이미지는 뿌리
깊게 박혀 있었던 것이다.

　신라의 이미지가 부정적으로 묘사되는 또 하나의 전승이 있다.
그것은 시모노세키 앞바다에 위치한 만쥬滿珠, 간쥬干珠라고 하는 조
그마한 두 개의 섬이 발생한 이유를 설명하는 이야기이다. 그런데
내용은 구술자에 따라 내용이 조금씩 다르다. 먼저 14세기 초의 문
헌인 『팔번우동훈八幡愚童訓』에 수록되어 있는 내용을 간략히 정리
하여 소개하면 다음과 같다.

　중애천황仲哀天皇 치세 때의 일이다. 이국異国이 공격해 왔다. 천황
　은 나가토의 도요라까지 와서 맞서 싸우다가 그만 전사하고 말았
　다. 그 후 아마테라스天照大神가 신공황후에게 "삼한이 공격해오기
　전에 이쪽에서 먼저 쳐들어가라."는 탁선이 있은 후에 스미요시대
　명신住吉大明神이 나타났다. 황후는 48척의 배를 만들었다. 스미요
　시신이 "항해사로는 히타치常陸国의 바다 밑에 사는 아즈미 이소라
　安曇礒良(이하 이소라로 약함)가 적합하다."라고 하여 황후가 그를 불렀
　으나 좀처럼 오지 않았다. 그리하여 스미요시신이 스스로 손뼉을
　치며 가구라神楽를 개최했다. 그러자 이소라가 서둘러 버선을 신고
　각반脚半을 차고 거북이를 타고 히타치에서 토요라까지 서둘러 왔

다. 그는 못생겼기 때문에 소매로 얼굴을 가리고 목에는 북을 걸고 세이노오細男라는 춤을 췄다. 황후는 여동생 도요히메豊姫를 보내어 고우라대명신高良大明神과 바닷길 안내자 이소라와 함께 용궁을 다녀올 것을 명하였다. 일행 3명은 바다의 용왕으로 부터 간쥬와 만쥬를 빌려왔다. 이소라는 치쿠젠筑前国에서는 가시마대명신鹿島大明神, 히타치에서는 가시마대명신, 야마토大和国에서는 가스가대명신春日大明神이라 한다. 모두 다른 이름으로 되어있지만, 실은 동일한 신이다. 신공황후는 군선을 이끌고 적국으로 향했다. 항해사는 시카시마대명신志賀島大明神, 대장군은 스미요시대명신住吉大明神, 부장군은 고우라대명신이다. 적은 대군이었다. 그러나 황후는 간쥬와 만쥬를 이용하여 적을 익사시키고 승리를 거둘 수 있었다.[29]

이상의 설화에서 나타나는 특이성은 중애가 이국과의 전쟁에서 전사하는 것으로 되어있다는 점이다. 여기서 이국이란 신라를 의미함은 위의 진린설화를 보더라도 알 수 있다. 다시 말하자면 진린설화에서는 그가 승리한 것처럼 묘사되어있지만,『팔번우동훈』에서는 그와 반대로 전사한 것으로 되어있는 것이다. 이러한 위기상황에서 신공은 스미요시신과 이소라의 도움을 얻어 해신으로부터 주력의 구슬을 2개 얻어 신라를 정벌하였다는 것이다.

이러한 전승으로 말미암아 관문해협을 두고 시모노세키와 마주보고 있는 모지門司에 메카리신사和布刈神社가 생겨났다. 신사의 전승에 의하면 그 신사는 중애 9년 신공황후가 신라를 정벌하고 돌아오는 길에 승리를 가져다 준 이소라에게 감사의 뜻을 표시하기 위하여

29 •  桜井徳太郎 外,「八幡愚童訓」,『寺社縁起』, 岩波書店, 1975, 170-176面.

메카리신사

스스로 제주祭主가 되어 창건한 것으로 되어있다. 이러한 문헌설화가 오늘날 전해지는 민간전승에서는 다음과 같이 전해진다.

옛날 신공황후가 삼한을 정벌할 때의 일이다. 지금 시모노세키의 쵸후에 임시거처를 정하고 전승기원을 올렸다. 그러자 바다에서 스미요시신住吉神이 나타나 용신에게서 '간쥬, 만쥬'를 빌리라는 신탁이 있었다. 이 두 개의 구슬은 바닷물을 마음대로 조절하는 신기로운 것이었다. 제일 먼저 상대해야할 신라의 수군이 대거 일본으로 공격해왔다. 이에 신공은 바다를 향해 간쥬를 던졌다. 그러자 곧 바다는 말라버렸고, 신라군은 어쩔 수 없이 배를 버리고 걸어서 공격해왔다. 그리고 그들이 육지에 오르려고 하였을 때 황후가 해안을 향해 만쥬를 던졌다. 그러자 이번에는 순식간에 바닷물이 차서 신라군들이 빠져죽었다. 그 후 황후는 신라를 공격하여 승리를 거두었고, 나가토로 돌아와서 용신에게 감사드리며 전승축하의 의식을 올렸다.

그리고 두 개의 구슬을 용신에게 돌려주기 위해 바다 속으로 조용히 물속으로 집어넣자 그곳에서 두 개의 섬이 떠올랐다. 그것이 바로 시모노세키 앞 바다에 떠있는 '만쥬·간쥬'의 섬이다.[30]

이상에서 보듯이 내용은 『팔번우동훈』과 큰 차이는 없다. 그러나 세부적인 면에 걸쳐서는 상당한 부분이 다르게 묘사되고 있다. 첫째로 중애의 전사 장면이 없다는 것이고, 둘째는 아마테라스의 탁선요소가 보이지 않으며, 셋째는 이소라의 이야기도 없으며, 넷째는 스미요시 신의 역할이 강조되어있다는 점이다. 여기서는 신라정벌의 정당성을 아마테라스의 신탁에서 찾고, 또 의도적으로 이소라를 배제하고 스미요시 신을 부각시키려고 한 것 같은 느낌을 지울 수 없다. 실제로 시모노세키에는 스미요시신사住吉神社가 있다. 그것도 지역을 대표하는 이치노미야一宮이다. 신사의 유래도 중앙의 기록인 『일본서기』에 기록되어있다. 그것에 의하면 삼한정벌 때 신라로 향하는 신공에게 스미요시 신이 신탁하여 항해안전을 지켰으며, 귀국한 이후 이 신은 "나의 영혼荒魂을 아나토의 야마다무라山田邑에 모셔달라."고 재차 신탁을 했다.[31] 그것으로 인해 아나토노아타에혼다치穴門直践立를 제주로 삼고 그 자리에 신사를 세운 것이 바로 스미요시신사라는 것이다.

이처럼 구비전승에서는 이소라를 강조한 『팔번우동훈』보다는 중앙의 기록인 『일본서기』를 우선하고 있음을 알 수 있다. 그렇게 함으로써 시모노세키가 아닌 모지에 있는 이소라보다는 시모노세키

---

30 · 下関市教育委会,『下関の伝説』, 下関市, 1971, 100-101面.
31 · 中村啓信 校注,『日本書紀註釋(上)』, 194面.

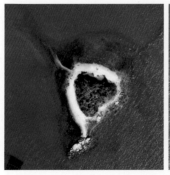

간쥬                                    만쥬

에 있는 스미요시의 역할을 높게 평가하는 데도 유리하다고 할 수
있다. 다시 말하자면 지역사회를 우선으로 한 것이었다.

　이와 같이 두 전승이 차이를 보이고 있음에도 불구하고, 막강한
신라군의 공격을 막기 위해 용신으로부터 만쥬, 간쥬를 얻어 신라
수군을 물리치고, 시모노세키를 출발하여 신라로 가서 전쟁에서 승
리를 거두었다는 것은 공통적이다. 다시 말하여 그들의 신라정벌은
자신이 결정한 것이 아니라 일본을 공격한 신라에 그 원인이 있다
고 말하고 있는 것과 같은 것이다. 여기에서도 신라는 그들에게 있
어서 공격과 퇴치의 대상이었던 것이다.

　그러나 여기에 등장하는 신공도 역사적으로 실재한 인물로 보기
힘들다. 어디까지나 신화상으로 존재하는 가공적인 인물임은 틀림
없으나, 8세기 문헌인 『고사기』와 『일본서기』 및 『풍토기』에는 인
기리에 자주 등장하고 있기 때문에 전국적으로 잘 알려져 있는 그녀
를 지역과 결부시켜 만쥬와 간쥬 두 섬의 발생기원을 설명하였던
것이다.

　신공이 해신으로부터 구슬을 얻는 이야기는 이곳 특유의 전승은

아니다. 이미 8세기 문헌인 『토좌국풍토기土佐國風土記』에 의하면 신공이 신라에 가기에 앞서 백석을 하나 얻었는데, 둥그런 모양이 마치 계란과 흡사하였다. 이를 황후가 손바닥에 올려놓으니 사방으로 빛이 났다. 이에 황후는 크게 기뻐하면서 좌우 대신에게 이르기를 "이것은 해신이 헌상한 백진주白眞珠이다."라고 했다[32]는 기록에서도 찾아볼 수가 있다. 이처럼 고대로부터 신공에게 협력하는 해신의 이야기가 있었다. 이를 시모노세키의 전승이 그대로 수용하고 있는 것이다.

시모노세키의 신공황후전승은 이것으로 끝이 아니다. 곳곳에 신공황후의 전승이 남아있다. 가령 스미요시신사에는 신공이 신라의 정벌에서 귀국할 때 가지고 왔다는 종을 보관하고 있으며,[33] 또 신공이 신라에서 돌아왔을 때 전쟁에서 패배한 고려국왕(신라왕)의 원령이 거대한 새로 변하여 일본으로 날아와 사람과 가축들에게 막대한 피해를 끼쳤으므로 스미요시신住吉神이 활을 쏘아 맞추어 떨어뜨렸다는 전승이 있는 것이다.[34]

스미요시신사의 신라종

32 • 吉野裕 譯, 『風土記』, 333面.

33 • 사실은 임란과 정유의 왜란 때 약탈하여 가져간 고려 초기에 제작된 한국의 범종.

34 • 水上勳, 「〈塵輪〉〈牛鬼〉伝說考 - 〈新羅〉來襲伝說と瀨戶內の妖怪伝承」, 『帝塚山大学人文科学部紀要(18)』, 24面.

그 뿐만 아니라 호오쿠쵸에 그녀를 신으로 모시는 신공황후신사도 건립하였다. 전승에 의하면 이 신사의 건립은 몽고군이 도이가하마土井ヶ浜에 쳐들어왔을 때 이를 막기 위해 집권執権 호죠 도키무네北條時宗가 군대를 보냈다. 이들은 몽고군과 힘든 싸움을 하고 있었다. 이때 막부군은 신공황후가 외국(신라)을 정벌했다는 고사에 의거하여 제물을 준비하고 정성껏 제사를 지냈더니 그 가호가 나타나 무사히 몽고군을 격퇴할 수 있었다는 것이다. 그리하여 그는 은혜에 보답하는 의미로 1288년(正應元) 정월 29일부터 공사하기 시작하여 그해 7월 10일에 신사를 완성시켰다고 한다.

이미노미야의 사카마츠 소나무

신공황후의 전승은 이미노미야 신사의 경내에도 남아있었다. 신사의 경내에 사카마츠逆松이라는 소나무가 있는데, 이것은 신공이 남편을 잃은 후에 신라로 출발하기 앞서 7일 밤낮으로 천지신명에게 기도를 올리고 한 그루의 소나무를 거꾸로 심고서 전쟁 승리에 대한 점을 쳤다는 전승이 있는 것이다.

이처럼 신공황후의 전승은 시모노세키의 전역에 걸쳐 분포되어있다고 해도 과언이 아니다. 그 뿐만 아니다. 신공과 관련된 제의적 금기신앙도 시모노세키에 전해지고 있다. 그것이 바로 이미노미야신사의 '오이미사이お忌祭'이다. 이는 12월 7일부터 15일까지 경내에 금줄을 치고 일반인들의 출입을 금지시키고, 사제자들은 외출이 일체 금지되는 등 엄격한 금기생활에 들어간다. 그러므로 이 시기는 일반인들의 신사참배가 허용되지 않

는다. 그 유래가 신공의 신라정벌과 관련이 있는 것이다. 즉, 중애천황이 신라를 정벌할 때 도요라에 거처를 두었다. 그러나 천황은 병으로 사망하고, 그 뒤 신공이 제궁齊宮을 세우고 그곳에서 7일 밤낮 머물며 신라에 군대를 보내는 것이 좋은지 신에게 기도를 올린 뒤에 신의를 물어서 결정하였는데, 이것이 기원이 되어 '오이미사이'가 생겨났다고 설명하고 있다.

그러나 이와 같은 금기가 이노미야신사에서만 치러지지는 않는다. 인근의 스미요시신사, 요시미우바야신사吉見乳母屋神社, 요시모吉母의 와카미야신사若宮神社에서 같은 행사가 행하여지고 있는 것이다. 이처럼 '오이미사이'라는 금기는 시모노세키의 전체적인 신앙이었던 것이다.

이들의 설명에 의하면 금기생활은 다음과 같다. 제1, 2, 3일은 신들이 준비하는 날, 제4일은 신들이 백마를 타고 바닷물을 뜨러 가는데, 그때 집집마다 들러 출입문 입구에 서서 모두가 조용히 하며 근신하고 있는지를 묻는 날, 그리하여 입문일立聞日이라 한다. 제5일은 신들이 집의 문틈으로 집 안을 들여다보는 날, 제6일은 조용히 지내지 않은 자에게 화살[忌矢]을 쏘는 시방일矢放日이다. 그러므로 이 기간 동안은 신사의 사제자들 뿐만 아니라 지역주민들도 금기생활을 해야 한다. 가령 밤에 문을 빨리 닫고, 바깥으로 불빛을 새어 나오지 않게 하고, 변소를 수리해서도 안되고, 게다(나막신)의 끈도 바꾸어서도 안되고, 가무를 즐겨서도 안된다. 외출금지, 야외의 일, 빨래 등을 하지 않는다. 이를 지키지 않으면 반드시 흰 화살을 맞고 병에 걸린다고 한다. 금기를 어기고 밤에 빨래를 하거나, 부부가 바닷가로 나가 미역을 따고 돌아오다가 신의 벌을 받아 돌이 되었다는 전승이 있다.[35]

이상의 금기 내용에서 보듯이 이 기간은 신들이 찾아오는 시기였다. 그러므로 그것을 위해 금기를 지키면서 야단법석 떨지 않고 행동을 조심하여 지내며 신들을 엄숙히 맞이하고 대접하여 보내는 행사이었다. 다시 말하여 종교적인 금욕기간이었던 것이다. 그러므로 그것의 기원이 신공이 신라정벌을 위해서 신탁을 구했던 기도에서 시작되었다고 보기 어렵다. 오히려 이 지역의 신사에서 원래 행하여졌던 금욕기간의 유래를 언제부터인가 신공과 관련 지어 설명한 것에서 비롯되었을 것으로 보인다. 그러나 그것이 신공의 신라정벌에서 시작된 것은 아니지만 이 제의에서 나타난 신라의 이미지는 결코 좋은 것이라 말할 수 없는 것은 위의 진린설화와 마찬가지라 할 수 있을 것이다.

시모노세키에는 다게히사武久, 요시모吉母, 단노우에壇の上라는 지명이 있다. 이곳들도 모두 신공황후의 신라정벌담과 관련되어있다. 즉, 다게히사는 신공이 이곳에서 전승을 기원한 곳으로 알려져 있으며, 그리하여 '무운장구武運長久'라는 의미에서 축약되어 다게히사가 되었다고 한다.[36] 그리고 요시모는 신공이 신라에서 돌아와 이곳에 도착하였을 때 해안에 바닷물과 함께 밀려든 해초를 모아서 누울 곳을 만들고 응신천황을 낳았다. 그리하여 이곳을 해초를 모은다는 의미의 말인 요세모寄せ藻라는 이름으로 불렀는데, 이것이 점차 발음이 변하여 오늘날의 요시모吉母가 되었다는 것이다.[37] 그리고 쵸후 지역의 단노우에란 지명은 신공이 신라로 출전할 때 이곳에서 단壇을 쌓고 신들을 권청하였기 때문에 생겨난 지명이라 했

35 · 下関市教育委員會, 『下関の伝説』, 100-101面.
36 · 下関市立図書館 編, 『下關の地名』, 下関市, 1976, 73面.
37 · 下関市立図書館 編, 『下關の地名』, 123-124面.

다.[38] 이 세 곳의 지명유래설화는 후세에 부회된 것임은 두말할 나위가 없다. 이들의 공통점은 신공황후의 신라정벌담이 사용되고 있다는 점이다. 여기에서도 신라는 일본에게 정벌당하는 존재로서 나타나 있는 것이다.

이상에서 본 바와 같이 시모노세키의 전승에서 신라는 극히 일부를 제외하고는 대부분이 부정적인 이미지로 나타나 있다. 도대체 무엇 때문에 신라는 부정적인 이미지를 가지게 된 것일까? 그 핵심에는 진린의 일본공격담과 신공의 신라정벌담이 자리 잡고 있기 때문이다. 그러한 데에는 다음과 같은 세 가지 이유가 있다고 생각한다.

첫째는 신라와 적대적이었던 역사적인 사실의 반영으로 볼 수 있다. 여기에는 또 두 가지 견해가 있을 수 있다. 하나는 신라의 통일전쟁 때 일본이 백제를 구원하기 위해 군사를 대거 파견하였으나, 참혹하게 패배로 끝나고 만 사건이다. 이로 인해 일본은 신라에 대한 공포가 팽배했던 시기가 있었고, 그 기억들이 반영된 결과 괴물의 모습으로 일본을 공격하는 진린, 우시오니, 거대한 새 등의 설화가 탄생했고, 또 그것을 중애와 신공 그리고 스미요시 신이 물리쳤다고 함으로써 신라에 대한 공포심을 극복하려고 한 것으로 추정된다. 다른 하나는 가미가이토의 견해로 신공의 신라정벌담은 신라침략의 실패로 약화된 시모노세키의 이도츠히코왕국의 타도전쟁이었다고 보는 해석이다.[39] 즉, 신공의 신라정벌은 바다 건너에 있는 신라가 아니라 시모노세키에 있었던 신라의 분국이었다는 것이다. 이 중 전자의 해석은 실제로 있었던 역사적인 사실을 바탕으로 하고

---

38 • 下関市立図書館 編, 『下關の地名』, 93面.
39 • 上垣外憲一, 『倭人と韓人』, 137面.

있지만, 후자의 이도츠 왕국설은 새로운 가설에 불과하기 때문에 그 실재성을 증명하는 데는 앞으로 시간이 필요하다. 그러나 이 두 가지 해석의 공통점은 신라와 일본 간에는 대립과 갈등의 역사가 있었으며, 그것이 시모노세키의 신라전승에 반영되어있다는 점에 있어서는 서로 공통된다.

둘째는 신공황후의 신라정벌담이 재생산되고 있다는 점이다. 이러한 증거는 우시오니의 오니가죠와 신공황후신사의 연기설화에서 찾을 수 있다. 이 두 곳은 몽고군의 일부가 시모노세키의 도이가하마에 상륙하여 시라기츠산에 주둔하였을 때를 배경으로 하고 있다. 몽고군은 생존을 위해 지역민들에게 피해를 입혔고, 또 이를 물리치기 위한 전투가 벌어졌다. 이러한 기억이 신공의 신라정벌담과 연결되어 몽고군의 기억은 사라지고 그 자리에 신라의 공격만이 남아있는 것이다. 즉, 외국으로부터 침입 또는 위기가 닥치면 신공의 신라정벌담이 재생산되며, 그것으로 인해 신라에 대한 부정적인 이미지가 확대되어지는 것이다. 이러한 것으로 보아 시모노세키 곳곳에 산재되어있는 많은 신공관련 전승과 민속은 고대가 아닌 몽고군의 침입으로 인해 생겨난 것일 가능성이 높다.

셋째는 신라의 이미지 고착화는 『기기』의 영향도 배제할 수 없다는 점이다. 왜냐하면 신라를 퇴치하는 이야기의 시대적 배경이 모두 중애와 신공의 시대로 되어있기 때문이다. 이 시기에 『기기』 모두 신공의 신라정벌담을 기록하고 있는 것이다. 그럴 가능성은 실제로 채집된 민담에서도 엿보인다. 가령 1991년에 펴낸 『야마구치현山口県의 민화民話』에는 시모노세키에 거주하는 구로세 케이코黒瀬圭子씨로부터 채집된 이야기가 실려져 있다.[40] 그 내용을 보면 대부분의 내용이 『기기』에 수록된 신공의 신라정벌담과 거의 차이가 없다. 다른 것이 있다면 스미요시 신이 등장하여 아즈미 이소라를 시켜 만쥬와 간쥬의 구슬을 용신에게 구하여 신라를 공격하는 부분의 이야기가 덧붙여져 있을 뿐이다. 다시 말하여 이들의 전승은 중앙의 신라정벌담에 관한 지식을 얻어 그것을 기반으로 자신들의 지역적인 요소를 첨가하여 만든 것으로 볼 수 있다. 그 결과『기기』의 기록과 크게 벗어나지 않는 가운데 지역적인 특성을 살리는 하나의 구비전승을 이룩하였다고 볼 수 있다. 이러한 추론이 가능하다면 이들의 신라에 대한 이미지는 실제로 있었던 패배의 역사와 중앙의 기록인『기기』의 신라정벌담의 영향이 복합되어 형성되었다고 할 수 있을 것이다.

## 5. 시모노세키의 신라관

야마구치현 시모노세키는 옛날부터 한반도와 일본열도 사이에 창구역할을 했던 곳이다. 그러므로 특히 이곳은 우리나라와 관련된 유적지 및 이야기들이 많이 남아있다. 해방 전 관부연락선이 드나들던 곳도 이곳이며, 지금도 부산에서 저녁에 배를 타면 아침 일찍 도착하는 곳이 바로 시모노세키이다. 그러므로 자연스럽게 코리안타운이 생겨났고, 한국과 일본을 오가며 보따리 장사를 하는 아줌마들도 쉽게 눈에 띄는 것도 시모노세키 풍경의 특징 중 하나일 것이다. 시모노세키에 있어서 신라와 관련된 전승은 국내자료로서는 조선통신사들의 사행록, 그리고 일본측에는『기기』및『풍토기』등과 같은 고문헌을 비롯한 현재 신사의 제의와 민간전승에 산재해 있었

---

40 ·  日本児童文学者協会 編,『山口県の民話』, 偕成社, 1991, 196-203面.

다. 이러한 자료들을 검토한 결과 그 속에 신라인은 다음과 같이 묘사되고 있음을 알 수 있었다.

첫째는 시모노세키에 일찍부터 신라인들의 거주지가 있었다는 점이다. 히코시마의 이도츠히코 왕국, 하타오의 하타씨, 가메야마하치만궁의 신라인 이발사 이야기 등이 그 좋은 예이다. 둘째는 신라가 일본을 침략하는 공포적인 존재라는 점이다. 그 단적인 예가 조선통신사 기록에서 보이는 백마총 이야기, 그리고 일본측 자료에 나타난 진린과 우시오니, 거대한 새의 전설이다. 이러한 전승은 모두 신라가 일본을 공격하여 위협하는 존재로서 묘사되어있는 것이다. 셋째는 신라가 공격과 정벌의 대상이라는 점이다. 그 예가 만쥬, 간쥬의 발생신화, 그리고 이미노미야신사의 스호테이 마츠리일 것이다. 넷째는 신라가 새로운 기술문화의 발생지라는 인식이 있다는 점이다. 그 예가 일본인 최초의 이발사에게 기술을 전달하는 신라인 이발사 이야기이다. 이처럼 신라는 일본을 공격하는 위협적인 존재이며, 그에 따라 퇴치와 정벌의 대상이었던 한편 새로운 문화의 발상지였던 것이다.

전체적으로 시모노세키의 전승에서는 반신라적인 자세를 취하고 있다. 여기에 신화상으로 가장 큰 이론적 토대를 제공하고 있는 것이 신공황후의 신라정벌담이다. 이것은 고대의 문헌인『기기』에 기록으로 고착화되어 있는 것이 아니라, 몽고군의 일본침략과 같이 외부로부터 위기가 초래되면 언제나 재생산될 가능성이 높다. 그것이 반복되면 될수록 신라의 이미지는 나빠질 수밖에 없다. 현재 시모노세키는 부산과의 자매결연을 맺고 서로 우호관계를 유지하고 있다. 이 관계가 악화의 일로를 걷는다면 다시 신공의 전승과 신앙이 되살아날 가능성도 없지 않다. 이 점을 양국이 주의를 해야 할 것이다.

# 제8장
# 신라에서 건너간 일본의 곡모신

## 1. 사히메라는 곡모신

일본의 시마네현島根縣은 동해안을 바라보고 있는 지역으로 고대로부터 현대에 이르기까지 바다를 통해 우리와 많은 인적 교류가 있었던 곳으로 유명하다. 현재 한일 모두 국경 문제로 첨예하게 대립하고 있는 독도를 우리는 경상북도의 일부로 보고 있다면, 일본은 시마네현의 부속도서로 보고 있다. 이처럼 시마네현은 긍정적이던 부정적이던 간에 동해를 사이에 두고 한일 간의 경계적 성격을 띠는 곳이었다. 그러한 탓인지 이 지역의 구비신화와 신사는 한국과 관련된 것들이 많이 산재해 있다.

필자는 여기에 관심을 두고 몇 차례나 예비조사를 거친 후 2011

년 8월에 10일 가량 본격적으로 이 지역을 중심으로 한국과 관계가 있는 신화와 신사를 조사를 한 바가 있다. 그 결과 많은 신화전승을 모을 수가 있었다. 시마네현은 크게 나누어 이와미石見, 이즈모出雲, 오키隠岐의 3지역으로 나눈다. 그 중 이와미의 전승으로서 우리의 흥미를 끄는 것이 하나가 있었다. 그것은 다름 아닌 이 지역의 곡모신에 관한 신화이다. 지역민들에 의하면 그 신의 이름은 사히메佐比賣라 하는데, 그 신의 고향이 한국이라는 것이었다.

곡모신에 관한 전승은 신화학에서도 매우 중요하게 다루고 있는 연구 테마 중의 하나이다. 왜냐하면 그것은 농경문화의 기원을 설명해주고 있기 때문이다. 더군다나 그 신의 고향이 한국이라는 사실만으로도 우리들의 관심을 끌기에 충분했다. 이에 본장에서는 그 신화의 내용과 특징을 살펴보고 무엇을 가지고 그들이 여신의 고향을 한국이라고 하는지에 대해 살펴보는데 그 목적을 두었다.

지금까지 한일의 신화학계에서는 곡물기원신화에 대한 관심도가 높아 양국 간의 비교 연구도 활발하게 이루어지고 있다. 그 대표적인 예가 한국에서는 김기호, 권태효, 강진옥, 그리고 일본에서는 오바야시 타료大林太良, 나가타 나츠키長田夏樹 등의 연구가 있다. 그 중 김기호는 일본의 곡모신 모티브는 한국에서 도래한 곡모신 모티브를 기본구조로 하고 있다는 것을 지적하면서, 그것은 한국의 밭곡식 문화를 반영하는 곡모신 전승이 서해안을 따라 남하하면서 수도경작문화를 수용하고, 그것이 일본으로 전파됐기 때문이라고 해석했다.[1] 그에 비해 강진옥은 일본은 한국에 비해 사체화생형과 여성

---

1 ·     김기호, 「신화에 나타난 곡모신 모티브의 성격과 고대 한국 농경문화」, 『한국사상과 문화 (22)』, 한국사상문화학회, 2003, 316쪽.

신격이 강조되었다고 보았다.[2] 또 권태효는 한국이 곡물기원을 외부에서 찾고 있다고 한다면, 일본은 배설 및 사체화생에서 기원을 찾고 있는 특징을 보이고 있다고 했다.[3]

여기에 비해 일본의 오바야시 타료는 곡물기원신화로서 한국의 주몽신화를 보았을 때 그것은 유럽의 데메테르와 일본의 아마테라스를 잇는 중간자적인 성격을 지니고 있으며, 또 제주도의 표착형 곡물기원신화는 동중국 연안문화를 나타내는 것이라고 해석했다.[4] 이에 비해 나가다 나츠키는 보리, 피, 조, 콩 등의 어휘가 한일공통 어형이기 때문에 일본의 농경기원은 한반도에서 전래된 것이라고 보았다.[5]

이상 일련의 연구에서 보듯이 비교신화학적인 관점에서 다양하게 한일양국의 곡물기원신화에 대한 비교연구가 진행되고 있다. 그러나 이들의 연구는 상호영향관계와 신화의 구조적인 특징을 규명하는데 초점이 모여져 있다. 김기호, 오바야시, 나가다의 연구가 전자에 속한다고 한다면, 강진옥과 권태효의 연구는 후자에 속한다고 할 수 있을 것이다.

이러한 연구방법은 결코 개별적인 것이 아니다. 모두 상호 관련성을 가지고 있으므로 이 두 관점을 종합하여 생각할 필요가 있다. 특히 이와미의 곡모신과 같이 그 뿌리가 한국에 있다는 전승은 더욱

2 • 강진옥, 「동아시아 농경 및 곡물기원 신화와 문화영웅의 존재양상」, 『구비문학연구(21)』, 한국구비문학회, 2005.
3 • 권태효, 「한국 생산물 기원신화의 양상과 성격」, 『한국무속학(12)』, 한국무속학회, 2006, 432쪽.
4 • 大林太良, 「日本と朝鮮の農耕神話」, 『神話の系譜』, 講談社, 1991, 130面.
5 • 長田夏樹, 「日本神話の農耕起源說話について」, 『日本學(8)(9)』, 東國大學校 日本學硏究所, 1989面.

더 그러하다. 그리고 기존연구의 예에서 보았듯이 이와미의 곡모신화는 지역의 전승인 탓에 학계에서는 거의 주목을 받지 못했다. 그럼에도 불구하고 재일 사학자 단희린은 이에 관심을 가지고 "사히메가 제철문화를 가지고 있는 신라여인인데, 한무제의 한반도 침략에 의해 일본으로 정치적 망명한 세력이자 곡물전래집단일 것"으로 추정한 바가 있다.[6] 이처럼 그의 연구는 사히메 전승을 신화로 보지 않고 역사학적으로 해석하고 있는 데 그 특징이 있다.

그의 지적대로 사히메는 중국과 한반도의 고대국가들의 갈등으로 말미암아 일본으로 망명한 세력이었을 가능성도 없지 않다. 사실 시마네현의 신화전승에는 그러한 요소가 많이 발견되기 때문이다. 그러나 이러한 추정이 설득력을 가지기 위해서는 이론적 근거를 제시하여야 한다. 유감스럽게도 단희린은 그에 대한 어떠한 근거도 제시하지 못하고 있다. 이러한 의미에서 사히메 전승을 비교신화학적인 측면에서 검토하여 보고 과연 그녀가 고대 한국의 망명 집단을 대변하는 인물(여신)인지에 대해서도 함께 살펴보기로 하자.


## 2. 한국에서 건너간 곡모신화

사히메 전승을 국내에 처음으로 소개한 사람은 민속학자 성병희였다. 그는 오오다시大田市 이소타케쵸五十猛町의 지명에 관한 연구를 하면서 산베이산三瓶山과 히레후리산比礼振山의 지명유래에 관한 이야기를 다음과 같이 간략하게 소개하고 있다.

---

6 •   段熙麟, 『渡來人の遺跡を步く(1)』, 六興出版, 1986, 121-124面.

-산베이산 : 옛날은 사히메산이라고 불렀다. 신라의 사히메가 칼로 살해당한 모신의 사체에서 생겨난 오곡의 종자를 가지고 빨간 기러기를 타고 이 땅에 와서 농업을 퍼뜨린 오오게츠히메전승이 있다.

-히레후리산 : 마스다시益田市에 사히메신사가 있다. 사히메가 모체에서 생겨난 오곡의 종자를 가지고 신라에서 빨간 기러기를 타고 왔다는 사체화생형전설이 전해지고 있다.[7]

여기에서 보듯이 성병희는 매우 단편적으로 사히메 전승을 소개하고 있다. 그러나 이를 통하여 알 수 있는 것은 사히메가 모신과 함께 신라에 살았는데, 어느 날 악신에 의해 모신이 살해당하고 그 시신에서 생겨난 오곡의 종자를 가지고 빨간 기러기를 타고 일본으로 건너가 사람들에게 전하여 농사를 짓게 한 농경신이라는 점이다. 그리고 그 전승이 산베이산 뿐만 아니라 마스다의 히레후리산 지역에도 퍼져 있음을 알 수 있다. 실제로 마스다와 산베이산을 포함하고 있는 이와미 지역에서는 사히메와 관련된 전승이 많이 전해지고 있었다. 채집자 또는 지역에 따라 조금씩 그 내용이 다르지만 근간을 이루는 기본구조는 대동소이하다. 그 중 본보기로 '국립 산베이 청소년 교류의 집[國立三瓶靑少年交流の家]'에서 채집된 이야기를 소개하면 다음과 같다.

오오다시大田市 산베이쵸三瓶町 다네多根에는 사히메야마신사佐比賣山神社가 있다. 옛날 산베이산三瓶山은 사히메야마佐比賣命山라 불렸다.

7 ·    成炳禧, 「大田市五十猛町の地名考」, 『古代文化研究』, 島根縣古代文化センター, 1997, 35面.

그 연유를 설명하는 다음과 같은 전설이 전하여 온다. 아주 오랜 옛날 신라의 소시모리에 오오게츠히메라는 오곡의 신이 있었다. 난폭한 신들에게 죽음을 당하였다. 그러자 그녀의 머리에서 말, 눈에서 누에, 코에서 콩[大豆], 배에서 벼, 엉덩이에서 팥[小豆], 음부에서는 보리가 각각 나왔다. 그녀의 막내자식인 사히메는 이 오곡의 종자를 가지고 빨간 기러기[赤雁]를 타고 히레후리산比礼振山에 머물다가 동쪽으로 나아가 산베이산三瓶山에 와서 종자를 뿌리고 농업을 널리 퍼뜨렸다. 이곳을 씨앗이라는 의미의 말인 '다네多根'라는 지명도 그러한 연유로 생겨난 것이라 한다. 그리고 산베이산에는 오토코산베이男三瓶, 온나산베이女三瓶라는 두 개의 산이 있는데 그 사이에 아카카리산赤雁山이라는 산이 있어 그 전설을 뒷받침하여 준다.[8]

이상의 내용에서 보아 알 수 있듯이 이와미에는 한국의 곡물을 일본으로 전해준 사히메라는 여신은 자신이 모셔지는 신사도 있고, 그녀의 이름을 딴 산이 있을 만큼 지역민으로부터 매우 두터운 신앙을 받고 있음을 알 수 있다. 그리고 이 신화는 내용에서 보듯이 곡물이 어디에서 왔는가를 설명하는 이른바 이와미 지역의 곡물기원신화이다. 그 기원을 한국에서 찾고 있는 것이다.

실제로 이 지역에서 채집된 것들이 『일본전설대계日本傳說大系』[9]에도 수록되어있는데, 내용의 큰 줄거리에 있어서는 대동소이하나, 세세한 부분에 있어서는 다소 차이가 난다. 이러한 부분들을 종합적

8 • 이 이야기는 국립청소년 수련시설 '國立三瓶青少年交流の家'의 건물 안 산베이산에 관련된 신화와 전설을 소개한 안내판에서 얻어진 것이다.
9 • 野村純一 外 編, 『日本傳說大系(11)』, みずうみ書房, 1984, 17-25面.

산베이산 다테의
사히메야마신사

으로 생각하여 정리하면 다음과 같은 특징들을 발견할 수 있다. 첫째는 오곡의 발생장소이다. 이상의 신화에서는 신라의 '소시모리'로 되어있지만, 『대계』에서는 표시가 되어있지 않거나, 아니면 소시모리 또는 가라구니 즉, 한국으로 되어있는 것도 있다. 둘째는 남신이 여신을 살해한다는 것이다. 여기에서 살해자는 난폭신으로 되어있지만, 『대계』에서는 스사노오 혹은 어떤 신과 난폭한 신으로 되어있으며, 그리고 살해당하는 여신은 오오게츠히메로 통일되어있다. 셋째는 살해당한 여신의 신체에서 곡종이 발생한다는 것이다. 이 점은 『대계』의 것과도 모두 일치된다. 그러나 오곡의 종류에 대해서는 전승에 따라 차이가 난다. 이상에서는 오곡이 말, 누에, 콩, 벼, 팥, 보리로 표시되어있지만, 『대계』에서는 앞의 것과 같거나, 아니면 벼, 보리, 콩 3가지로 되어있는 경우도 있으며,[10] 또 오곡으로만 표기

10 •  野村純一 外 編, 『日本傳說大系(11)』, 17-20面.

되어있는 경우도 보인다. 이 점에서만은 통일되어있지 않다. 넷째는 막내딸인 사히메가 오곡의 씨앗을 모아서 빨간 기러기[赤雁]를 타고 바다를 건너 이와미 지역민들에게 전해준다는 것이다. 이 점에 대해서는 모든 설화가 일치된다.

이러한 네 가지 요소 가운데서도 가장 핵심을 이루고 있는 요소는 살해당하는 여신, 바다를 건너는 여신, 그리고 곡물을 나르는 새의 이야기이다. 이것들은 신화를 구성하는 데 필수적인 요소일 뿐만 아니라 이와미의 곡물기원신화의 성격을 규명하는 데 결정적인 역할을 하고 있다. 그러므로 이 세 가지 신화적인 요소를 중심으로 이와미의 곡물기원신화를 접근하여 보기로 하자.


## 3. 여신의 시신에서 태어나는 곡종

이와미의 곡물기원신화는 살해당하는 여신의 몸에서 곡종이 발생한다는 점에서 전형적인 사체화생형死體化生形의 특징을 지녔다고 할 수 있다. 여기에 대한 선구적인 연구를 한 독일의 옌젠은 이를 하이누웨레형이라고 표현하기도 한다. 그의 조사지 동부 인도네시아의 셀람 서부 웨마레족 신화의 여주인공 하이누웨레의 이름을 따서 붙인 것이다. 대략 그 내용을 소개하면 다음과 같다.

옛날 아메타라는 남자가 있었다. 어느 날 개를 데리고 사냥을 나갔었는데, 한 마리 멧돼지를 발견하고 그 뒤를 쫓았다. 그러자 멧돼지는 연못에 빠져 죽었다. 아메타가 멧돼지의 사체를 끌어올려 보니 그 이빨에 한 개의 야자열매 씨앗이 붙어있었다. 아메타는 지금까지 본 적이 없었던 그 열매를 집에 가지고 돌아와 천에 싸서 장롱 위에 두고 소중히 간직했다. 그러자 그 날 밤 아메타의 꿈속에 이상한 남자가 나타나 그에게 야자열매를 땅 속에 묻도록 명령하였다. 아메타가 다음날 아침 지시대로 땅에 묻었더니 그로부터 3일 후에 그곳에서 커다란 나무가 자라났고, 또 그로부터 3일 후에는 꽃이 피었다. 아메타는 그 꽃으로 술을 만들려고 생각하고 나무 위로 올라가 열심히 따고 있었는데, 그때 그만 잘못하여 손가락을 다쳤으며, 그 상처에서 흘러나온 피가 야자의 꽃 위에 떨어졌다. 아메타는 집으로 돌아와 상처를 치료하고 3일 후에 야자나무가 있는 곳으로 가보았더니 그의 피와 꽃의 즙이 뒤섞여서 인간이 생겨나고 있었다. 그때 이미 머리 부분이 생겨나고 있었다. 그로부터 3일 후에 가보았더니 동체가 생겨났으며, 9일째에는 5체가 완전한 여자가 생겨나 있었다. 그러자 그날 밤 아메타의 꿈에 남자가 나타나 "여자아이를 그 전에 야자열매를 싼 것과 마찬가지로 같은 천으로 소중히 싸서 야자나무에서 내려 집으로 데리고 가서 잘 키워라."고 명령했다. 아메타는 지시에 따라 여자아이를 하이누붸레라 이름을 짓고 열심히 키웠다. 그녀는 이상하게도 빠르게 성장하여 3일 후에는 벌써 묘령의 여인이 되었다. 그리고 기묘하게도 그녀는 대변에서 도기陶器와 종鐘 등 여러 가지 보물을 내었기 때문에 아메타는 곧 부자가 되었다. 그러는 중 어느 날 마로 무도제舞踏祭가 열리게 되었다. 그 무도회는 9일 밤에 걸쳐 밤새도록 매일 장소를 바꾸어 가며 한다. 춤을 추는 자는 남자들이고, 그들은 9중의 나선형을 만들고, 중앙에는 여자들이 있는데, 여자들은 남자들에게 빈랑열매와 시리의 잎을 건네는 것으로 되어있다. 하이누붸레가 이 역할을 맡게 되었다. 그녀는 첫날밤은 관습대로 남자들에게 빈랑과 시리 잎을 건네주었으

나, 둘째 날은 자신의 신체에서 끄집어 낸 산호를 춤추는 남자에게
건네주기도 하고, 그 후에는 앞의 것보다 더 좋은 것을 나누어 주었
다. 그로 인해 남자들은 하이누벨레에게 감사한 마음을 가지면서도
점점 이상한 기분이 들었고, 또 질투심을 느끼기도 했다. 그리하여
8일째 무도회를 마치고 상의하여 마지막 날 밤 그녀를 죽이기로 했
다. 그리고 무도회가 행해지는 곳 중앙부분에 미리 웅덩이를 파놓
고 춤을 한창 출 때 하이누벨레를 그 속으로 밀어 넣고 생매장을
하고 춤추면서 그 위를 완전히 밟아 덮어버리고 말았다. 다음날 하
이누벨레가 아침이 되어서도 돌아오지 않아 아메타가 걱정이 되어
점을 쳐서 그녀가 마로 무도회에서 살해당하였다는 사실을 알게 되
었다. 그는 야자의 예리한 잎 9개를 가지고 마지막 춤추던 곳에 가
서 지면에 차례로 찔러보았다. 그러자 9번째 잎에서 하이누벨레의
모발과 피가 묻어나왔다. 아메타는 이처럼 발견한 딸의 시신을 일
단 끄집어내어 여러 토막으로 잘라서 두 팔만을 남겨두고 다른 것
은 모두 춤추었던 광장의 주위에 묻었다. 그러자 묻혀 진 신체의
각 부위에서 여러 가지 종류의 얌이 생겨났으며, 그때부터 사람들
은 그것을 상식물로서 재배하게 되었다.[11]

엔젠은 이러한 전승을 두고 열대지역에서 원시적인 화전경작을
통해 구경작물 또는 야자 등을 재배하는 고대 재배민의 문화적 요소
를 구성하고 있는 것으로 보았다. 즉, 초기의 농경문화를 반영하는
신화소로 분석한 것이었다.

이러한 형태의 신화는 인도네시아에만 있는 것이 아니다. 아메

---

11 ·   Ad. E. Jensen, 大林太良 外 共譯, 『殺された女神』, 弘文堂, 1977, 54-58面.

리카 대륙에서도 옥수수의 기원을 설명하는데 이 유형의 신화를 이용하고 있다. 가령 태초에 크로스쿠베의 부부가 있었는데, 자식들이 늘어나 식량이 부족해지자, 부인이 남편 크로스쿠베에게 자신을 죽여 달라고 애걸하여 하는 수 없이 아내를 살해하고 시신의 살을 이리저리 흩고, 뼈는 한곳에 모아 묻었다. 그 후 살이 흩어진 곳에는 옥수수가 자라났고, 뼈가 묻힌 곳에는 담배가 자라나고 있었다는 이야기가 바로 그것이다.[12] 이처럼 아시아에서 멀리 떨어진 미대륙에서도 옥수수와 담배의 기원신화가 사체화생형으로 되어있다. 그러므로 사체화생형은 어느 특정지역에서만 보이는 것이 아니라 전 세계적으로 보편적인 신화라고 할 수 있다.

일본의 오바야시 타료에 의하면 동아시아에서는 중국 남부, 대만(조, 물고기, 동물) 등지에 널리 분포되어있고, 더군다나 한국에서 밀, 해산물과 관련하여 사체화생형의 신화소가 발견되는 점 등으로 미루어 이는 중국 강남에서 한국을 거쳐 일본으로 전래되었을 것이라는 해석을 내어놓았다.[13]

그렇다면 이와미의 곡물기원신화 중 사체화생형은 한국에서 직접 전래되었을까? 근래 여기에 대해 주목을 끄는 견해가 하나 있다. 그것은 다름 아닌 국문학자 김화경의 연구이다. 그는 한국의 동해안 일대에도 사체화생형 곡모신 신화가 있다고 하면서, 신화 또한 중국의 동북지방을 거쳐 동부여 지방으로 들어왔다가 동해안을 따라 남하하여, 그것이 바다를 건너 일본으로 들어가 이즈모계 신화出雲系神話에

---

12 • 리처드 엘도스·알폰소 오티즈 공저, 백승길 역, 『무엇이 그들의 신화이고 전설인가』, 이가책, 1993, 34-38쪽.
13 • 大林太良, 『稻作の神話』, 弘文堂, 1973, 98面.

그 흔적을 남기고 있다고 지적하면서,[14] 일본『고사기』에서 이즈모 지방에 존재했던 것으로 기록된 오오게츠히메의 사체화생 신화도 신라에서 건너갔을 가능성을 배제할 수 없다고 한다. 따라서 이즈모 지방의 농경문화는 신라에서 전해졌을 것이고, 그때 신화도 함께 전해졌을 것으로 보았다.[15] 이러한 설을 바탕으로 본다면 사히메의 사체화생형 모티브도 한국에서 전래되었다고 볼 여지가 있다.

그러나 여기에는 신중성을 기할 필요가 있다. 왜냐하면 첫째로 『고사기』의 오오게츠히메 전승이 과연 이즈모 지역을 대변할 수 있는 신화이냐 하는 점이다. 어쩌면 오오게츠히메는 본래 이즈모의 여신이 아니라 중앙에서 만들어진 곡모신일 가능성이 있기 때문이다. 그 이유로는『고사기』의 성립과 같은 시기에 이즈모의 지리와 역사 그리고 전승을 기록한『출운풍토기出雲風土記』에는 오오게츠히메에 관한 기사가 일체 보이지 않기 때문이다. 이것은 다름 아닌 오오게츠히메가 이즈모가 아닌 중앙에서 비롯된 곡모신임을 암시한다. 그러므로 오오게츠히메의 사체화생형 신화를 본래 이즈모 지역 전승이라고 보기 어렵다. 그리고 둘째는 지금까지 연구에서 중국에 사체화생형의 신화는 있지만, 사체에서 곡물에서 생성되었다는 신화는 아직 발견되지 않고 있기 때문이다. 그러므로 사체화생형의 곡물기원신화가 중국 동북지방에서 우리나라의 동해안으로 전해졌고, 그것이 다시 일본 이즈모로 건너갔다는 설은 그야말로 이론적 근거가 매우 희박하다 하겠다.

그렇다면 이와미의 곡물기원신화에서 보이는 사체화생형은 어

14 ·  김화경,『한국신화의 원류』, 지식산업사, 2005, 129쪽.
15 ·  김화경,『일본신화』, 문학과 지성사, 2002, 142-143쪽.

디에서 유래된 것일까? 결론부터 말하자면 한국이 아닌 중앙의 기록
으로부터 영향을 받은 것으로 보인다. 왜냐하면 이 신화에 신들의
이름과 내용이 『기기』의 신화와 아주 흡사하기 때문이다. 『기기』에
수록된 사체화생형의 곡물기원신화는 내용이 모두 같은 것이 아니
다. 그 속에 등장하는 신들의 이름과 내용이 조금씩 차이가 난다.
먼저 『고사기』의 내용부터 살펴보기로 하자.

스사노오가 음식을 오오게츠히메에게 달라고 했다. 오오게츠히메는
코와 입, 그리고 엉덩이에서 여러 가지 맛있는 음식을 끄집어내어
여러 가지 요리를 만들어 바쳤다. 그때 스사노오가 그 모습을 엿보
고 음식을 더럽힌 후 바치는 것이라 생각하여 즉시 그녀를 죽이고
말았다. 그런데 그녀의 시신 머리에서 누에가 생겼고, 두 눈에서는
볍씨가 생겨났으며, 두 귀에서는 조가 생겼고, 코에서는 팥이 생겨났
으며, 음부에서는 보리가 생겨났고, 엉덩이에서는 콩이 생겨났다.
칸무스히의 신이 이를 모아 씨앗으로 삼았다.[16]

여기에서 보듯이 스사노오가 천상계에서 악행을 저지른 끝에 지
상으로 추방되어 내려오던 도중 오오게츠히메를 만나 음식을 요구
하자, 그에 부응한 오오게츠히메가 신체의 배설물에서 재료를 내어
음식을 만들어 대접하였던 것이다. 이를 알아챈 스사노오가 그녀를
살해하자 그 시신의 각 부위에서 곡물이 생겨났으며, 그것을 모두
칸무스히 신이 거두어 관리하였다는 내용을 담고 있다.

이에 비해 『일본서기』에서는 두 편의 곡물기원신화를 싣고 있는

---

16 ·  노성환 역주, 『고사기』, 민속원, 2009, 59-60쪽.

데, 하나는 창세신인 이자나미가 불의 신을 가구쯔치軻遇突智를 낳았
다. 가구쯔치가 하니야마히메埴山姬와 결혼하여 와쿠무수히稚産靈를
낳았는데, 이 신의 머리 위에서 누에와 뽕이 태어났고, 또 배꼽에서
오곡이 태어났다는 것이다.[17] 여기에서는 매우 특이하게도 배꼽에
서 오곡의 종자가 생겨나는 것으로 되어있다. 그리고 여기에서는
사체화생형이라고 밝히고 있지 않다. 그러나 다른 하나는 앞에서
본 『고사기』와 같이 분명히 사체화생형이다. 그 내용을 소개하면
다음과 같다.

아마테라스가 말하기를 "아시하라나카츠구니葦原中國에 우케모치가
미保食神가 있다고 들었다. 츠쿠요미月夜見尊 네가 가서 만나고 오너
라." 했다. 그리하여 츠쿠요미는 지상에 내려와 이윽고 우케모치가
사는 곳에 도착했다. 그러자 우케모치는 목을 돌려 나라를 둘러보
았더니 입에서 밥이 나왔다. 그리고 바다를 둘러보았더니 지느러미
가 넓고 좁은 물고기가 입에서 나왔다. 그리고 산을 둘러보니 털이
거칠고 부드러운 짐승들이 또 입에서 나왔다. 그 여러 가지 것을
백 개나 되는 상에 차려놓고 요리를 준비하여 대접하였다. 이에 츠
쿠요미는 화가 나서 얼굴이 빨개져서 "이렇게 더러운 것을 대접하
다니 불쾌한 일이다. 어찌 입에서 뱉어낸 것을 먹을 수 있단 말인
가." 하며 칼을 빼어 그 신을 죽여 버리고 말았다. 그리고 그러한
것을 상세히 아마테라스에게 보고했다. 이에 아마테라스는 매우 화
를 내며 "너는 나쁜 신이다. 더 이상 너를 만나고 싶지 않다." 하며
츠쿠요미와는 하루낮 하루밤一日一夜정도 떨어져 살았다. 그 후 아

---

17 • 井上光貞 監譯, 『日本書紀(上)』, 中央公論社, 1993, 91-92面.

마테라스는 우케모치의 간호를 위하여 아마노쿠마히토天熊神를 보내었다. 그가 도착했을 때는 우케모치는 죽어 있었다. 그런데 그 신의 머리에는 소와 말이 태어나고 있었고, 이마에서는 조가 태어나고 있었다. 눈썹 위에는 누에가 태어나고, 눈에서는 기장이, 배에서는 벼가, 음부에서는 보리와 대두와 소두가 태어났다. 아마노쿠마히토가 보고를 할 때 이러한 것들을 가지고 아마테라스에게 바쳤다. 그러자 아마테라스는 기뻐하며 "이는 지상의 사람들이 먹고 생활하는데 필요한 것들이다."하며 조, 기장, 보리, 콩은 밭의 씨앗으로 하고, 벼를 논의 씨앗으로 삼았다.[18]

여기에서 보듯이 전체 이야기의 흐름은 앞의 『고사기』와 거의 대동소이하다. 다른 점이 있다면 이 신화는 해와 달이 분리된 자연현상을 설명하는 부분이 있다는 점이고, 또 하나는 등장하는 신들의 이름이 『고사기』와 달리 표현되어있다는 것이다. 즉, 살해자는 츠쿠요미이며, 피살자는 우케모치라는 여신이다. 이러한 것으로 미루어 보더라도 일본에서는 고대부터 사체화생형의 곡물기원신화가 있었음을 알 수 있다.

이와미의 사히메 전승은 이러한 『기기』의 곡물기원신화의 영향에서 벗어날 수 없었다. 그 증거로는 첫째 살해하는 남신과 피살되는 여신의 이름이 『고사기』에 등장하는 신들과 동일하다는 점이다. 『기기』 모두 사체화생형의 곡물기원신화를 기록하고 있는 것은 서로 공통된다. 그러나 살해하는 남신과 살해당하는 여신의 이름이 서로 다르다. 가령 『고사기』에서는 남신이 스사노오이고, 여신이 오

---

18 • 井上光貞 監譯, 『日本書紀(上)』, 102-103面.

오게츠히메라 한다면, 이에 비해 『일본서기』는 남신을 츠쿠요미月夜見尊이며, 여신은 우케모치保食神로 되어있는 것이다.

이러한 사실을 비추어 보면 이와미의 사히메전승은 일단 『일본서기』보다 『고사기』쪽을 취하고 있다고 하겠다. 왜냐하면 앞의 신화에서는 살해하는 남신의 이름을 단순히 난폭자로 되어있지만, 다른 것에서는 모두 스사노오로 되어있으며, 그 상대가 오오게츠히메로 되어있기 때문이다.

그 뿐만 아니다. 스사노오는 『기기』에서는 매우 중요한 역할을 하는 신이다. 그는 태양의 여신 아마테라스의 남동생이자, 또 난폭한 신으로 천상에서 수많은 악행을 저지른 결과 추방당하여 지상으로 내려온 신이며, 또 지상으로 내려온 그는 괴물에게 핍박받는 백성을 구출하고, 이즈모出雲왕권의 시조가 되는 영웅신이기도 하다. 그러므로 일본사람이면 누구나 다 알고 있는 너무나도 유명한 신이다.

이러한 신이 『고사기』에서는 천상에서 쫓겨나 지상으로 내려오는 도중 오오게츠히메를 만나 음식을 요구하였고, 이에 오오게츠히메는 자신의 신체 또는 배설물에서 여러 가지 재료를 내어 만든 음식을 만들어 바쳤으나 이것이 불결하다고 죽여 버리는 것이다. 이를 이와미의 곡물기원신화가 적극 받아들여 남신에게 살해당한 오오게츠히메의 몸에서 오곡이 발생하는 이야기로 윤색한 것이었다. 이처럼 이와미의 곡물기원신화에 등장하는 신들의 이름은 『고사기』의 영향 하에 이루어진 것이라 볼 수 있다.

그리고 둘째는 오곡의 발생지 및 살해당하는 여신의 거주지가 신라의 '소시모리' 또는 한반도로 묘사되어 있다는 점이다. 신라의 '소시모리'는 문헌으로는 『일본서기』의 「일서一書」에 처음으로 등장하는데, 그곳은 다름 아닌 하늘에서 쫓겨난 스사노오가 지상으로 처음으로 강림한 곳을 말한다. 다시 말하여 일본의 신이 신라로 내려온 것이다. 「일서」에 의하면 여기에 내려온 스사노오는 "이곳은 내가 있고 싶지 않은 곳이다." 하며 흙으로 만든 배를 타고 동쪽 바다를 건너 이즈모로 간 것으로 묘사되어있는 것이다. 그에 비해 『고사기』에서는 '소시모리'에 관한 이야기가 전혀 등장하지 않는다. 이러한 부분에서는 『고사기』보다 『일본서기』의 영향이 크다고 말하지 않을 수 없다. 이처럼 이와미의 곡물기원신화는 『고사기』의 오오게츠히메의 이야기를 바탕으로 『일본서기』의 '소시모리' 강림신화가 결합되어 하나의 이야기로 되어있음을 알 수 있는 것이다.

또 이와미의 곡물기원신화가 '기기'의 영향이었을 것이라는 세 번째의 증거로는 오곡의 종류이다. 오곡은 나라마다 그 정의가 다르다. 한국의 경우 일반적으로 쌀, 보리, 콩, 조, 기장을 말하기도 하지만, 오곡밥이라고 할 때는 찹쌀, 차조, 붉은팥, 찰수수, 검은콩이 들어있는 밥을 지칭하기도 한다. 이처럼 오곡은 경우에 따라서는 다르게 나타난다.

이 점은 중국도 마찬가지이다. 『주례周禮』의 「천관질의天官疾醫」와 『대대례大戴禮』의 「증자천원曾子天圓」에는 삼, 기장, 피, 보리, 콩을 오곡이라고 하였고, 『초사楚辭』의 「대초大招」에는 쌀, 피, 보리, 콩, 삼, 『맹자』의 「등문공상滕文公上」에는 쌀, 기장, 피, 보리, 콩, 『황제내경소문素問』의 「장기법시론藏氣法時論」에는 멥쌀, 소두, 보리, 대두, 황서黃黍, 『관자管子』에는 기장, 콩, 보리, 벼, 차조로 되어있다.[19] 이처럼 중국에서도 각기 차이를 보인다. 한편 이것이 인도가 되면 쌀, 보리, 콩, 밀, 참깨가 오곡으로 되어있다. 이처럼 국가와 민족,

19 •  伊藤淸司, 『日本神話と中國神話』, 學生社, 1979, 92面.

그리고 시대와 지역에 따라 오곡의 종류는 다르다. 그에 비해 이와미의 곡물기원신화에는 어떻게 나타나는 것일까?

이상의 설화에서는 말, 누에, 콩, 벼, 팥, 보리를 들고 있다. 그중 말과 누에는 곡종이 아니다. 그러므로 순수 곡종으로는 콩, 벼, 팥, 보리 네 가지이기 때문에 오곡에서 하나가 모자란다. 더군다나 그것들의 발생하는 신체 부위가 머리-말, 눈-누에, 코-콩, 배-벼, 음부-보리, 항문-팥이라는 등식에서 보듯이 한국어와 아주 밀접한 관련성을 가지고 있음을 알 수 있다. 즉, 고대 한국어를 잘 아는 사람이 이 설화의 구성에 관여하여 곡물과 신체의 관계를 언어유희적으로 연결시켰을 것으로 추정되기 때문이다.

그러나 다른 것들에서는 그것과 약간 다르게 묘사되어있다. 즉, 어떤 경우에는 "얼굴, 가슴, 배, 손, 발 등의 5체를 어루만지면서 벼, 보리, 콩, 조, 피稗 등 5곡의 종자를 내어 주었다."고 묘사되어 있어서 얼굴-벼, 가슴-보리, 배-콩, 손-조, 발-피와 같은 등식인 것처럼 인상을 주는 것이 있는 한편, "모신의 유해에서 오곡의 종자가 싹을 튀었다."는 식으로 어느 특정 부위를 지칭하지 않은 것도 있다. 이처럼 오곡의 종자가 생성되는 부분에 대해서는 전승마다 조금씩 차이가 나지만, 오곡 종류에 대해서는 위의 것을 제외한 대부분의 것에서는 벼, 보리, 콩, 조, 피로 설명되어있다. 벼를 제외하면 대부분은 밭작물에 속하는 것들이다.

이와미가 어찌하여 이러한 특징을 가지게 된 것일까? 여기에 대한 해답 또한 『기기』에 있다. 즉, 『고사기』에서는 눈-벼, 음부-보리, 귀-조, 코-팥, 항문-콩으로 되어있는 한편 『일본서기』에서는 이마-조, 눈-피, 배-벼, 음부-보리, 콩, 팥이 나왔다고 되어있다. 여기에서도 언어유희적인 요소가 엿보인다. 이러한 특징은 『고사기』보다는 『일본서기』가 더 강하게 나타난다. 여기에 대해서는 일찍부터 나카지마 리이치로中島利一郎, 가나자와 쇼사부로金澤庄三郎를 비롯한 전몽수田蒙秀, 미시나 쇼에이三品彰英, 오바야시 타료 등 많은 사람들이 지적하고 있다. 그 대표적인 예로 전몽수의 연구에 의하면 머리-말, 배-벼, 음부-보리, 귀-조, 눈썹-누에, 눈-피와 같이 서로 대응시키고 있는 것을 들 수가 있다.[20] 그는 조가 고대 한국어에서 "차"로 발음되며, 또 피는 고대일본어에서 "누이"로 발음된다고 했다. 언어학이 전공이 아닌 나로서는 조와 피에 대한 한일 대응은 선뜻 납득이 가지 않는다 하더라도 벼가 여신의 배에서, 보리가 음부에서 나왔다는 것은 『일본서기』의 사체화생형 신화에 고대 한국어를 아는 사람이 직간접적으로 관여했음을 짐작하고도 남음이 있다.

이처럼 일본 사체화생형의 곡물기원신화에는 8세기경 『기기』의 편찬 시부터 있었던 것이다. 앞의 이와미 설화는 이를 수용하여 한국어를 적극 반영시킨 것이었다. 그리고 이와미의 곡모신화에 나타난 오곡의 종류도 『고사기』보다는 『일본서기』의 것과 일치된다. 다시 말하여 이와미의 오곡은 『일본서기』의 영향으로 벼, 보리, 콩, 팥, 조, 피가 되었던 것이다. 이와 같이 이와미의 사생화생형 모티브는 중국 강남 또는 동북지방에서 한국 동해안을 거쳐 전래된 것이 아니라 중앙의 기록인 『기기』의 영향으로 인해 생겨난 것이라고 말할 수 있을 것이다.

20 · 田蒙秀,「上古に於ける稻作と稻及び米の名に見る日鮮關係」, 伊藤淸司·大林太良 編, 『日本神話硏究〈5〉出雲神話·日向神話』, 學生社, 1977, 68-70面.

## 4. 바다를 건너는 곡모신

이와미의 곡물기원신화에서 또 하나의 중요한 모티브는 바다를 건너는 여신의 이야기이다. 그 여신은 살해당한 오오게츠히메의 막내딸 사히메로 되어있다. 사히메는 어떤 신격을 가진 신일까? 그녀의 본명은 오토고사히메乙子狭姫이었다. 오토고乙子는 막내 자식을 의미하고, 사히메狭姫는 작은 아씨 즉, 덩치가 아주 작은 것을 의미한다. 그러한 신체적 성격 때문에 사히메는 꼬마아씨의 의미인 "치비히메"라는 애칭도 가지고 있다.

이 신의 신앙은 마스다시益田市를 기점으로 주로 이와미 지역에 분포되어있다. 그녀를 모신 신사는 사히메야마신사佐比賣山神社 또는 사히메신사佐比賣神社라 한다. 그러한 신사 또한 산베이산三瓶山(佐比売山)과 마스다시의 히레후리산比礼振山(権現山), 그리고 이와미石見의 은광산에 각각 분포되어있다. 특히 은광산 지역에서는 그녀를 곡신이 아니라 제철(광산)의 신으로 숭상하고 있었다. 그리고 그녀가 곡종을 전해준 곳을 씨앗이라는 의미의 '다네'라고 불렀다고 하였듯이 사히메는 이와미 지역에 있어서 곡모신이자 제철의 신이었던 것이다. 재일사학자 단희린이 사히메를 제철문화를 가진 신라의 여신으로 본 것도 바로 이 때문이다.[21]

한편 어떤 지역 전승에서는 오토고사히메가 기러기를 타고 길을 떠나 바다를 건너는 도중 다카시마高島, 수즈須津의 오시마大島에 내리려고 하였으나, 산신山祇의 사자인 매와 독수리가 "나는 고기를 먹기 때문에 곡물 따위는 필요가 없어." 하며 거절해버려, 다시 그곳

---

21 ·  段熙麟, 『渡來人の遺跡を步く (1)』, 123-124面.

마스다의 사히메야마신사               이와미 은광산의 사히메신사

을 떠나 가마테鎌手의 가메지마亀島에서 잠시 휴식을 취한 다음 지금
의 마스다시 아카카리쵸赤雁町의 텐도산天道山(또는 比礼振山)으로 내려
서 오곡의 종자를 전했다고 했다. 여기에서 보는 것처럼 사히메는
한반도에서 단번에 이와미의 사히메산의 정상으로 건너간 것은 아
니었다. 다카시마-오오시마-가메지마를 거쳐 일본 본토에 상륙한
것이었다. 어쩌면 이것은 대륙에서 이와미로 전래되는 곡종의 루트
일 가능성도 배제할 수 없다.

　이러한 사히메는 이와미에서는 결코 소홀히 할 수 없는 중요한
곡모신이지만, 문헌상으로는 일체 나타나지 않는다. 그러나 이와 유
사한 신에 대한 기록을 『고사기』에서 찾을 수 있는데, 그 내용을
소개하면 다음과 같다.

　오호구니누시가 이즈모의 미호 곶[岬]에 있었을 때, 파도 위 카가미
羅摩의 배를 타고, 나방蛾의 껍질을 송두리째 벗겨 이것으로 옷을

만들어 입고 다가오는 신이 있었다. …(생략)… 구에비코가 "저 신은 칸무스히神産巣日의 신의 아들인 스쿠나비코나少名毗古那라는 신입니다."라 하였다. 그리하여 오호구니누시가 칸무스히의 부모신에게 물어본즉, 신이 대답하기를, "그 신은 정말 나의 자식이다. 많은 자식들 중에서 나의 손가락 사이로 빠져 나온 아이이다. 그리고 너는, 아시하라노시코오葦原色許男命와 형제가 되어 그 나라를 만드는 데 힘쓰도록 하여라."고 하였다. 그 후 오호아나무지大穴牟遲와 스쿠나비코나少名毗古那는 서로 협력하여 나라를 만드는 데 힘을 썼다. 그 후 스쿠나비코나는 도코요노구니常世國로 건너가고 말았다.[22]

이 부분에서 보이는 스쿠나비코나는 사히메와 아주 흡사한 성격을 가지고 있다. 첫째는 덩치가 매우 작아서 나방의 껍질로 옷을 만들어 입을 정도로 작다는 점이다. 사히메 또한 새를 탈 정도로 몸집이 작다는 점에서 서로 공통된다. 둘째는 바다를 건너오는 존재라는 점이다. 스쿠나비코나는 카가미라는 작은 배를 타고 바다를 건넜지만, 사히메는 빨간 기러기를 타고 바다를 건넜다. 비록 건너는 방법에 있어서 차이를 보이고 있다고는 하나 바다를 건너온 외래의 신이라는 점에 있어서는 서로 같다. 그리고 셋째는 곡령이라는 점이다. 『일본서기』에 의하면 스쿠나비코나는 "그는 아와지시마淡島에 가서 조粟의 줄기를 타고 튕겨서 도코요노구니常世國로 갔다."라고 되어있고,[23] 『백기국풍토기伯耆國風土記』에는 "그는 아이미구니相見國 아와시마粟島에서 좁씨를 뿌리고 조를 타고 도코요노구니로 뛰

---

22 • 노성환 역주, 『고사기』, 81-83쪽.
23 • 井上光貞 監譯, 『日本書紀(上)』, 125面.

어 건넜다."라고 되어있다.[24] 이처럼 스쿠나비코나는 조와 관련이 깊다. 즉, 그는 곡종 가운데서도 조의 곡령이었던 것이다. 조는 밭작물을 대표하는 곡종이다.

사히메도 밭작물(조)의 곡령일 가능성이 높다. 왜냐하면 사히메 전승에서 보이는 오곡은 벼만 제외하면 모두 밭작물에 속하는 것들이다. 그리고 그녀가 도착하여 종자를 전해주었다는 타네라는 곳도 산속에 위치해 있어 논작물보다 밭작물이 어울리는 곳이기도 하다. 그 뿐만 아니다. 사히메는 스쿠나비코나와 같이 왜소하고, 바다를 건너고, 또 곡령이라는 공통점 이외에도 실제로 조의 성격을 지니고 있기 때문이다. 그 예증으로서 그녀의 어머니인 오오게츠히메를 들 수가 있다. 『고사기』의 창세신화에서 이자나미가 시코쿠四國를 낳았을 때 현재 가가와현香川縣을 당시에는 조의 나라라는 의미인 아와노쿠니粟國라 하였는데, 그곳의 다른 이름이 바로 오오게츠히메였다. 다시 말하여 오오게츠히메는 조의 곡령이었던 것이다. 이같이 사히메가 이와미로 곡식의 종자를 전해준 것도 조와 같은 밭작물의 씨앗이었을 가능성이 높다. 이와 같이 본다면 사히메는 문헌상으로 등장하는 스쿠나비코나와 동일한 곡령임을 알 수 있다.

조는 벼보다 훨씬 더 오래된 농작물이다. 따라서 조의 전래신화가 벼의 전래신화보다 오래된 형태의 전승이었을 것이다. 그러므로 사히메 전승의 원형은 스쿠나비코나의 전승에서 보았듯이 바다를 건너오는 곡령이었을 가능성이 아주 높다. 이러한 추정이 가능하다면 사히메는 이즈모의 스쿠나비코나와 함께 밭작물(조)의 곡모신이자 이와미의 토착신이라 할 수 있다.

---

24 · 吉野裕 譯, 『風土記』, 平凡社, 1982, 319面.

이들 곡령처럼 바다를 통해 전해지는 곡물기원신화는 주로 일본에서는 가고시마와 오키나와 등지에서 발견되고, 한국에서는 제주도에서 보인다. 그런데 이야기의 유형이 모두 동일한 형태를 취하고 있는 것은 아니다. 이를 내용별로 크게 나누면 두 가지 형태가 있다. 하나는 신이 바다를 건너서 직접 전해주는 것이며, 또 다른 하나는 씨앗이 바다를 통해 표착하여 그것을 발견한 사람에 의해 전해지는 것이다. 3명의 신인이 오곡의 종자를 가지고 바다를 건너왔다는 제주도 신화[25]와 여신이 18명의 하인들을 데리고 바다를 건너 다네가시마種子島에 도착하여 볍씨와 도작기술을 전해주었다는 보만寶滿의 신화[26]는 전자에 속하며, 후자는 과거에 사람들이 바다에서 해산물을 채집하여 살았는데, 어느 날 동쪽 해안에 오곡 종자가 들어있는 하얀 병이 떠내려 왔다는 구다카지마久高島의 곡물기원신화[27]가 여기에 속한다고 할 수 있다.

이러한 신화가 아시아에서는 북방대륙보다는 제주도, 가고시마, 오키나와와 같은 주로 남방계 문화권에 분포되어있다는 사실을 미루어 보더라도 이와미의 해상내림형은 한국보다도 남방계적 문화의 요소를 수용하여 전승의 기반을 이루고 있다고 할 수 있다. 그러므로 엄밀히 말해 이것 또한 한국에서 전래된 것이라 말할 수 없다.

25 • 현용준, 『제주도신화』, 서문당, 1977, 22-23쪽.
26 • 松谷みよ子 外, 『日本の民話』, 角川書店, 1981, 177-178面.
27 • 森田眞也, 「沖繩久高島の巡禮意識と穀物起源神話」, 『常民文化(16)』, 成城大學常民文化研究會, 1993, 95面.

## 5. 하늘이 내린 곡종신화

사히메 전승은 순수한 해상내림형이라 할 수 없다. 왜냐하면 사
히메가 배를 이용하는 것이 아니라 빨간 기러기를 타고 바다를 건너
는 것으로 되어있기 때문이다. 이것은 사히메 전승에 또 하나의 곡
물기원신화가 수용되어있는 것으로 생각할 수 있다. 즉, 많은 곡물
기원신화 가운데 앞에서 본 것처럼 바다를 통해 전해지는 해상내림
형이 있다면, 그와 대조적으로 하늘을 통해 전해지는 천상강림형이
있기 때문이다. 전자는 곡종이 바다 저편 낙토에 있었다는 수평적
사고를 나타내는 것이라면, 후자는 곡종이 원래 신성한 하늘에 있었
다는 수직적 사고를 대변하는 것이다. 이와미의 사히메 전승은 이러
한 요소를 모두 가지고 있는 것이다.

중국의 고서인 『역사』에 "신농씨 때 하늘에서 곡식의 씨앗이 떨
어졌다. 신농씨가 이 씨앗을 모아서 개간해 놓은 밭에 심으니, 오곡
이 풍성하게 되었고, 백과가 열매를 맺었다."[28]라는 기술처럼 어느
것을 통하지도 않고 하늘에서 곡종을 직접적으로 전하는 경우도 있
지만, 이러한 예는 매우 드물다. 신화상으로는 하늘의 곡종을 인간
세계에 전달하는 데는 다음과 같이 몇 가지 방법이 있다.

첫째는 신을 통한 전래이다. 가령 중국의 곡신인 후직이 하늘로
부터 백곡의 종자를 받았다는 『산해경山海經』의 이야기도 그러하며,
또 아마노후키네天葺根命가 천상에서 지상으로 강림할 때 볍씨를 가
지고 왔다는 일본 시마네현의 이야기가 바로 그것이다.[29] 둘째는 인

---

28 • 袁珂 저, 전인초 역, 『중국신화전설(1)』, 민음사, 1992, 264쪽.
29 • 大林太良, 『日御崎神社誌』, 1973, 135面에서 재인용.

간이 하늘에 올라가 곡종을 받아서 온다는 것이다. 하늘에 올라가 공을 세운 자청비가 그 보답으로 오곡의 종자를 얻어온다는 제주도의 세경본풀이[30]가 바로 여기에 속한다. 그리고 셋째는 신 또는 인간(혹은 동물)이 하늘에서 곡종을 훔쳐오는 것이다. 그 예로 쌀은 원래 천상의 것이었는데, 한 마리 쥐가 하늘에 가서 몰래 훔쳐 먹다가 약간의 종자를 지상으로 떨어뜨렸는데, 그것을 인간이 주워서 종자를 삼았다는 중국 화남 지역의 이야기[31]를 들 수가 있을 것이다. 이처럼 동물이 훔쳐오는 것이 있는가 하면 사람이 훔쳐오는 경우도 있다. 그러한 예는 다음과 같은 인도네시아의 슬라웨시(세레베스) 섬 미나핫사의 이야기를 대표적인 것으로 들 수가 있다. 옛날 미나핫사에는 살구만한 커다란 벼만 있었다. 이 벼는 한번 수확하는 것이 아니라 때에 따라 반쯤 익었을 때 수확하여 불에 그을려 먹기 때문에 저장할 수가 없었다. 투렌이라는 남자가 하늘에는 한번 수확하여 저장할 수 있는 종류의 벼가 있다는 사실을 알고 하늘에 가서 그 종자를 훔치려고 했다. 처음에는 쌀통 위에서 잘 때 머리카락을 풀어헤쳐 머리카락 속에 볍씨를 넣어 훔치려고 하다가 그만 들키고 말았다. 그리하여 다음에는 그의 발뒤꿈치에 상처를 내고 닭을 사러 왔다고 속이고 하늘에 올라갔다. 그리고 닭을 쫓는 척하며 말리고 있는 볍씨를 밟고 상처 속으로 볍씨를 훔쳐 넣어 무사히 지상으로 돌아와 파종을 했다는 이야기이다.[32] 이같이 인간이 훔쳐오는 경우도 있었다.

30 · 김태곤, 『한국의 무속신화』, 집문당, 1985, 204쪽.
31 · 大林太良, 『日御崎神社誌』, 341面.
32 · 大林太良, 「東南アジアの神話」, 『無文字民族の神話』, ミシエル パノフ・大林太良 編, 大林太良・宇野公一郎 譯, 白水社, 1998, 75-76面.

그리고 넷째는 새를 통해 곡종이 전해진다는 것이다. 그 예로 곡모신의 지도를 받아 한명의 고아가 비둘기의 위장에서 끄집어 낸 3알의 곡종을 뿌려 시작한 것이 도작의 출발이었다는 미얀마의 카렌족 이야기[33]를 들 수 있을 것이다. 어쩌면 어머니 유화가 보낸 비둘기를 통해 보리의 종자를 받았다는 고구려의 주몽신화도 바로 여기에 속할지도 모른다.

이처럼 하늘에 있는 곡종은 다양한 방법으로 인간세계에 전해졌던 것이다. 이에 비해 사히메 전승의 지역인 이와미에서는 두 가지 유형의 곡물기원신화가 있다. 즉, 하나는 천신에 의한 방법으로 곡신 이나구라타마稻倉魂命가 천상에서 볍씨를 가지고 내려와 사람들에게 도작방법을 가르쳐 주었다는 전승이며,[34] 또 다른 하나는 츠루오카산鶴岡山은 학이 볍씨를 물고 내려온 성산聖山이라는 이야기에서 보듯이 새에 의해서 전해졌다는 것이다. 그 중에서 사히메 전승은 후자의 요소를 적극 수용하고 있음을 알 수 있다.

특히 새에 의해 전래되는 곡물기원신화는 인도네시아, 미얀마, 타이, 베트남, 티벳, 중국, 대만, 한국, 일본 등 매우 폭넓게 분포하고 있다. 이를 두고 오바야시는 일본의 그것은 중국 남부로부터 오키나와를 통하지 않고 한반도 남부를 통하여 전래된 것이라고 해석했다.[35]

그렇다면 그 시기는 언제 전해진 것일까? 여기에 대해 매우 시사적인 해석을 한 사람은 이토 칸지伊藤幹治였다. 그에 의하면 사체

---

33 •  大林太良, 『無文字民族の神話』, 169面.
34 •  大林太良, 『島根縣口碑傳說集』, 1973, 135面에서 재인용.
35 •  大林太良, 『無文字民族の神話』, 198面.

화생형이 고대전승인 것에 비해 새 운반에 의한 곡물기원전승은 주로 근세기록에 전해지는 것으로 보아 수도재배의 보급과 병행하여 보다 후차적으로 생겨났을 것으로 추정했다.[36] 실제로 일본에서 새가 운반하는 곡물기원신화의 대부분은 밭작물이 아닌 논작물의 볍씨이다. 다시 말하여 새를 통한 곡물전래는 도작의 기원을 말하는 것이다.

그런데 그것이 근세기록에 집중적으로 나타나는 것은 사실이지만, 그 이전에 전혀 없었던 것은 아니다. 가령 가마쿠라시대鎌倉時代의 문헌인 『왜희명세기倭姬命世記』[37]에 학이 볍씨를 물어와 인간세계에 전해주었다는 기록이 있기 때문이다.[38] 그 내용을 잠시 소개하면 다음과 같다.

27년 가을 9월 새가 소리 높이 밤낮 쉬지 않고 울어댔기 때문에 이를 이상히 여긴 야마토히메倭姬命가 오오하타누시大幡主命와 토네리舍人 키노마라紀麻良를 보내어 그 연유를 알아보게 했다. 가서 보았더니 시마구니嶋国의 이조伊雜쪽에 아시하라葦原의 한 가운데에 벼 이삭이 하나가 있는데, 뿌리는 하나이지만 끝에는 천개의 이삭이 달려있었다. 그 벼를 새하얀 학이 물고 돌아다니며 쪼아대며 울고

---

36・ 伊藤幹治,「農業と日本神話」, 伊藤淸司・大林太良 編,『日本神話研究(3) 出雲神話 日向神話』, 學生社, 1977, 80-81面.

37・ 『倭姬命世記』는 鎌倉時代에 성립한 伊勢神宮의 神道書이며,『国史大系』第七卷의 神道五部書에 수록되어있는 教理書이다. 내용은 崇神天皇 때 宮中에서 나온 아마테라스의 御靈代(みたましろ)가 각지로 편력하다가 최종적으로 伊勢神宮에 정착하는 과정을 서술한 것을 담고 있다. 역사서가 아니기 때문에 그에 대한 기록을 어느 정도 신뢰성을 가지는지는 알 수 없다. 더군다나 일부에서는 僞書說을 제기하는 사람도 있다.

38・ 大林太良,『神話と神話學』, 大和書房, 1975, 227面.

한다는 것을 밝혀내자 그만 울음을 멈추었다. 이러한 사정을 보고 했다. 이를 들은 야마토히메가 "참으로 기이한 일이다. 영문도 모르는 새조차 황태신皇太神에게 바치는 논을 만드는구나." 하며, 근신을 시작하고, 벼를 이사하토미신伊佐波登美神으로 하여금 뽑게 하여 황태신에게 바치도록 했다. 그 벼를 오오하타누시의 딸 고오토메子乙姬에게 청주를 만들게 하여 신에게 바쳤다. 치치카라千税가 바로 여기에서 비롯된 것이다. 벼가 자라는 땅을 센다千田라 하고, 시마구니의 이조伊雜의 위에 있다. 그곳에 이사하토미의 신궁을 짓고 황태신의 섭궁摂宮으로 삼았다. 이조궁伊雜宮이 바로 이것이다. 그 학을 오오토시신大歳神이라고 하고, 사는 곳에다 야스카호샤八握穂社를 지어 모셨다.[39]

여기에서 보듯이 볍씨를 처음으로 인간세계에 전해준 것은 학으로 되어있다. 그러나 이러한 전승이 고대의 문헌에서 좀처럼 찾기 어렵다는 점을 감안한다면 『왜희명세기』는 매우 독특한 특징을 가지고 있다고 하겠다. 이토 칸지에 의하면 이러한 전승이 근대에 접어들어 대거 유행했다고 하는 것이다. 만일 그것이 사실이라면 사히메의 빨간 기러기 모티브는 그다지 오래되지 않은 것이라고 말할수 있다.

실제로 사히메 전승에 등장하는 빨간 기러기는 중국에서도 보인다. 그 단적인 예로 고대 중국의 전진前秦의 문인이었던 왕가王嘉(?-385?)가 쓴 『습유기拾遺記』에 전신이 빨간 새 한 마리가 볍씨를 물고 가다가 지상으로 떨어뜨린 것을 염제炎帝가 주워서 농사를 시작했다

39 ·  和田嘉壽男, 『倭姫命世記注釋』, 和泉書院, 2000, 142-143面.

는 이야기가 있다.[40] 이처럼 『습유기』의 빨간 새는 사히메 전승의 빨간 기러기의 원형일 가능성이 아주 높다. 만일 이것이 사실이라면 사히메 전승에 등장하는 빨간 기러기는 에도시대 때 중국 문헌의 영향을 받아 성립되어 이와미의 곡물기원신화에 삽입되었다는 추정 이 가능하다. 따라서 사히메 전승의 새는 오키나와, 혹은 한국에서 전래된 것이 아니라 일본 국내의 보편적인 벼 전래 전승에서 얻어진 결과이다.

그렇다면 이와미에는 먼저 바다를 건너오는 곡령의 이야기가 있 었고, 그것을 기반으로 중앙의 기록인 『기기』의 영향을 받아 사체화 생형을 받아들이고, 또 새를 통해 운반되는 천상강림형을 수용하였 다고 볼 수 있다. 그러나 빨간 기러기를 직접 곡종을 전해주는 동물 이 아닌 곡모신을 태워 바다를 건너는 도구로 이야기 속에 삽입함으 로써 곡종의 기원은 하늘이 아니라 바다 저편에 있는 것으로 묘사했 다. 즉, 해상타계관을 그대로 유지시키고 있는 특징을 보이고 있는 것이다.

이와 같이 이와미에서는 곡종은 바다 저편에서 건너오는 것이 라는 해상타계관이 반영되어 있었던 것이다. 이 점은 볍씨를 천신 인 아마테라스가 관리하고, 그 자손이 지상을 지배하기 위해 내려 다 보낼 때 씨앗을 전해주었다는 『일본서기』와도 차별된다. 다시 말하여 이와미에서는 천상타계관보다 해상타계관이 훨씬 더 오래 된 형태의 이야기이며, 그것을 기반으로 사체화생형과 천상강림형 의 모티브를 수용하여 하나의 곡물기원신화로 만들어진 것이 바 로 사히메 전승이었던 것이다.

---

40 · 袁珂 저, 전인초 역, 『중국신화전설(1)』, 264쪽.

## 6. 신라의 신이 된 이와미의 곡모신

이상에서 보았듯이 이와미의 곡물기원신화인 사히메 전승은 사체화생형과 해상내림형 그리고 천상강림형의 요소가 모두 수용되어 하나의 이야기가 되었다는 특징을 가지고 있다. 그만큼 이와미 지역에는 다양한 곡물기원신화의 요소가 전래되고 있었던 것이다. 그중 사체화생형은 『기기』신화로부터 수용되었고, 해상내림형과 천상강림형은 북방대륙보다 인도네시아, 베트남, 오키나와와 같은 남방문화권과 궤를 같이 하는 신화의 모티브이다.

그 중에서도 가장 큰 핵심을 이루고 있는 것은 "곡물은 바다 저편에서 전해진 것"이라는 해상내림형이었다. 이것을 전승의 기저에 두고 각종 다양한 곡물기원신화의 요소를 수용하였던 것이다. 그 결과 하늘을 강조하는 천상타계관이 약화되고 바다를 대변하는 해상타계관이 자연스럽게 강조되어있다. 그에 따라 바다 저편에 있는 한국은 곡종의 원향인 해상낙토의 이미지를 지니게 되고, 이와미의 토착신인 사히메는 한국의 여신이 된 것이다. 따라서 사히메전승은 한국에서 전래된 것이라 할 수 없다.

그렇다고 해서 곡종까지 한국에서 전래되지 않았다고 말하기는 어렵다. 왜냐하면 사히메는 조를 대변하는 밭작물의 곡령이므로 그 경작법은 한반도를 통해 전래되었을 가능성이 높기 때문이다. 그뿐만 아니다. 일본의 도작기원신화 가운데 천상강림형이 대부분이고, 그것을 학이 전해주는 경우가 압도적으로 많다고 한다. 게다가 일본의 학은 한국에서 건너가는 것이 많고, 또 그와 관련된 전승이 실제로 전해지고 있어서 일본의 도작 기원은 한국에 있다고 주장하는 사람들이 있다. 이처럼 신화적인 요소는 한국과 거리가 멀어도 일본 농사의 기원은 한국과 깊은 관련이 있을 가능성이 높다. 앞으로 여기에 대해 구체성을 지니고 연구될 필요가 있다고 본다.

# 제9장
# 오키에서 불린 신라의 민요

## 1. 오키의 역사서 이말자유래기

나는 지난 2003년 5월 시마네현의 오키섬隱岐을 방문한 일이 있었다. 그곳을 찾은 이유는 당시 나는 『고사기』의 설화 중 오키에 사는 흰토끼가 상어들을 속여 일본 본토로 건너갔다는 이야기에 몰두해 있었기 때문에 그 현장을 꼭 한번 확인하고 싶었다.[1] 특히 그 설화는 일본에서는 초등학교 학생이라면 누구나 다 알고 있을 만큼

---

1 •  『고사기』에 나오는 오키의 지명에 대해서는 지금까지 두 가지 견해가 있다. 그 하나는
    시마네현 隱岐라는 것이고, 다른 하나는 톳토리현의 淤岐라는 것이다. 이 두 지역 모두
    흰토끼 전설을 가지고 있어 어느 한 지역을 설정하기는 어렵다.

유명한 이야기인데, 그와 똑같은 설화가 우리나라의 여수 오동도에서 전하여 지고 있다. 그러므로 그 설화의 전파경로를 추정하기 위해서는 오키를 무시할 수 없다고 생각했기 때문이었다.

그런데 나는 그곳에서 의외의 사람을 만났다. 그가 바로 콘도 타케시近藤武씨였다. 지금은 고인이 되었지만, 당시 그는 70세가 훨씬 넘은 고령의 노인이었다. 그럼에도 불구하고 향토민요에 대한 열의가 대단해 직접 채집 조사하는 일에 만족하지 않고 연구에도 심혈을 기울여 일본민속음악학회에서 발표를 해나가는 그야말로 정열적인 노인이었다. 그러한 그가 나의 숙소에 조심스럽게 찾아와 노래 자료를 보여주며 가사 가운데 자신들도 모르는 말이 너무 많이 나오는데 어쩌면 그것들이 고대 한국어가 아닐까 하며 그 사실 여부를 나에게 물으러 온 것이었다. 언어학자가 아닌 나로서는 그 자료를 받아서 숙소에서 몇 번인가 읽어보았지만 그 의미를 알 수가 없었다. 하는 수 없이 그에게 훗날을 기약하고 참고하기 위해 그 자료의 출처에 대해 물었다. 그러자 그는『이말자유래기伊末自由來記』라는 문헌을 소개해주는 것이었다. 그에 의하면 그 문헌은 오키에서 가장 오래된 역사서이며 자신이 그 복사본을 가지고 있다고 했다. 그리고 그것을 나에게 빌려 줄 수 있다고 했다. 나는 그 복사본을 한국에 가지고 와서 다시 복사를 했고, 그에게 빌린 것은 우편으로 돌려주었다.

현재『이말자유래기』의 원본은 전해지지 않고 있다. 콘도씨가 복사해준 복사본의 겉표지에는 서명과 함께「永亨辛亥三年霜月持福寺隱居一閑」이라는 기록연도와 기록자의 이름이 보이고, 또 지복사持福寺라는 사찰의 낙관이 찍혀져 있다. 영형 3년이란 1431년을 말하고, 지복사는 츠마무라都万村에 있는 불교사찰이며, 일한一閑은 당시 그 절의 주지였다. 이러한 것이 사실이라면 이 문헌은 1431년 아시카가시대足利時代 지복사의 주지 일한에 의해 기록된 것으로 추정할 수 있다. 이 문헌은 적어도 지금으로부터 570여 년 전의 문헌이 되는 셈이다. 그러므로 당연히 원본은 모두 한문으로 표기되어 있었을 것으로 추정된다. 그런데 내가 받은 복사본은 한문으로 되어 있지 않았다. 쉽게 말하면 그 내용을 누가 일본어로 번역해놓은 것이었다. 그렇게 된 데에는 나름대로의 이유가 있었다.

콘도씨에 의하면 1910년 11월 초순 츠마무라 신야시키新屋敷에 사는 아베 켄이치安部廉一이라는 노인이 평소에 잘 알고 있는 가나사카 료金坂亮씨를 찾아와 『이말자유래기』를 보여주었다 한다. 그러자 한문을 해독할 줄 알았던 가나사카씨가 그 자리에서 내용을 풀어서 전보를 칠 때 사용하는 종이의 뒤에다 연필로 기록해두었다. 그 후 가나사카씨는 오사카로 이사하여 살다가, 1950년 자신의 고향인 고카무라五箇村 자택으로 돌아와 그 동안 방치해두었던 창고를 청소하다가 예전에 자신이 해독하여 두었던 『이말자유래기』를 찾아내었다. 그러나 그때는 이미 마지막 부분의 3분의 1가량이 분실되고 만 상태이었다.[2] 그 이후 『이말자유래기』는 가나사카씨의 장남 가나사카 토시오金坂俊夫씨에 의해 보존되어오다가 최근 그의 친지인 사이고쵸西鄉町에 사는 이시다 토요히코石田豊彦씨의 소개로 민요 연구가인 콘도씨에게 전해졌고, 다시 그에 의해 복사본으로 나의 손에 들어오게 된 것이다.

나는 귀국한 뒤 좀처럼 읽을 기회를 찾지 못하다가 최근에 차근

---

2 • 　近藤武, 「韓國語と隱岐の古語が混在する民謠」, 『民俗音樂硏究(27)』, 日本民俗音樂學會, 2002, 64面.

차근 읽어보고는 깜짝 놀라지 않을 수가 없었다. 그것에는 내가 미처 듣지도 보지도 못한 역사가 숨어 있었기 때문이다. 특히 그 역사는 오키와 한국과의 관계를 밝힐 수 있는 중요한 사실들이었다. 내가 알기로 그러한 내용들은 일본에서는 지역 향토사학가[3]들에 의해 조금씩 일반인들에게 알려지고는 있다 하나 일반화된 것이 아니며, 더군다나 우리나라 학계에서는 전혀 소개된 바가 없는 새로운 사실들이었다. 문헌에 대한 고증을 하는 일도 필요하겠지만, 먼저 그 내용을 소개하는 것도 중요한 작업이다. 따라서 이 장에서는 먼저 『이말자유래기』에 기록되어있는 신라인의 이주신화를 소개한 다음, 그들이 불렀다고 하는 민요를 우리 글로 해석하여 소개하고자 한다. 이 민요는 오키인들이 부르기도 하였지만, 오키의 첫 정착민이었던 신라인들이 불렀던 것이기 때문에 우리에게 더 큰 의미가 있을 것으로 사료될 것으로 생각된다.

## 2. 오키의 최초 이주자는 신라인

『이말자유래기』는 오키의 최초 이주인들에 관한 기록도 담겨져 있다. 이들을 목엽인木葉人이라 불렀다. 이들이 오키에 이주해 정착하는 과정의 역사를 담담하게 그려내고 있는데, 그 내용을 소개하면 다음과 같다.

---

3 • 大西俊輝는 그의 저서 『山陰沖の古代史』(近代文藝社, 1995)에서 『伊末自由來記』에 대해 그 내용과 함께 해설까지 상세히 기술하고 있다. 그러나 그는 그 속에 담겨져 있는 노래에 대해서는 전혀 관심을 나타내지 않고 있다.

타쿠히야마신사                                           현판

오키에 처음으로 정착한 인간은 목엽인이었다. 후세에 고노하지이木
葉爺, 고노하바바木葉婆, 미노지이箕爺, 미노바바箕婆 등으로 불리는 사
람들도 모두 이 목엽인족이었다. 그들은 밑에는 짐승가죽의 옷을
입고, 위에는 나뭇잎을 소금물에 담구었다가 말려서 입고, 나무나
버드나무 껍질로 엮은 것을 입고 다녔기 때문에 생겨난 이름이었다.
머리카락도 자르지 않고, 수염도 기른 채 눈만 부리부리하여 무서운
모습을 하고 있었지만 성격은 매우 좋았다. 제일 먼저 온 자들은
이고伊後의 서쪽 포구에 도착하여 해안을 따라 오모스主栖의 마츠노
松野를 거쳐 기타카다北潟에 정착한 남녀 두 사람이었다. 그들은 불을
만드는 도구와 낚시를 하는 도구를 가지고 있었다. 그 다음에 온
자는 남녀 두 쌍이었다. 그들은 나가오다長尾田에 도착하여 오모스에
서 피어오르는 연기를 보고 내왕을 하였다. 그런데 어느 날 배 한척
이 남자 1명, 여자 2명을 태우고 남쪽 섬에 도착하였다. 맑은 날 남쪽

섬으로 건너가 찾아보았지만 알 수가 없었다. 그리하여 제일 높은 산에 올라가 불을 피웠더니 불이 없어서 곤란했던 남녀 세 사람이 올라왔다. 당시 불은 가장 소중한 것이었고, 목표가 되기 때문에 이 산에서 붙인 불은 남녀 두 사람이 끊어지지 않도록 자손들에게 전했다. 이 산이 타쿠히야마焚火山이며, 이들 세 명이 도착한 것은 지금 후나고시船越였다. 그 후 해마다 섬의 도처에 동종의 인간이 표착하여 정주했다. 초창기에 정착한 사람들의 마을이 살기가 좋았기 때문에 오모스와 후나고시에 모여 살았다. 훗날에는 섬 전체에 걸쳐 흩어져 살게 되었다. 이들은 맛있는 경단을 만들었는데, 이 경단은 훗날까지 에치무라役道邑에서 만들어졌으며, 그들의 절구 노래와 떡방아 노래, 자장가가 전해지는데, 절구 노래와 떡방아 노래는 그 의미가 매우 난해하여 이해하기 어렵고, 읍장邑長의 집안에서만 전해지고 있으며, 자장가도 난해하지만 일반인들에 의해 지금도 불리워지고 있다. 이들 목엽인은 서방천리西方千里 가라시로부리加羅斯呂觸로부터 왔다고 하며, 또 가라노죠라국韓之除羅國에서 왔다고도 한다.[4]

이상의 내용에서 보아 알 수 있듯이 『이말자유래기』는 오키의 창세기라 할 수 있는 신화의 이야기부터 시작하고 있다. 특히 주목할 만한 사항은 목엽인에 대한 설명이다. 이들은 나뭇잎과 짐승가죽으로 옷을 해 입는 원시상태의 사람들이었다. 이들은 머리카락과 수염도 자르지 않았고, 눈은 부리부리하여 무서운 얼굴을 하였으나, 성질은 온순하였으며, 이들의 이주는 1회에 그친 것이 아니라 3번에 걸쳐 진행되었다고 되어있다. 이들이야말로 아무도 살지 않는 무인

4•    金坂亮,「伊末自由來記-資料-」,『隱岐鄕土硏究(2)』, 隱岐鄕土硏究會, 1957, 39-43面.

도였던 오키에 처음으로 정착한 사람들이자 개척민들이었다. 그리고 떡방아를 찧어 떡을 만들 만큼 농경문화를 가진 사람들이었다.

그런데 이들은 어디에서 왔을까?『이말자유래기』는 그들의 고향은 '서방천리 가라노시로부리加羅斯呂觸' 혹은 '가라노죠라국韓之除羅國'으로 표현했다. 여기에서 표현되어있는 '가라加羅'와 '가라韓'에 대해 고령의 향토사학자 김도윤은 대가야를 가리키는 말로 해석했다.[5] 즉, '가라加羅'와 '한韓'의 일본어 발음인 "가라"를 가락국(가야)으로 해석하였던 것이다. 그러나 그들이 가야국에서 오키로 건너갔다고 보기는 지리적으로 보아도 선뜻 납득이 가지 않는다. 그 사이에 신라가 있으며, 그러한 지리적 특징으로 가야인보다는 신라인이 오키에 건너갔을 확률이 더욱더 높기 때문이다. 그러므로 이를 고대국가 가야를 나타내는 말이 아니라 한반도 남부를 가리키는 의미로 해석하는 것이 무난하다고 보여진다.

그렇다면 그들의 고향은 '시로부리斯呂觸' 혹은 '죠라국除羅國'이 된다. 이것들과 가장 유사한 발음의 고대국가는 가야가 아닌 신라이다. 왜냐하면 '시로'의 한자표기를 한국어로 읽었을 때 '사로'이며 사로는 곧 신라의 옛 이름이기 때문이다. 그리고 오키인들은 그것에다 '촉觸'자를 붙여서 '시로부리'라 했다. 이것은 곧 신라의 서울인 서라벌을 연상하고도 남음이 있다. 이같이 보았을 때 '시로부리'는 신라를 가리키는 말임에 틀림없다. 따라서 그곳의 나라 이름을 죠라除羅라고 한 것도 신라를 일본식으로 표기한 것으로 보인다. 그렇다면 그 말은 외국의 서라벌, 신라국이라는 뜻으로 해석이 될 수밖에

---

5 · 김도윤,『伊末自由来記와 加羅斯呂觸 - 대가야와 隱岐, 佐田, 日向과의 관계연구 - 』, 고령 문화원, 1991, 120쪽.

없다. 따라서『이말자유래기』에서 말하는 오키의 최초의 거주자 목엽인은 가야인과 일본인이 아니라 신라인이었음을 알 수 있는 것이다. 이처럼 오키의 역사는 신라인으로부터 출발했다.


### 3. 오키의 고민요 속의 한국어

『이말자유래기』는 목엽인이 전했다고 하는 민요는 3편이 있다. 콘도씨에 의하면 그 민요가 오키섬에서 내려오는 가장 오래된 것이며, 그것들은 목엽인들이 경단을 만들 때 불렀던 노래라고 한다. 그런데 그 노래의 가사가 난해하여 지역사람들도 그 내용을 모르는 부분이 많이 나온다는 것이다. 콘도씨는 이를 고대 한국어일 가능성이 매우 높다고 추정했다.

그의 말이 묘한 설득력을 가지는 것도 그것을 전하였다고 하는 목엽인이 신라에서 건너간 사람들이라면 그 속에 나오는 단어 가운데 한국어가 섞여있는 것은 어쩌면 당연하다고 보이기 때문이다. 그러므로 노래의 의미를 분명히 하기 위해서는 의미가 불분명한 가사들을 한국어로 풀이하는 작업이 절실히 필요하다.

그러나 그러한 것은 언어학이 아닌 민속학을 전공하고 있는 나로서는 도저히 감당할 수 있는 과제가 아니었다. 더군다나 이를 보다 완벽하게 하기 위해서는 오키의 방언까지 이해해야 하기 때문에 더더욱 불가능해 보였다. 이러한 나에게 행운이 찾아왔다. 콘도씨가 노래의 해석에 적극적으로 협력을 해주기로 했고, 나는 또 여기에 힘입어 세 개의 민요를 한국어와 오키의 방언으로 풀이하면 그것이 어떤 의미를 지니는 노래인지를 알아보기로 했다.

(1) 절구의 노래

그럼 먼저 절구의 노래부터 살펴보기로 하자. 『이말자유래기』에 의하면 이 노래는 읍장邑長의 집안에서만 전해지는 특별한 노래이며, 또한 난해해서 일반인들이 이해하기가 매우 힘들다고 한다. 여기에서는 일단 의미가 불분명한 말들을 가타카나로 표기한 후 그것에 대해 한국어와 오키의 방언으로 풀이했다.

島のモクノシセイボン熟れた

ハイベンタイベンソウベン拾ふた

ハレバメこめてのもみブリホクに

ムリトントガチやドナベも燒いた

モクノシソメをサンにして

クドのシリキがヨンギあげりや

杵爺やつとこ白婆はい

やつとこはいややつとこはい

タライシトギの搗き始め

あ、ら目出度や目出度やな

モクノシ(모쿠노시)　　이 말에 대해서는 지금까지 두 가지 견해가 있다. 하나는 나무의 열매라는 의미의 한국어로 보고 나무 열매[木種]로 해석하는 것이고,[6] 또 다른 하나는 오키에 자생하는 모쿠로지라는 나무라는 해석이다. 오키의 노인들의 말에 따르면 모쿠로지의 열매는 도토리 크기만 하고, 둥글고 황색 표피에 싸인

---

6・　朴炳植, 『スサノオの來た道』, 每日新聞社, 1988, 169面.

검은 색깔의 열매라고 한다. 그 껍질을 문지르면 거품이 생기는데, 옛날에는 비누 대신에 그것으로 머리와 얼굴을 씻었다 한다. 그러나 여기에서는 전체의 문맥을 보고 후자의 설을 따랐다. 왜냐하면 나무 열매가 일 년에 세 번씩이나 익는 경우는 거의 없기 때문이다.

セイボン(세이본)  여기에 대해서도 두 가지로 해석이 가능하다. 하나는 세 번의 한국어로 해석하는 경우이고,[7] 또 하나는 오키의 방언으로 모쿠로지의 열매를 나타내는 말로 해석하는 경우이다. 여기에서도 후자의 설을 따랐다.

ハイベンタイベンソウベン  혹자는 이를 해변에서 큰 배, 작은 배에서 주었다고 해석하고 있으나,[8] 나는 그와 달리 이를 한국어로 보고 한번, 두 번,
(하이벤타이벤소오벤)  

세 번으로 해석하여 보았다. 왜냐하면 나무열매를 줍는 곳을 해변보다 산으로 설정하는 것이 자연스럽게 느껴지기 때문이다.

ハレバメ(하레바메)  하룻밤에를 일본어로 표기한 것으로 추정.

プリホク(뿌리호쿠)  불이 활활 타오르는 모양을 나타낸 말로 추정.

ムリトン(무리통)  물동이를 일본어로 표기한 것으로 추정.

トガチ(토가치)  이는 오키의 방언으로 작은 항아리라는 의미.

ドナベ(도나베)  이는 점토로 구운 남비土鍋를 의미.

ソメ(소매)  이는 곡식을 헤아릴 때 한 섬, 두 섬, 세 섬 할 때의 섬에 해당하는 말로 추정.

サン(산)  산山을 가리키는 말로, 산만큼 많다는 의미를 나타내는 말로 추정.

---

7 •    朴炳植,『スサノオの來た道』, 169面.
8 •    朴炳植,『スサノオの來た道』, 171面.

| クド(쿠도) | 경상도 방언에서 아궁이를 나타내는 구덕을 일본 |
| | 식으로 표기한 것으로 추정. |
| シリキ(시리키) | 떡을 찔 때 사용하는 시루를 가리키는 말. |
| ヨンギ(욘기) | 한국어의 연기를 일본어로 표기한 것. |
| タライ(타라이) | 달다는 한국어에서 변화된 것으로 추정되나 편의 |
| | 상 여기에서는 맛있다로 해석했다. |
| シトギ(시토기) | 오키에서는 지금도 홍백의 작은 떡을 시토기 또는 |
| | 시토기 떡이라 하여 집을 신축하거나 배를 새롭 |

게 축조하였을 때 대중들에게 그것을 뿌리며 축하하는 풍속이 있다.
그러므로 시토기는 홍백의 떡을 가리키는 말로 추정이 가능하다.


이러한 낱말에 대한 지식을 가지고 위의 노래를 한국어로 번역
한다면 다음과 같다.


섬의 모쿠로지 나무열매가 익었다.
한번, 두 번, 세 번 주웠다.
하룻밤 쌓아놓은 벼에 불을 지피고
물동이, 작은 항아리, 흙 냄비도 구웠다.
나무 열매를 담은 가마니를 산처럼 쌓아놓고
아궁이에 걸친 떡시루에서 연기가 피어오른다.
절구공이 할아버지야 절구 할머니야
어서 어서 와서 찧어라
맛있는 시루 떡을 찧어보자
오호라 좋구나, 얼씨구나 좋구나

## (2) 떡방아 노래

이어서 두 번째의 떡방아 노래를 소개하면 다음과 같다. 이 노래
에 대해서도 절구의 노래와 마찬가지로 읍장의 집안에서만 전해지
는 특별한 노래라고 『이말자유래기』는 말하고 있다.


臼婆は杵爺にこずかれ

だんつくだん

だんつくだんだん子が出來た

出來たその子がそれ團子

サンヤク葛タイママヤイ

苺椎栗団子タライママ

トキカリひろげて

キダリシヤウ


サンヤク(산야쿠)　　산山의 약藥을 줄인 것으로 마薯를 가리키는 말로
　　　　　　　　　　추정.

タイママヤイ(타이마마야이)　　아직까지 정확한 의미는 파악되지 않고
　　　　　　　　　　있으나 『이말자유래기』에 의하면 고대에
만든 경단의 재료로 대밥, 메밀잣밤나무의 열매[椎實], 칡가루[葛粉],
백합뿌리, 산딸기, 누룩, 소금 등을 섞어 절구로 찧는데, 분량은 모
르겠다고 하는 구절이 나오는 것으로 보아 이 구절의 말도 경단에
사용하는 재료를 열거하는 것으로 추정해볼 수 있다.[9] 그리하여 타
이는 한국어의 대[竹]에 해당되는 말이라고 추정된다. 즉, ㅐ가 ㅏ와

---

9・　　近藤武,「韓國語と隱岐の古語が混在する民謠」,『民俗音樂硏究(27)』, 67面.

ㅣ로 변용된 것으로 보이기 때문이다. 그리고 마마는 오키의 방언으로 밥을 나타내는 말이다. 그러므로 이는 한국어 대와 밥을 의미하는 오키 방언이 합해진 말로 해석이 가능하다. 즉, 대밥인 것이다. 콘도씨에 의하면 대밥은 대숲의 대나무에서 생겨나는 것이 아니라 잡목림에서 자생한 대나무 열매는 쌀같이 생겼는데, 그것을 먹으면 조금 단 맛이 난다고 한다.[10] 따라서 '타이'는 대나무, '마마'는 그 열매를 가리키는 것으로 보아도 무방할 것 같다. 그리고 '야이'는 병렬을 나타낼 때 사용하는 일본어 야를 길게 발음한 것으로 추정된다. 왜냐하면 그 뒤에 계속 경단의 재료가 되는 산딸기와 메밀잣밤나무의 열매가 등장하기 때문이다.

タライ　　　　　　달다는 의미의 말. 여기에서도 맛있다로 해석.

トキカリ(토키카리)　경상도에서 자주 쓰는 떡깔리. 즉, 떡가루를 가리키는 말.

キダリシヤウ(기다리샤우)　기다리시오라는 한국어에서 변용된 말로 추정.


이렇게 해석하여 이상의 노래를 한국어로 번역하면 다음과 같다.


절구 할매는 공이 할배에게 쿡 찔려서
쿵덕쿵
쿵덕쿵 쿵덕쿵 경단이 생겼다.
생긴 그 아이가 바로 그 경단
마, 갈분, 대밥이랑

---

10・　近藤武, 「韓國語と隱岐の古語が混在する民謠」, 『民俗音樂研究(27)』, 67面.

산딸기, 메밀잣밤나무 열매로 만든 경단은 맛이 있단다.
떡가루를 뿌리면서
기다리시오.

## (3) 자장가

마지막으로 자장가의 가사를 소개하면 다음과 같다. 이 노래는
앞에서 본 절구노래와 떡방아 타령과는 달리 오키섬에서 일반적으
로 널리 알려져 있는 노래라고 한다.

> アチメ露分けて枝折りに
> ナリ暮れりゃ
> ネエリチョンナリタアトさん
> 杵爺の許に宿かりて
> 木の葉團子を貰うて
> チァシャアドリに負わして
> 枝折りのサンコクケンチァアナ
> ねんねの子よ團子の子
> ボエリゃ杵爺が髪の中
> ドングリズニを光らして
> 白い齒出して笑うぞえ
> だんまてねんねせ
> 此子はよい子だねんねせ

| アチメ(아치메) | 아침에를 일본어로 표기한 것. |
| ナリ(나리) | 날이를 일본어로 표기한 것. |

| ネエリチョンナリタアト<br>(내에리촌나리타아) | '내일은 좋은 날이다'라고 한국어로 해석이 가능하다. |
| チャアシャ(짜아샤) | 잘자라는 의미의 말. |
| アドリ(아도리) | 아들을 가리키는 말로 해석. |
| サンコク(산코쿠) | 산곡山谷, 즉, 산골을 나타낸 말로 추정. |
| ケンチャアナ(켄챠아나) | 한국어의 괜찮아의 일본식 표기로 해석. |
| ボエリや(보에랴. 호에랴) | 실제로 이 부분에 대해서는 두 가지 표기가 있었다. 하나는 '보에랴'이고, 또 다른 하 |

나는 '호에랴'이다. 전자는 한국어에서 보이겠느냐는 의미에서 '보이랴' '보일까'로 해석할 수 있고,[11] 또 '호에랴'는 오키의 방언으로 '울면'이라는 의미로 해석이 가능하다.[12] 그런데 전체의 문맥상으로 보았을 때 후자의 것이 훨씬 자연스럽기 때문에 후자의 설에 힘을 실었다.

| ドングリズニ(톤구리즈니) | 오키의 방언에서는 둥글고 큰 눈을 가리키는 말로 사용되며, 또 숫소의 눈이 크 |

고 둥글다는 의미에서 그것을 가리키는 말로 사용되기도 한다.

이상과 같이 의미가 불분명한 낱말을 한국어와 오키의 방언으로 해석하여 한국어로 옮기면 다음과 같다.

아침에 이슬을 가르고 나무하다가
날이 저문다.

---

11 · 朴炳植, 『スサノオの來た道』, 173面.
12 · 近藤武, 「韓國語と隱岐の古語が混在する民謠」, 『民俗音樂硏究(27)』, 67面.

내일은 좋은 날이다.

절구공이 할배에게 방을 빌리고

나뭇잎 경단을 받고

잘 자는 아들을 업고

나무하는 산골도 괜찮다.

잘 자라 아이야. 경단의 아이야

울면 절구공이 할배가

도토리와 같이 생긴 크고 둥근 눈을 번쩍이며

수염 속에 하얀 잇빨을 드러내고 웃는다

조용히 잠들어라

우리아이는 착한 아이. 잘 자거라


### 4. 오키와 한국과의 관계

이같이 오키에서 가장 오래된 역사서라 할 수 있는『이말자유래기』에 고대 한국인의 이주전설과 한국어와 오키의 방언이 뒤섞인 민요가 기록되어 있는 것은 무엇 때문일까? 이는 그만큼 오키와 한국과의 관계가 긴밀하였다는 역사적 사실을 반영하고 있는 것이라 해석할 수 있다.

실제로 오키는 한반도와 일본열도를 잇는 징검다리 역할을 했던 역사를 가지고 있었다. 그 대표적인 예가 799년(延曆 18)에 있었던 발해로 보내는 사신의 일행이 오키에 표류한 사건이다. 그에 대해『일본후기日本後記』는 다음과 같이 기록하고 있다.

견발해사遣渤海使 종오위하從五位下 구라노스쿠네카모마로內藏宿祢賀

茂麻呂의 일행이 임무를 마치고 일본으로 돌아가는 도중 해상에서

풍랑을 만났다. 더군다나 칠흑같이 어두운 밤이었기 때문에 거의

동서를 구분할 수 없었다. 바로 그때 멀리서 빛나는 불빛이 있었다.

그것을 의지하여 따라 갔더니 도젠島前의 서도西島 북동쪽에 무사히

상륙할 수 있었다. 그리하여 카모마로가 이상한 불빛이 나는 곳을

찾아 가보니 그곳에는 히나마지히메신사比奈麻治比賣神社가 있었다.

그 신이 진로를 잃어버린 배를 인도하기 위해 일부러 불을 밝힌 것

을 알았다. 지역민들도 "이 신은 매우 영험이 있는 신으로 장삿배가

바다에서 표류하면 반드시 신광神光을 발하여 구조를 해준다."고 말

했다. 카모마로는 이를 듣고 감동하여 서울로 돌아가자 곧 이 신이

폐례幣例에 오르도록 조정에 건의했다. 이것이 조정에 받아들여져

838년(承和 5) 10월 종오위하從五位下라는 관직이 내려졌다. 이로 말

미암아 히나마지히메신사는 오키에 있어서 최초로 국가가 인정하

는 관사가 되었다.[13]

여기에서 보듯이 일본인들도 해상루트를 통하여 한반도와 대륙

으로 드나들 때 오키는 중요한 섬이었다. 발해를 다녀오는 카모마로

의 일행이 방향을 잃고 헤매고 있었을 때 히나마지히메比奈麻治比賣

의 불빛을 보았다는 것은 당시 해상을 오고가는 배를 위해 설치한

등대불이었을 것이다. 이것이 훗날 민간신앙과 결부된 것으로 보인

다. 그 불은 비단 외교사절단뿐만 아니라 장삿배와 어선들이 이용하

였음을 지역민의 진술에서도 확인할 수 있는 것이다. 발해사가 표착

---

13 •  野津龍, 『隱岐島の傳說』, 日本寫眞出版, 1998, 214面에 수록된 것을 재인용.

할 수 있었던 것도 오키가 가지고 있는 지리적 여건에서 발생한 것임은 두 말할 나위가 없다.

실제로 고대 일본인들이 한반도로 건너갈 때 오키섬을 들렀거나 아니면 오키섬을 지표로 삼았을 가능성은 매우 높다. 그것을 전설로 입증을 하여주는 것이 신공황후의 전승이다. 신공황후는 삼한을 정벌하였다고 전하여지는 전설상의 인물이다. 그녀와 관련된 전승이 오키에서도 전해지고 있는데, 그 내용을 잠시 언급하면 다음과 같다. 즉,

옛날 신공황후가 삼한을 정벌하기 위하여 쯔루가항敦賀港을 출발하여 밤이 되자 일본해의 한가운데 다다랐다. 바로 그때 갑자기 폭풍우가 몰아쳐 방향을 잃고 어찌할 수 없었을 때 저 멀리서 불이 비추는 것을 발견했다. 그것을 따라가자 도후의 츠마무라의 항구에 도착했다. 그 후에도 그녀는 몇 번이나 풍랑을 만났지만, 그때마다 오키의 신들이 나타나 구원을 해주었다.[14]

이상의 내용에서 보아 알 수 있듯이 이 설화는 위의 견발해사 카모마로의 표착전설과 매우 흡사하다. 그들이 비록 풍랑을 만나 오키에 들리는 것으로 되어있다 하나 카모마로는 귀국길에 오키에 들렀고, 신공은 한반도로 갈 때 들렀다는 것은 그만큼 고대에 있어서 일본해를 통하여 한반도와 대륙을 오고 갈 때 교통의 중요한 역할을 하였음을 나타내는 것으로 볼 수 있지 않을까? 즉, 그 전승들의 배경 속에는 오키를 통하여 한국으로 왕래하는 루트가 있다는 것을

---

14 •  野津龍, 『隱岐島の傳說』, 188-190面.

반영하고 있는 것으로 보이는 것이다. 실제로 역사학자 세키 슈이치關周一는 고대와 중세 때 일본해에는 미시마見島 또는 오키를 매개로 산인지방山陰地方과 한반도를 연결하는 한일도항의 루트가 있었다고 추정한 바 있다.[15] 그리고 일찍부터 우리나라의 독도에 와서 어업을 했던 사람들도 오키 사람이었다. 이처럼 오키는 국경의 섬이었지만 일본해와 동해를 연결하는 교통과 어업에 있어서 전진기지였던 셈이다.

한편 오키는 한국인들이 표류하기 쉬운 지역에 위치해 있었다. 실제로 오키에는 한국에서 표류해온 사람들의 이야기를 종종 들을 수 있다. 그 대표적인 예가 함경도 함흥사람의 표류 이야기이다. 옛날 고카손五箇村의 바다 어귀에 함흥사람이 표류해 왔다. 그는 배를 만드는 목수여서 오키 사람들에게 처음으로 배를 만드는 기술을 가르쳐 주었다고 한다. 이를 오키 사람들은 계승 발전시켜 '가나기 칸코'라는 오키의 독특한 조선기술을 개발하였다는 것이다. 여기에서 말하는 칸코라는 말은 함흥을 일본어로 발음한 것이라 한다.[16] 이러한 전승은 우리나라 동해에서 풍랑을 만나 표류하면 해류에 휩쓸려 오키의 해안에 도착하기 쉽다는 것을 의미한다.

실제로 그러한 예는 문헌상으로도 확인이 된다. 그와 관련된 기록은 17세기 무렵부터 보이기 시작한다. 그 첫 예가 1664년(현종 5)에 있었다. 당시 전라도 흥향현 훈련도감 소속 선인船人 김례생金禮生 등의 처자 19명이 전라감사에게 진정서를 내어 그들의 남편들이 지

---

15 •  關周一, 「中世山陰地域と朝鮮との交流」, 『島根史學會研究報告書〈1〉, 山陰地域における 日朝交流の歷史的展開』, 島根史學會, 1994.
16 •  藤田二郎, 『環海日本海潮流文化 ふしぎな歷史探索』, 西多摩新聞社, 1999, 41面.

난 해 8월 경상도 영해[丑山浦]로 어물을 매득하러 배를 타고 나섰다가 돌아오는 도중 행방불명이 되었으므로 생사를 확인해줄 것이며, 혹시라도 일본에 표착했다가 살아오는 경우에 정상을 참작해 달라고 요청한 사건이 발생했다. 그런데 그들은 1663년(寬文 3) 11월 4일 오키에 표착했고, 일본의 관헌에게도 그러한 사실을 자백했다. 1664년 5월 대마번 표차왜 다치바나 나리시게橘成重에 의해 무사히 송환되었다.[17]

그 이후 오키에 표착한 예가 수 없이 발견되어진다. 가령 1750년 10월 16일에는 경상도 장기사람 4명이 오키의 벳푸무라別府村의 우치미미우라內耳浦에 표착했으며, 1783년 3월 20일에는 경상도 영일사람 10명이 오키의 스키군周吉郡 모토야마을元屋村에 표착한 바가 있다. 그리고 1784년 강원도 통천사람 9명이 같은 곳에 표착한 적이 있는데, 이들은 강원도가 흉년이 들어 곡물을 싣고 평해로 가던 도중 풍랑을 만나 표류하게 되었다 한다.

그리고 1820년 10월 17일에는 강원도 삼척 사람 11명이 오키의 구니카에 표착했는데, 이들은 8월 그믐 경상도 울산에 가서 소금을 사서 돌아가던 중 10월 12일에 표류하여 5일 후 오키에 표착했던 것이다. 1820년 11월 4일에도 전라도 영암사람 6명과 강원도 평해사람 2명을 태운 배 한 척이 오키의 오키다仲田에 표착했는데, 이들은 쌀을 싣고 강원도 평해로 갔다가 돌아오는 길에 표류하였다 한다. 1827년 3월 8일에도 울산사람 12명이 오키의 아마군海土郡 후타고이와二子岩에 표착했는데, 이들은 부산으로 공미貢米를 싣기 위해 갔다가 3월 상순 기장을 출발해 돌아오던 도중 표류하게 되었다

---

17 · 이훈, 『조선후기 표류민과 한일관계』, 국학자료원, 2000, 61쪽.

했다. 1830년 11월 6일에는 울산사람 10명이 도젠島前의 지부리군 知夫里郡 벳푸무라別府村 미미우라耳浦에 표착했는데, 이들은 9월 하순 강원도 양양에서 소금을 팔고 함경도 함흥을 향해 가기 위해 11월 1일 양양을 출발하였으나 표류하다가 오키에 도착했다는 것이다. 그리고 1834년 10월 10일 경상도 영해사람 5명이 도젠의 지부리군 호소우라細浦에 표착했는데, 이들은 울산에서 소금을 싣고 돌아가는 도중 10월 3일에 표류하여 오키까지 떠밀려 오게 되었다 한다. 1852년 9월 6일에는 전라도 장흥사람 9명이 오키의 후쿠우라福浦에 표착했다. 그들은 8월 7일 건어를 경상도 장기에서 사 가지고 돌아가던 도중 표류하여 오키에 표착했던 것이다. 또 1856년 11월에도 전라도 흥양사람 8명이 아카나다赤灘에 표착한 일이 있는데, 이들은 강원도 평해에서 건어를 구입하여 돌아가다가 표류하여 오키에 오게 되었다 했으며, 1867년 10월 17일 경상도 영일사람 6명이 지부리군 미다무라美田村에 표착하였는데, 이들은 강원도 삼척에 가서 곡물을 싣고 돌아가던 도중 표류하다가 오키에 표착하였다 한다.[18]

이처럼 우리나라 동해안에서 표류하다가 오키에 표착한 어민들이 수없이 많다. 오키 사람들에게 조선기술을 전수한 함흥사람들처럼 기록으로 나타나있지 않은 경우도 많을 것이다. 그들 가운데는 오키에 정착한 사람들도 있을 것이며, 고국으로 송환된 사람들도 있었을 것이다.

---

18 •  표류민의 기사는 池內敏의 『近世日本と朝鮮漂流民』(臨川書店, 1998)에 수록된 연표를 참조하여 작성한 것임.

나가오다의
백산신사

　그런데 그들의 표착한 지역이 그때마다 조금씩 차이가 나지만
한 가지 공통점이 있다. 그것은 다름 아닌 도고島後의 경우는 서쪽
해안, 그리고 도젠의 경우는 서쪽 해안과 우리나라를 바라보고 있
는 북쪽 해안에 집중적으로 몰려져 있다는 사실이다. 목엽인으로서
1차로 도착한 곳이 도고의 이고伊後 서쪽 포구라고 하고, 2차적으로
도착한 곳이 나가오다長尾田, 3차적으로 도착한 곳이 후나고시船越이
다. 이들 지역 모두 도고의 서쪽 해안과 도젠 니시지마西島의 북쪽
에 위치해 있다. 더군다나 견발해사가 표착한 곳도 도고의 서쪽 해
안이고, 신공황후가 들렀다는 곳도 도고의 서쪽 해안이다. 이처럼
역사적 기록과 일치한다는 것은 그만큼 『이말자유래기』의 목엽인
이주전승이 결코 함부로 만들어진 것이 아니라 어느 정도 역사적
사실을 토대로 만들어진 것임을 알 수 있다.
　여기에서 보듯이 오키의 서북쪽은 한국의 동해안과 일본의 산
음지방을 연결하는 해상루트를 가지고 있었다. 그 뿐만 아니라 실

제로 많은 한국인들이 표착한 지역이다. 오키의 최초 주민이었던 목엽인들이 도착했던 곳도 서북쪽 해안이고, 또 그들이 신라인이며 그들이 남긴 노래 속에 한국어가 아직도 많이 남아있다는 사실을 『이말자유래기』가 여실히 증명하고 있는 셈이다. 그러므로 『이말자유래기』는 오키의 향토사이자 고대 한국인의 이주사이기도 한 것이다.

## 5. 반도와 열도를 잇는 오키

콘도씨의 안내로 고카손五箇村 나고다名尾田라는 작은 포구마을을 방문한 적이 있다. 그곳 해안에는 한국의 동해안에서 떠내려온 쓰레기로 가득했다. 심지어 그곳의 어느 가정에서는 한국에서 떠내려온 물탱크를 건져 긴요하게 사용하고 있는 것을 보기도 했다. 그리고 그곳 마을에서는 자기 조상이 한국에서 건너왔을 것으로 추정하는 사람들이 의외로 많았다. 이들의 증언으로 국경이 확실치 않았던 시대에 있어서 바다는 다른 세계에 살고 있는 인간들을 연결시켜주는 열린 세계였음을 확인할 수 있다.

그러한 것을 문헌적으로 입증해주는 자료가 이번의 『이말자유래기』였다고 보인다. 그것을 통하여 오키의 초기 정착민들은 신라에서 건너간 사람들이었고, 그들이 훗날 일본본토에서 들어온 아마족海人族들과 함께 어울려 오키를 개척해 나갔으며, 그 결과 이상과 같은 세 개의 민요를 남기고 있음을 확인할 수 있었던 것이다. 그러나 『이말자유래기』에 대한 역사적 고증이 완전하게 이루어진 상태는 아니다. 그리고 그 속에 나타난 한국어 역시 완벽하게 밝혀진

것이 아니다. 앞으로 여기에 대해 전문가들에 의한 철저한 검증이
이루어져야 할 것이다.

그리고 아직도 일본의 각 지역에는 『이말자유래기』와 같이 한국
과 관련된 자료들이 창고 속에서 잠들어 있는 경우가 얼마든지 있을
수 있다. 앞으로 그러한 것에 대해 관심을 가지고 하나씩 발굴하여
정리하고 소개하며 검증하는 작업이 필요하다. 이러한 작업은 베일
에 가려진 한일관계사를 보다 명확히 하는데 중요한 역할이 될 뿐만
아니라 지역과 지역 간의 교류를 등한시했던 우리의 역사관에 새로
운 자극을 주는 의미 깊은 일이 될 것임에 틀림없다. 끝으로 『이말
자유래기』와 만나게 해준 콘도씨의 명복을 빈다.

# 제10장
# 후쿠이현의 신라계 신사와 전승

1. 후쿠이와 신라
2. 와카사의 신라계 신사와 전승
3. 에치젠의 신라계 신사와 전승
4. 신라의 현실적 선택과 변용
5. 후쿠이의 신라문화

## 1. 후쿠이와 신라

일본의 옛 서울인 교토京都에서 북동쪽으로 곧장 올라가면 후쿠이현福井県이 나온다. 이곳은 우리의 동해와 마주보고 있는 일본해의 한 지역으로서 북쪽 지역을 에치젠越前(또는 嶺北), 남쪽을 와카사若狹(또는 嶺南)라고 일컫는 두 지역으로 구성되어있다. 인구는 약 79만여 명으로, 현청 소재지는 후쿠이시福井市이다.

이곳은 일찍부터 고고역사학계로부터 한반도의 고대국가와 밀접한 관련이 있는 지역으로 자주 지적되어왔다. 예를 들면 '오바야마小羽山 30호 분묘', '하라메야마原目山 분묘군', '노기야마乃木山 분묘' 등의 고분에서 한반도에서 제작된 도검류가 대량으로 출토되는

도금관

도은관

것으로 보고되고 있으며, 특히 '니혼 마츠야마二本松山 고분'에서 출토된 도금관鍍金冠과 도은관鍍銀冠은 일본에서도 매우 드문 것인데, 그 모양이 가야지역에서 출토된 것과 아주 흡사한 것으로 지적되어왔다. 이러한 사실들을 보더라도 이 지역은 고대부터 한반도와 문화적 교류가 활발했던 곳으로 추정되고도 남음이 있다.

이러한 곳에 고대 한국과 관련된 신사 또는 전승이 오늘날까지도 많이 남아있는 것은 어쩌면 당연하다 하겠다. 그 중에서 유달리 신라와 관련된 것이 많다. 일본의 연구자인 무토 마사노리武藤正典는 신라인들이 이곳으로 정착하여 자신들의 선조신을 모신 신사만 하더라도 시로기신사信露貴神社, 시라기신사白城神社, 고나미신사高那美神社, 마기신사麻氣神社, 미미신사彌美神社, 스베신사須倍神社, 계히신궁氣比神宮 등이 있다고 지적한 바가 있다.[1] 이에 비해 재일작가인 김달수씨는 그의 저서를

---

1 · 武藤正典, 「若狹湾とその周辺の新羅系遺跡」, 『東アジアの古代文化〈秋〉』, 大和書房, 1974, 88-89面.

통하여 시라이시신사白石神社, 스가마신사須可麻神社, 시라기신사白城神社, 시로기히코신사信露貴彦神社, 게히신궁氣比神宮, 시라기신사新羅神社 등에 대한 답사기록을 남기고 있다.[2] 이들의 작업은 신사전승을 통해 신라와 일본과의 관계에 접근해보고자 하는 우리들에게 많은 점을 시사해준다. 그럼에도 불구하고 다음과 같은 두 가지 점에서 아쉬움이 남는다.

첫째는 그것을 뒷받침해줄 수 있는 근거 제시가 미약하다는 점이다. 가령 그들이 들고 있는 신사 중 시로기, 시라기, 시라이시, 스가마, 시라히코라는 이름의 신사가 신라계임은 누구나 다 인정할 수 있다. 왜냐하면 그 명칭이나 제신祭神을 통하여서도 신라의 의미를 나타내고 있으나, 고나미, 마기, 미미, 스베, 게히의 경우는 그 속에서 신라의 흔적을 찾기 힘들기 때문이다. 여기에 대한 뚜렷한 증거도 제시하지 않은 채 이들을 신라계 신사라고 하는 것은 선뜻 납득하기 어렵다.

둘째는 그들의 작업이 후쿠이현에 있어서 신라계 신사를 지적하는데 그칠 뿐 그것이 가지는 의미에 대한 고찰이 없다는 점이다. 이들에게는 어떤 유형과 전승 그리고 그와 관련된 민속이 있는지, 또 현재 어떻게 변용되어있는지에 대해서도 살펴볼 필요가 있음에도 불구하고 그에 대한 작업이 너무 소홀히 다루어진 점이 없지 않은 것이다.

그리하여 본장에서는 이러한 선행연구들에 대한 재검토를 하는 동시에 계보가 명확하지 않은 신사들은 일단 제외하되, 신라계이거나 그럴 가능성이 높은 신사들을 중심으로 와카사와 에치젠이라는

---

2 • 金達壽, 『日本の中の朝鮮文化〈5〉』, 講談社, 1975, 28-94面.

두 지역으로 나누어 정리하고자 하며, 또 그것과 관련된 전승과 민속도 함께 살펴보며, 그리고 오늘날 신라계 신사들이 어떠한 모습으로 변용되어있는지 그에 대해서 구체적으로 살펴보는데 중점을 두었다.


## 2. 와카사의 신라계 신사와 전승

향토사가들에 의하면 와카사라는 말은 한국어에서 "왔다 갔다 한다"는 의미의 말인 '와갔소'에서 기인된 말이라 한다.[3] 8세기 말의 문헌인 『속일본기続日本紀』에는 일본조정이 와카사가 오하리尾張, 오우미近江 등지와 함께 소를 잡아서 한신漢神에게 제사지내는 것을 금지시키는 내용이 있다.[4] 여기서 한신이란 중국이 아닌 한반도에서 건너간 외국신을 가리키는 말이다. 다시 말하여 와카사는 오하리와 오우미 지역에서와 마찬가지로 한반도에서 이주한 사람들이 많이 살던 곳이었으며, 이들은 자신들의 신앙을 가지고 제의를 올리고 있었다. 즉, 소를 제물로 쓰는 풍습은 당시 일본 토착민들에게 있어서는 매우 낯선 것이었던 것이다. 이들 가운데는 지리적으로 가장 가까운 신라인들이 많았을 것이며, 그에 따른 신라계 신사도 많이 있을 것으로 추정된다.

여기에 대해 무토는 고나미신사, 마기신사, 미미신사, 스베신사를 들고 있고, 김달수는 스가마신사와 시라이시신사를 들고 있다.

3 ·   全浩天, 『朝鮮からみた古代日本』, 未來社, 1989, 24面.
4 ·   延暦十年(791) 9月条.

그 중 고나미는 창건연대가 미상이나, 『약협국신계기若狭国神階記』에는 신계神階가 '정5위正五位 다케나미竹波明神'를 모시고 있는 것으로 되어있을 뿐, 이 신사가 신라와 관련이 있다는 흔적을 찾을 수 없다. 굳이 무리하게 해석한다면 다케나미라는 신의 이름에서 약간의 흔적은 찾을 수 있다. 즉, 오늘날 이 신은 고나미高那彌로 표기되어 있지만, 그 이름 중 '다케'를 높다는 의미의 '다카高'로, '나미'는 파도를 의미하는 '나미波'로 본다면, 이 신은 높은 파도의 바다를 건너온 외국의 신이며, 그 외국은 바다 저편의 신라라는 유추가 가능하다. 그렇다고 그것이 반드시 신라라는 확증이 있다고 할 수 없다.

그리고 미미는 현재 무로비코室比古王를 제신으로 모시고 있는데, 그는 계화천황의 아들인 히코이마스노키미日子坐王와 사호노오오구라야미도메沙本之大闇見戸賣의 사이에서 태어난 인물이며, 와카사노미미와케若狭之耳別의 시조라 한다. 그러나 이 신을 원래의 주인으로 볼 수는 없다. 신사명이 그것과 전혀 관계없는 미미彌美로 되어 있고, 또 주신을 과거에는 미미명신耳明神으로 불렀으며, 지역에서는 "702년(大寶 2) 미미가와耳川강 상류의 수목에 28개소 신의 이름이 적힌 흰 깃발白幡이 강림하여 100여년 머물다가 그 후 현재의 장소로 옮긴 것"으로 되어있는 전승이 전해지고 있기 때문이다.[5] 이처럼 이 신사의 고유의 신은 천황계와 전혀 관계가 없는 하늘에서 강림한 흰 깃발의 신이다. 이것 또한 무리하게 해석하면 흰 깃발을 일본어에서는 '시라하타'로 하는데, 그 중 '시라'가 '신라'라고 해석할 여지는 없지 않다. 그러나 이것도 단순히 유추일 뿐 확증적인 증거라고 볼 수는 없다.

---

5 •　金田久璋, 「弥美神社」, 谷川健一 編, 『日本の神社と聖地(8) 北陸』, 白水社, 2000, 86面.

그리고 오뉴군遠敷郡에 있는 스베는 현재 바다를 상징하는 재복신財福神인 에비스惠比須를 주신으로 모시고 있는데, 이 신사가 과거에 '스헤'로 불렸고, 또 그 지역에서 스에키須惠器가 대량으로 출토됨으로써 본래는 스에키와 관련된 신사이었을 것으로 추정되는 곳이기도 하다. 고고학에서는 스에키는 신라, 가야, 백제의 일부를 포함한 곳에서 전래되었다고 보고 있기 때문에 출토된 것만으로 신라계라고 단정을 지을 수 없다. 그러므로 이러한 것들을 제외하면 김달수가 들고 있는 시라이시신사만 남는다. 그러나 현지의 자료에 의하면 그것 이외에도 와카사히메와 와카사히코신사가 있으며, 또 신라신사新羅神社와 미가다신사御方神社와 시즈시신사静志神社가 있었다. 그러므로 본장에서는 이 신사들을 중심으로 살펴보기로 한다.

## (1) 오바마시小浜市의 시라이시신사白石神社

오바마시는 해안을 중심으로 발달한 와카사의 중심도시이다. 그곳에서 오뉴가와遠敷川 강이 흐르는 내륙 쪽으로 들어가면 시라이시신사와 와카사히코신사若狹彦神社, 와카사히메신사若狹姬神社, 그리고 신궁사神宮寺가 자리 잡고 있다. 와카사히코와 와카사히메는 신의 이름에서 보듯이 서로 짝을 이루는 신사로 제1, 제2궁으로 일컬어지는 지역에서 최고 권위를 가진 신사이다. 이러한 신사와 사찰은 얼핏 보아 서로 별개의 것으로 보이지만, 실은 모두 신라와 관련을 가지는 하나의 공통점을 가지고 있다.

그 중 시라이시신사는 오뉴遠敷의 네고리近來라는 곳에 자리 잡고 있다. 이 신사의 신은 오뉴가와 강에 강림하였다는 전승을 가지고 있다. 그런데 신사명인 시라이시에 대해 향토사가들은 이곳을 근거로 지배세력을 이룩한 가문은 시라기씨新羅氏인데, 이것이 훗날

시라이시신사　　　　　　　　　　시라이시신사 본전 내부

시라이시白石로 변환되었다는 것이다. 다시 말하면 원래는 '시라기
씨'였던 것이 '시라이시'로 바뀐 것이다.

　이를 뒷받침할 수 있는 증거들이 '오뉴'와 '네고로'라는 지명에도
남아있다. 향토사가들에 의하면 이것들의 어원이 모두 고대 한국어
에 있다고 한다. 즉, '오뉴'는 원래 '원후우'로 한국어 '멀리서 준다'
라는 뜻이며, '네고리'는 '너의 마을'이라는 뜻을 가진 말이라고 해석
하고 있는 것이다. 이 중에서 전자인 '오뉴'의 어원이 한국어 '원후
우'에서 유래되었다는 견해에 대해서는 선뜻 이해가 가지 않으나,
'네고리'에 대해서는 상당한 설득력이 있다. 단 '네고리'는 그들이
말하고 있는 '너의 마을'이 아닌 '나의 마을'로 이해된다. 그 이유는
'네'는 '나의', '고리'는 '고을'로 본다면 그 의미는 '나(우리)의 마을'
이 되기 때문이다. 즉, 이곳을 신라인들은 우리 마을이라는 이름을
붙여 사용했던 것으로 추정되는 것이다.

## (2) 와카사히코신사若狹彦神社,
## 와카사히메신사若狹姬神社

시라이시신사가 있는 오뉴타니遠敷谷 계곡을 따
라 내려가면 와카사히코신사, 와카사히메신사가 있
다. 현재 신사 측의 설명에 의하면 와카사히코는
히코호호데미彦火火出見尊이고, 와카사히메는 그의
부인 도요타마히메豊玉姬라고 한다. 『기기』에 의하
면 이 신들은 천황계의 선조 신으로서 전자는 하늘에
서 강림한 니니기邇邇藝命의 아들이며, 후자는 해신
의 딸이다. 즉, 그들이 짝을 이루었다는 것은 하늘과
바다의 결합을 의미한다. 그런데 『기기』에 의하면
이들이 세상에 출현하고 결합하는 지역적 배경은
규슈의 남부 가고시마로 되어있다. 그럼에도 이 신

와카사히코신사

사에 이들이 제신으로 모셔져 있다는 것은 선뜻 납득
하기 어렵다. 즉, 이것은 중앙의 기록인 『기기』에
의해 후세에 윤색된 것으로 받아들이지 않을 수 없는 것이다.

그렇다면 이 신사의 신은 원래 어떠한 신이었을까? 이를 알 수
있는 문헌적 자료가 『약주관내사사유서기若州管內社寺由緒記』이다. 이
것은 와카사히코와 와카사히메의 출현을 기록한 일종의 연기설화이
다. 그 내용을 간략히 소개하면 다음과 같다.

원정元正 천황의 715년(靈龜 1) 9월 10일, 신령스러운 오뉴강 상류 시라
이시白石 바위에 백마를 타고 구름 위에서 강림하였는데, 그 형체가
당인唐人(외국인)과 같았다. 이 신이 와카사히코이다. 그는 권속 8명을
거느리고 있었다. 그 중 칼을 들고 있는 동자가 1명이 있었는데,

와카사히메신사

그를 절문節文이라 한다. 그는 처음에는 다다다케多田岳의 북동쪽에
거처를 정하고, 삼나무 잎으로 지붕을 삼고 7일간 그곳에서 보낸 다
음, 용가마龍駕를 타고 지역을 두루 살펴보고, 지금의 장소에 자리를
잡았다. 이에 이어 721년(養老 5) 2월 10일에 같은 시라이시 바위에
여신이 당인의 모습을 하고서 백마를 타고 흰 구름에서 강림하였다.
이 신이 와카사히메이다. 이 신도 권속이 8명이었으며, 칼을 든 절문
이 있었다. 이 신을 위해서는 별도의 장소에 사전을 지어 모셨다.[6]

6 •    大森宏, 「若狹彦神社, 若狹姬神社」, 谷川健一 編, 『日本の神社と聖地(8) 北陸』, 白水社, 2000,
       9-10面.

이 내용에서 보듯이 와카사히코와 와카사히메는 백마를 타고 구름 위에서 내려온 천신이다. 그 모습이 일본 토착민들과는 다른 외국인과 같은 모습을 하고 있었고, 그들의 졸개들은 칼을 들고 있었다고 했다. 즉, 이들은 지배자 신화로는 천손강림의 신화를 가지고 있었고, 문화로는 말을 타는 기마와 쇠를 이용하는 철기 문화를 가지고 있었던 것이다. 이러한 문화를 가진 그들은 토착민들에게는 그야말로 이상한 모습의 외국인 신라의 신이었던 것이다. 이들이 처음으로 자리 잡은 곳이 신라를 의미하는 시라이시白石였다. 그곳에서 다시 이동하여 터를 잡은 것이 오늘날 와카사히코신사와 와카사히메신사인 것이다.

한편 신궁사神宮寺는 와카사히코신사와 와카사히메신사의 인근에 있는 불교사찰이지만, 그들과 무관하지 않다. 연기설화에 의하면 이 사찰의 원래 이름은 '영응산鈴応山 신원사神願時'였고, 714년 와카사히코와 와카사히메의 직계손인 야마토오미노 아카마로和朝臣赤麿가 창건하였다고 한다. 그리고 창건 때 와카사히코와 와카사히메를 하나로 통합하여 오뉴명신遠敷明神이라 하고 이를 신궁사에 모셨다고 한다. 다시 말하여 이 절은 출발부터 신불습합의 사원이었다. 이처럼 오바마시의 오뉴 일대는 신라인들이 거주한 곳이었으며, 그들의 신앙지가 시라이시신사, 와카사히코신사, 와카사히메신사 그리고 신궁사였던 것이다.

### (3) 오바마의 신라신사

오바마시 오토코야마男山에 하치만신사八幡神社가 있다. 전국시대의 무장인 니와 나가히데丹羽長秀(1535-1585)가 와카사를 지배하고 있었을 때 그가 1585년에 발행한 '금제장禁制狀'에 '당사병한말사신라부지경망사当社并限末社新羅敷地競望事'라는 문장이 기록되어있다. 이에 주목한 김달수는 그 의미는 정확하게 이해할 수 없으나, '부지경망사敷地競望事'는 부지에 손을 데어서는 안된다는 의미인 것 같고,[7] 또 '한말사신라限末社新羅'라는 것이 있는 것으로 보아, 이 신사의 말사에 신라신사가 있었다는 것을 보여주는 것이라고 해석했다.[8] 이를 종합하여 보면 하치만신사의 말사에 신라신사가 있는데, 그 신사의 부지에 피해를 입혀서는 안된다는 것으로 이해가 된다. 그리고 김달수는 이에 한걸음 더 나아가 하치만신사 그 자체가 원래는 신라신사였을지도 모른다고 추정했다.[9] 이 신사는 언제 창건되었는지 알 수 없으나, 신사의 유서에는 신호경운神護景雲 3년에 규슈九州의 우사하치만宇佐八幡에서 권청한 것으로 되어있다. 이것이 사실이라면 이 신사는 서기 769년에 건립된 것이 된다.

그런데 김달수의 의견처럼 창건 당시부터 신라신사였는지에 대해서는 의문이다. 왜냐하면 이곳에 신라신사가 성립되는 것은 그보다 훨씬 뒤일 가능성이 높기 때문이다. 그 증거는 하치만신사의 배후에 있는 산성에서 찾을 수 있다. 그 산성을 노치세後瀬 산성이라 하는데, 그것은 와카사의 슈고守護인 다케다 노부가다武田信賢(1420-1471)가 현재 오바마시 아오이야마青井山에 세웠던 산성을 훗날 그의 후손 다케다 모토미츠武田元光(1494-1551)가 이곳으로 옮긴 것이다. 노부가다는 아키安芸의 다케다씨의 시조이며, 그의 아우 구니노부国信(1438-1490)가 와카사의 다케다씨의 시조이다. 이들은 모두 시라기사

7・    金達壽, 『日本の中の朝鮮文化〈5〉』, 19面.
8・    金達壽, 『古代朝鮮と日本文化』, 講談社学術文庫, 1988, 145面.
9・    金達壽, 『古代朝鮮と日本文化』, 145面.

부로 요시미츠新羅三郎義光(1045-1127)[10]의 자손이며, 가이甲斐의 다케다 씨와는 동족이다.[11] 이러한 사정으로 미루어보아 이곳의 신라신사 는 모토미츠가 이곳으로 산성을 옮기면서 자신들의 시조가 모셨던 신라대명신을 모신 신라신사를 건립하고, 하치만신사의 말사로 삼 았을 것으로 추정되는 것이다.

(4) 미가다신사御方神社와 시즈시신사静志神社

역사학자 이마이 케이치는 와카사지역에 신라왕자 히보코天日槍 를 제신으로 하는 신사로서 와카사쵸若狭町의 미가다신사와 오오이 쵸大飯町의 시즈시신사를 지목한 바가 있다.[12] 이 두 신사 중 미가다 의 경우는 기록이 없어 명확하지 않지만, 시즈시신사는 『약협국신 명장若狭国神名帳』에 '정5위正五位 지진지명신志津志明神'으로 나타나 는 것으로 보아 고대 때부터 있었던 것으로 추정된다.

이러한 신사들을 이마이가 히보코와 관련지어 보는 이유는 미 가다신사가 『신기지료神祇志料』에 의하면 히보코가 제신으로 되어 있고, 또 시즈시신사는 신사명인 '시즈시'를 히보코의 일본 근거지 인 이즈시出石와 같은 어원의 말로 보았기 때문이었다. 그럴 가능 성이 전혀 없는 것이 아니다. 『일본서기』에 의하면 신라왕자 히보

---

10 • 그의 본명은 미나모토 요시미츠源義光(1045-1127)이다. 헤이안平安시대 후기의 무장. 가와 치 겐지河内源氏의 2대 우두머리인 미나모토노요리요시源頼義의 3남. 형으로는 하치만타 로요시이에八幡太郎義家와 가모지로요시츠나加茂二郎義綱가 있다. 그를 시라기사부로라 하 는 것은 그가 성인식을 오우미近江国 삼정사三井寺 경내에 있는 신라선신당新羅善神堂에서 올렸기 때문에 생겨난 이름이었다. 신라선신당은 지증대사가 당나라 유학을 마치고 귀국 할 때 모시고 온 신라신이다.

11 • 出羽弘明, 「福井県の新羅神社(4)」, 『新羅神社考』, 三井寺 HP 참조.

12 • 今井啓一, 『天日槍』, 綜藝舍, 1966, 114面.

코는 세도내해를 통해 현재 오사카와 오우미 그리고 와카사를 경유한 다음 하리마播磨의 이즈시에 정착하였다는 전승이 있기 때문이다. 따라서 그의 일파가 이곳에 남았을 가능성이 얼마든지 있기 때문이다.

만일 이것이 사실이라면 현재는 너무 많이 변질되어있다. 왜냐하면 미가다신사의 제신은 구시미가다櫛御方命, 시즈시신사의 제신은 스쿠나비코나少名毘古名神로 되어있기 때문이다. 이 중 구시미가다는 어떤 신인지 명확하지 않지만, 스쿠나비코나는 오호구니누시大國主神를 도와 국토건설과 경영에 참여한 이즈모出雲계열에 속하는 신이다. 이처럼 신사의 제신이 세월의 흐름에 따라 현실에 맞추어 변화가 일어나는 예를 여기서도 찾을 수 있는 것이다.


## 3. 에치젠의 신라계 신사와 전승

에치젠의 고대 한국인 이주전승은 8세기의 문헌인 『일본서기』에 이미 기록으로 나타난다. 그것에 의하면 숭신崇神천황 때 이곳은 머리에 뿔이 달린 대가야국의 왕자인 쯔누가아라시토都怒我阿羅斯等가 정착한 곳이다. 이로 인해 이곳의 지명이 쯔누가角鹿가 되었고, 그것이 후세에 다시 변하여 쯔루가敦賀가 되었다고 했다. 그리고 『일본서기』에 의하면 570년(欽明 31) 고구려 사신이 표착했다는 기사도 있다. 이처럼 에치젠은 가야인과 신라인들의 이주가 있었고, 또 고구려인들도 드나드는 경우가 적지 않았다. 이러한 지역에서 특히 신라계 신사를 찾는다면 어떠한 것들이 있을까?

여기에 대해 무토와 김달수는 시로기신사, 시라기신사, 게히신궁, 스가마신사, 시로기히코신사를 들고 있다. 이 신사들 중 게히신궁을 제외하고는 모두 신라계임은 확실하다. 그리고 여기에 하나더 첨가하자면 미나미에치젠쵸南越前町의 시라히게신사白髭神社를 들수가 있다. 또 시라기신사에는 '백성白城과 신라新羅'로 표기하는 각각 다른 신사가 있다는 것도 지적할 수 있을 것이다.

한편 게히신궁은 그 원류가 어디에 있는지 분명치 않다. 그럼에도 불구하고 지역사가들은 바다를 건너온 외래신으로 인정하고 있고,[13] 또 이마이 케이치는 신라왕자 히보코로 추정하고 있으며,[14] 또 무토 마사노리는 '이자사와케'라는 말은 신라의 관위 중 제2위인 '이찬伊湌'과 같은 어원의 말이라는 해석이 있다고 소개하고 있다.[15]

그러나 앞에서도 언급한 바 있는 히보코는 현해탄-규슈-세도내해-우지가와菟道河-오우미-와카사를 거쳐 다지마但馬의 이즈시에 정착한 것으로 되어있다. 즉, 게히신궁이 있는 에치젠은 통과하지 않고 있다. 그리고 게히신궁의 제신인 이자사와케는 식량과관련된 신이지만, 히보코는 무력武力과 관련이 깊은 신이다. 이러한신격에서 보더라도 이자사와케를 히보코로 보는 데는 무리가 따른다. 이러한 의미에서 본서에서는 게히신궁을 신라계 신사로 넣는것에 대해서는 일단 보류하기로 한다. 그럼 에치젠의 신라계 신사에대해 살펴보기로 하자.

---

13 • 福井県, 『福井県史〈通史編1〉原始 古代』, 福井県, 1993, 307面.
14 • 今井啓一, 『天日槍』, 135面.
15 • 武藤正典, 「若狭湾とその周辺の新羅系遺跡」, 『東アジアの古代文化〈秋〉』, 94面.

## (1) 구츠미의 시로기히코신사

쓰루가시의 구츠미笥見는 쓰루가반도敦賀半島 남쪽 중앙부에 위치해 있는 마을이다. 이곳에 시로기히코신사信露貴彦神社가 있다. 지역전승에 따르면 602년(推古 10)에 창건되었다고 하나 실은 분명치 않다. 그러나 『문덕실록文德實錄』에 이 신사가 856년(齊衡 3) 종오위從五位라는 신계神階가 추서되고, 또 9세기 초의 문헌인 『연희식延喜式』의 신명장神名帳에 '에치젠 쓰루가군 시라기히코신사越前国敦賀郡信露貴彦神社'로 되어있는 것을 보면, 이 신사 또한 9세기 이전부터 존재하였음을 알 수 있다.[16]

현재 제신으로는 천황계의 선조신인 니니기瓊瓊杵尊와 야마토타케루日本武尊를 모시고 있지만, 신사의 이름에서 보듯이 원래는 시로기히코일 것이다. 시로기란 '신라'를 의미하는 '시라기'에서 파생된 말이며, 히코는 '남자'를 의미하는 말이다. 그러므로 그 뜻은 '신라의 사나이(남자)'라는 뜻이며, 따라서 이 신사는 신라의 남신을 모시는 곳이라는 뜻이다. 그리하여 이 신을 신라의 큰신이라는 의미인 시라기대명신白木大明神이라고도 했던 것이다.

시로기히코신사의 신관宮司은 류토씨龍頭氏가 대대로 맡고 있으며, 이들 스스로도 한국계 신라 왕족의 후예라고 한다.[17] 그들의 성씨가 용머리를 의미하는 류토씨라는 점을 감안한다면 알영정의 계룡으로부터 태어난 혁거세의 부인 알영과 용두산과 같은 용신신앙을 연상시키고도 남음이 있다. 또한 이곳에는 빨래를 옛날 한국에서 빨래판에다 세탁물을 놓고 빨래방망이를 두드려 세탁하였듯이 나무

16 • 足立尚計, 「信露貴彦神社」, 谷川健一 編, 『日本の神社と聖地(8) 北陸』, 白水社, 2000, 135面.
17 • 金達壽, 『古代朝鮮と日本文化』, 64-65面.

막대기로 두드려 빨기도 하고, 또 발로 밟아서 빨기도 하는 옛 풍습이 있었다고 한다.[18]

한편『금장정지今庄町誌』에 의하면 "쯔루가군敦賀郡 마츠바라촌松原村의 쿠츠미에 있는 시로기히코신사는 난죠군南条郡 이마죠쵸今庄町 이마죠今庄의 시라기신사新羅神社, 시라히게신사白鬚神社 그리고 사카이무라堺村의 아라이荒井에 진좌해 있는 시라기신사와 같다."고 기재되어있다.[19] 즉, 이곳뿐만 아니라 난죠군의 이마죠에도 시라기신사, 시라히게신사라는 이름의 신라계 신사가 있음을 알 수 있다. 이처럼 에치젠에는 신라인들이 집단을 이루어 거주하는 곳이 한두 곳이 아니었으며, 시로기히코신사가 있는 구츠미도 그 중 한 지역이었던 것이다.

(2) 시라기무라白木村의 시라기신사白城神社

쯔루가 반도의 북단에 '시라기白木'라는 반농반어의 작은 마을이 있다. 포구는 시라기항白木港이라 하고, 그 옆에는 시라기해수욕장이 있다. 마을의 중앙부 안쪽에 시라기신사白城神社가 있다. 여기서 말하는 시라기白木(白城)는 모두 한국의 고대국가인 신라를 가리키는 말이다. 이 지역의 구장을 역임한 하시모토 쇼조橋本昭三(당시 84세)는 "옛날 한반도에서 번영을 이룬 신라인들이 머나먼 바다를 건너 시라기 해변에 상륙하여 살았다고 한다."고 술회하기도 했다. 이처럼 지역민들도 인정하고 있듯이 이곳은 쯔루가 반도 속의 신라라 해도 과언이 아니다.

---

18・　足立尙計,「信露貴彦神社」, 谷川健一 編,『日本の神社と聖地(8) 北陸』, 136面.
19・　今庄町誌編纂委員會,『今庄町誌』, 今庄町, 1979, 99面.

시라기신사

현판

　신사의 창건연대는 알 수 없으나, 9세기 초의 문헌『연희식』의
「신명장」에 구츠미의 시로기히코신사와 더불어 이름이 기재되어있
으며, 관위도 '종5위從五位 시라기신白城神'으로 되어있다. 이러한 것
으로 미루어 보아 이 신사는 적어도 10세기 초 이전부터 존재하였음
을 알 수 있다.

　현재의 제신은 우가야후키아에즈鵜茅葺不合尊로 되어있으나, 지역
전승에 의하면 신라성新羅城의 시라기씨新良貴氏의 선조 이나히노미
코토稻飯命 혹은 시라기수쿠네白城宿禰를 모시고 있다고 한다.『신찬성
씨록新撰姓氏録』의「우경황별하右京皇別下」에 의하면 시라기씨는 우가
야후키아에즈의 차남 이나히노미코토의 자손이며, 이나히노미코토
는 신라국왕의 시조로 되어있다.[20] 이러한 것들을 모두 믿기 어려우
나 신라 마을에 신라라는 이름을 가진 신사인 만큼 그곳은 신라인들

의 신앙의 중심지였음은 틀림없는 사실이다. 마을사람들은 시라기 신사에 모셔져 있는 신을 '시라기명신白木明神', '우바대명신鵜羽大明神'이라고 부르기도 한다.

민속학자 최길성은 시라기신사가 있는 시라기 마을을 답사하고 나서 이 마을이 한 자녀만 남기고 나머지 자식은 외부로 보내는 일 자잔류형一子殘留形 상속제도,[21] 연령의 사회조직문화인 연령계제제 年齡階梯制,[22] 출산을 위한 우부고야産小屋[23]가 존재하는 매우 특별한 마을이라고 소개하면서, 그것들은 모두 한국보다 일본 고유의 문화에 속하는 것이라고 지적한 다음, 일본에서의 한국문화 탐방은 고고학이나 역사문헌상으로는 가능하지만 민속학적으로는 어렵다고 술

---

20 • 『新撰姓氏錄』의 「右京皇別下」 條.
21 • 이는 형제자매 중 어느 한명만 상속자가 되어 부모의 집에 잔류하는 제도이다. 상속자 이외의 사람들은 양자, 분가, 혼인을 통하여 생가에서 전출되기 때문에 형제자매간의 분리가 발생하게 마련이다. 이같은 상속제는 형제간의 격차를 분명히 두지 않는 균등상속과는 대립적인 개념이며, 본가를 중심으로 하는 직계형 가족제에 있어서 일반적인 형태라 할 수 있을 것이다.
22 • 일본의 전문용어로 연령에 의해 성원을 구분하여 나이 순으로 서열을 매기는 사회제도를 말한다. 일본의 농촌사회에서는 연령에 따라 마을 구성원들이 若者組 · 子供組 · 中年組 · 長老組 등으로 조직되어있는 것 등이 바로 그것이다.
23 • 현재에는 자택 또는 병원에서 출산을 하였지만, 과거에는 마을에서 출산을 위해 따로 마련된 공간에서 출산하는 경우가 많았다. 그 공간을 우부야(産屋) 또는 우부고야(産小屋)라 했다. 이러한 관습은 일본 전국적으로 보이는 일반적인 것이었으며, 대개 해변과 마을의 경계 또는 신사 부근에 지어졌다. 본래는 출산을 위한 것이지만 때로는 월경중의 여인들도 사용했다. 여기에 대해 민속학에서는 대개 다음과 같은 해석들이 있다. 하나는 부정을 피하기 위해 출산을 격리시키는 것이라고 보는 해석이고, 둘은 아이의 영혼이 바깥 세계에서 온다고 믿었기 때문에 이를 맞이하기 위해 해변 또는 마을의 경계지역에 세웠다는 설이다. 그리고 셋은 외부에서 아기 영혼을 빼앗기 위해 오는 역신을 피하기 위해 집에서 멀리 떨어진 곳 또는 신사의 인근으로 임산부를 숨긴다는 해석도 있다. 그리고 우부고야를 여성의 해방공간으로 보는 해석도 있다. 즉, 월경과 출산을 통해 잠시 노동에서 해방되어 휴식을 취하고, 집과는 별도로 취사생활을 하면서, 선배 여성들로부터 여러 가지 생활의 지혜를 터득하는 기간이자 공간이기도 했다.

회한 바가 있다.[24]

그렇지만 과거 이 마을에는 보통 일본의 마을에서 볼 수 없는 독특한 민속이 있었다. 그것은 닭에 관한 금기이었다. 즉, 이 마을에서는 닭과 계란을 일체 먹지 않았기 때문에 닭도 기르지 않았다는 것이다. 지금까지 그 이유에 대한 해석은 두 가지가 있었다. 하나는 해가 뜰 무렵 신사와 절로 참배하러 가야하는 풍습과 관계가 있을 가능성이 있다는 것이고, 또 다른 하나는 신라의 국호가 계림이었듯이 닭을 신성시하는 신라의 풍습이 그대로 지켜지고 있었기 때문이라는 것이다.[25] 이 중 후자의 설이 설득력이 있어 보인다. 그 이유는 와카사 지역에는 닭에 대한 금기가 많고, 그 중 닭고기를 고기 잡는데 미끼로 사용했다가 신의 노여움을 사서 파도가 덮쳐 마을이 전멸했다는 전승이 있는 곳이 7, 8개소가 있을 정도로 닭에 대해 특별한 의미를 가지고 있었기 때문이다.[26] 따라서 이 지역에는 닭에 대한 숭배사상이 기저에 깔려있으며, 또한 이것은 신라의 계림과 전혀 무관하게 보이지 않는 것이다. 그리고 향토사가인 하시모토 사이노스케橋本犀之助는 이곳 주민들은 신과 부처에게 올리는 예배를 한국인처럼 평복平伏의 큰절로 한다고 했다.[27] 이러한 요소들이 근래까지 전래되고 있었다는 것은 최길성의 해석과는 달리 일본적인 문화전통 속에 신라적인 민속이 희미하게나마 남아있었을 가능성이 높다고 하겠다.

24 · 최길성, 「北陸의 民俗」, 『일본학(10)』, 동국대 일본학연구소, 1991, 262-263쪽.

25 · 足立尚計, 「白城神社」, 谷川健一 編, 『日本の神社と聖地(8) 北陸』, 134面.

26 · 浅井茂人, 『朝鮮渡来民と越前, 若狭の古代』, 白山書店, 1992, 182面.

27 · 足立尚計, 「白城神社」, 谷川健一 編, 『日本の神社と聖地(8) 北陸』, 134面에서 재인용.

## (3) 스가마신사

미하마쵸美浜町의 스가하마菅浜에는 스가마신사須可麻神社가 있다. 이 지역은 신라왕자 히보코의 일족이 집단으로 건너간 곳이며, 그의 자손인 스가마유라도미菅竈由良度美(須可麻大神)가 이곳에 정착하여 토기를 구워서 와카사 지방에 널리 퍼뜨렸다고 하는 곳이다. 1749년 에도시대江戸時代의 유학자인 이나바 마사요시稲庭正義가 펴낸 『약협국지若狹國志』에 의하면 "스가마신사는 스가하마마을菅濱村에 있는데 지금은 세라명신世良明神이라 부르는 것이 바로 이것이다. 제신은 미상이다."고 기술하고 있다.

그러나 그 이후 와카사 출신 국학자 한 노부토모伴信友(1773-1846)[28]는 그의 저서 『신사사고神社私考』에서 『고사기』의 응신応神천황조에 옛날 신라국의 왕자 히보코가 도래하여 8명의 자식을 두었는데, 그 중 막내 스가마유라도미의 손녀가 신공황후라는 점에서 보듯이 스가마유라도미는 스가마신사의 제신이라고 추정했다.[29] 그 이후 이 신사의 제신은 신라왕자 히보코의 후손인 스가마유라도미가 가장 유력시 되어있다.

---

28 • 에도시대의 국학자. 유명幼名은 유덕惟德. 통칭은 슈고로州五郞. 호는 사부事負. 와카사 오바마의 무사 야마기시 이치山岸惟智의 4남으로 출생. 1786년(天明 2) 같은 번의 伴信당의 양자가 되다. 1801년(享和元) 무라다 하루카도村田春門의 소개로 모토오리 노리나가本居宣長 사후의 문인이 되어 노리나가의 양자인 모토오리 오히라本居大平에게 국학을 배우다. 1821년(文政 4) 아들 노부치카信近에게 가독을 승계한 이후 학문에 전념했다. 특히 고전의 고증에 뛰어난 업적을 남겼다. 히라다 아츠타네平田篤胤, 구로가와 하루무라黑川春村, 모토오리 우치도오本居内遠 등과 교류하였고, 특히 아츠타네로부터는 군형君兄이라고 불릴 만큼 가까웠지만, 나중에는 뜻이 맞지 않아 결별했다. 그리고 그는 사제관계를 맺는 것을 좋아하지 않아 제자를 두지 않았다. 1846년(弘化 3) 교토의 호리가와堀川에서 사망했다. 그 후 그는 히라다 아츠타네, 다치바나 모리베橘守部, 오야마다 도모기요小山田与清 등과 함께 '덴보天保 국학의 4대인'이라 불렸다.

29 • 伴信友, 「神社私考」.

그러한 탓인지 이곳에는 신공황후의 아들인 오무다와케誉田別尊가 태자의 신분으로 스가하마의 앞 바다에서 목욕재계를 하고나서 쯔루가로 갔다는 전승이 전해지고 있기도 하다. 이러한 전승이 나올 수 있는 배경도 다름 아닌 이 지역이 신라계 이주인들의 집단 거주지였기 때문일 것으로 보인다.

### (4) 이마죠의 두 개의 신라계 신사

미나미에치젠쵸南越前町의 이마죠今庄에는 신라인들이 일찍부터 자리를 잡은 탓인지, 신라라는 지명이 많다. 이마죠라는 지명 자체도 신라에서 기인하는 것으로 해석되고 있다. 즉, 이마죠를 과거에는 이마키今城라 표기하였는데, 이것은 신라를 의미하는 시라기白城에서 변화된 말이며, 이 마을의 동쪽에 흐르는 히노가와日野川는 옛날에는 시라기가와叔羅川라 하였다는 것이다. 그리고 이 강을 시라기죠가와白鬼女川라고 불리기도 하였는데, 이는 강 상류 미노美濃와의 경계지역에 있는 시라이케尸羅池(夜叉池)에서 유래된 말이다. 여기서 시라기叔羅와 시라尸羅가 신라를 가리키는 말임은 두말할 나위가 없다. 이처럼 이마죠 지역에는 신라와 관련된 지명이 많이 남아있는 것으로 보아 이 지역도 신라계 이주민들이 일찍부터 정착한 곳임을 쉽게 짐작할 수 있다.

더군다나 이 지역은 신라신사가 두 곳이나 있다. 한곳은 아타고산愛宕山 기슭에 자리 잡고 스사노오素盞鳴命를 주신으로 모시고 있는 신사이다. 신사의 출입문인 도리이鳥居의 우측에 '향사鄕社 신라신사新羅神社'라고 새겨진 표식이 세워져 있고, 또 배전拜殿의 편액에도 신라궁新羅宮이라는 글씨가 새겨져 있다. 이처럼 이 일대도 신라인들이 집단을 이루며 살았던 곳이다. 지금도 마을 사람들은

이마죠의
신라신사

'실라' 또는 '신라'라고 부르고 있다고 한다.[30]

　이 신사는 창건연대가 미상이며, 1871년(明治 4)에 후쿠이번福井藩의 지시에 의해 같은 지역의 우메가에다梅ヶ枝에 있는 시라히게신사白鬚神社에 합병되었으나, 우지코氏子들의 협의 끝에 다시 현재지로 돌아왔으며, 1880년(明治 13)에는 향사郷社로 인정을 받았다. 현지에서는 이 신사를 상궁上宮이라 하고, 시라히게신사를 하궁下宮이라 한다. 1910년에는 우메가에다의 아키바신사秋葉神社와 아타고산愛宕山의 아타고신사愛宕神社와 합사하고, 또 같은 해 5월 14일에는 미야시타宮ノ下의 히요시신사日吉神社와도 합병함으로써 세력을 넓혔다. 현재의 제신은 천상계에서 신라의 소시모리로 내려왔다는 일본의 신 스사노오를 모시고 있는데, 후술하겠지만 이것은 『일본서기』와 원성사園城寺의 신라선신당新羅善神堂의 영향이고, 원래는 신라의 이주인들이 본국에서 모시고 온 소박한 신이었을 것이다.

---

30・　浅井茂人, 『越中の渡来民』, 白山書店, 1989, 75面.

또 하나의 신라신사는 아이바슴波에 시라히게신사白鬚神社라는 이름으로 자리 잡고 있다. 다케우치 수쿠네武內宿禰를 주신으로 삼고 있다. 『복정현신사지福井県神社誌』 등에 의하면 창건연대는 미상이며, 과거에는 시라기신사白城神社라 하였으며, 『연희식』에도 기록되어있는 식내사式內社이다. 그러므로 9세기 이전부터 있었던 것은 확실하다. 구전에는 신공황후가 삼한정벌로부터 귀국하여 응신천황을 낳았으나, 응신에게 먹일 젖이 부족하여 다케우치가 신들에게 기도를 올렸더니 "고시노구니越国의 남단 미오마을[三尾郷]에 서쪽으로 떨어지는 신로폭포[信露滝]가 있다. 그 물을 받아서 황후에게 먹여라." 는 계시가 있었다. 이에 다케우치가 그곳에 가보았더니 과연 그 말 그대로였다. 그리하여 황후에게 그 물을 먹였더니 효험이 있었다. 여기서 말하는 신로폭포의 이름인 '신로' 또한 신라를 의미함은 두 말할 나위가 없다. 이 이야기는 물론 이것도 사실과 거리가 멀다. 원래 신라의 신을 모셨던 것이 시간이 흐르면서 신라를 정벌하였다는 중앙의 신공황후전승 기록의 영향을 받아 어느덧 신라를 정벌하는 신으로 바뀌어져 있는 것이다.

## (5) 죠구신사常宮神社의 신라종

쯔루가시의 죠구常宮에는 죠구신사가 있다. 신사의 전승에 의하면 상고로부터 제신은 아메노야오로즈히메天八百万比咩命이었는데, 703년 칙명에 의해 신사의 건물이 새롭게 조영되면서 신공황후를 비롯한 천황계 인물들이 제신으로 모셔졌다고 한다. 이 신사는 원래 게히신궁의 섭사攝社였다. 그러므로 게히가 구궁口宮이라면 이곳은 오궁奧宮이라 하였고, 또 게히가 상사上社라 하면 이곳은 하사下社라 했다. 이처럼 이 신사는 게히신궁과 짝을 이루는 곳이었다.[31]

죠구신사

이러한 신사이기 때문에 이곳은 신라계가 아니다. 그러나 이 신사는 다음과 같은 두 가지 점에서 신라와 관련이 깊기 때문에 우리의 주목을 끈다. 한 가지는 이곳의 제신인 신공황후가 신라를 정벌한 인물이며, 또 다른 한 가지는 이 신사가 신라종을 가지고 있기 때문이다. 먼저 이 신사에서 전해지는 신공의 이야기는 매우 간단하다. 즉, 규슈의 구마소들이 반란을 일으켜 중애천황이 황후와 함께 군사들을 이끌고 쯔루가로 가서 게히대신에게 승리를 위한 기원을 올린 다음, 기이紀伊를 거쳐 나가토長門로 갔다. 그때 황후는 쯔루가에 남아서 죠구신사를 임시거처로 정하고 외정에 대한 계획을 세웠다고 하는 것이다.[32] 또 지역전승에는 신공이 신라를 정벌하고 돌아갈 때 종을 가지고 가다가 이 신사 부근 앞 바다에 빠뜨리고 말았다는 이야기도 있다.[33]

31 · 西村英之,「常宮神社」, 谷川健一 編,『日本の神社と聖地(8) 北陸』, 白水社, 2000, 131面.
32 · 西村英之,「常宮神社」, 谷川健一 編,『日本の神社と聖地(8) 北陸』, 131面.

그러나 신공은 역사적 인물이라기보다는 신화전설상의 인물이다. 그러므로 그녀의 신라정벌담을 역사적 사실 그대로 받아들이는 사람은 거의 없다. 그러므로 이 신사가 가지고 있는 신공의 전승 또한 역사적 사실로 볼 수 없다. 그럼에도 불구하고 이 신사가 신공 관련 전승을 가지게 된 것은 앞에서 언급한 바와 같이 게히신궁과 더불어 신사의 제신이 신공계열의 신으로 윤색되어짐에 따라 생겨난 것으로 볼 수 있을 것이다.

한편 이 신사가 신라종을 가지고 있다는 것은 이곳에 신라인들만 간 것이 아니라 신라의 물건도 건너갔음을 보여주는 좋은 예이다. 이곳의 신라종은 일본에 있는 많은 한국종 가운데 연기명年紀銘이 가장 오래되었고, 현존하는 신라종 가운데 봉덕사종, 상원사종에 이어 3번째로 큰 종으로 현재 일본의 국보로 지정되어있다.[34] 이 종의 높이는 111.1cm 구경 66.3cm 두께 6.2cm 용두의 높이가 22.8cm로,[35] 종명鐘銘에는 다음과 같은 내용이 적혀있다.

833년(太和 7) 3월 길일에 이곳 청주菁州 연지사蓮池寺의 종이 만들어졌다. 이때 사용된 청동은 모두 713정廷이며, 그 중 본사의 옛날 종을 부수어 얻은 것이 498정이며, 여기에 새롭게 조달된 것이 110정이다. 주종을 진행한 사람은 성전화상成典和尚인 전문법사惠門法師,

---

33・ 杉原丈夫 編,『越前若狭の伝説』, 安田書店, 1970, 641面.
34・ 이 종이 1차적으로 국보로 지정된 것은 1900년 4월 7일에 내무성 고시內務省告示 제32호에 의한 것이었다. 그 후 1992년 10월에는 다시 국보로 지정되었다. 이 종이 임란의 약탈품이라는 사실이 알려지자 진주시민들을 중심으로 반환운동이 벌어져, 현재 신사측이 이 종을 일반인들에게 공개하지 않고 있다.
35・ 坪井良平,『朝鮮鐘』, 角川書店, 1974, 53面.

삼강三綱의 정좌貞坐인 □□법사法師, 상좌上坐인 칙충법사則忠法師, 도내都乃인 법□법사法□法師이며, 또 청주 관내의 삼장三長 및 간干, 주작대량朱雀大朶인 두 명의 향촌주鄕村主, 게다가 작한사作韓舍로서 보청宝清, 용□龍□의 두 명의 군사軍師도 참여하였으며, 서무庶務를 맡은 사육□史六□는 삼충사지三忠舍知, 행군사지行軍舍知의 두 명이 었다. 주종鑄鐘에는 안해□대사安海□大舍, □□대사□□大舍인 두 명의 성박사成博士가 맡아서 했고, 이곳 청주의 제사諸寺를 두루 관장하는 주통州統은 황룡사皇龍寺의 각명화상覺明和上이다.[36]

여기에서 보듯이 이 종은 청주 연지사의 종으로 833년(흥덕왕 8)에 만들어 진 것이었다. 여기서 청주란 오늘날 진주를 말한다. 진주는 통일신라시대에는 거열주居烈州, 청주菁州, 강주康州로 개칭되다가 고려 태조 23년(940)에 비로소 진주晉州로 개칭되었으며, 성종 2년(983)에는 전국 12목의 하나인 진주목이 되었다. 이 종의 주인인 연지사는 진주성에서 북동쪽으로 약 300m정도 떨어진 곳에 대사지大寺池가 있는데, 바로 이곳에 연지사가 있었을 것으로 추정하고 있다.

이 종은 어떠한 연고로 이 신사에 있게 된 것일까? 여기에 대해서는 임란 이전 왜구에 의해 전래되었다는 설, 둘째는 임란 때 왜군들에 의해 약탈되었다는 설이 있다. 전자는 후지다 료사쿠藤田亮策의 설로 쓰루가가 고래로부터 일본해에 있어서 요충지였다는 것을

---

36 · 원문을 소개하면 다음과 같다.
　　"太和七年三月日 菁州蓮池寺, 鐘成内節傳 合入金七百十三廷, 古金四百九十八廷加入金百十廷, 成典和上 恵門法師□□□法師, 上坐 則忠法師都乃法□法師, 郷村主 三長手 朱雀大朶, 作韓舍 宝清軍師 龍□軍師, 史六□ 三忠舍知 行軍舍知, 成博士 安海□大舍□□大舍, 節州統 皇龍寺 覺明和上."

쵸구신사의 신라종

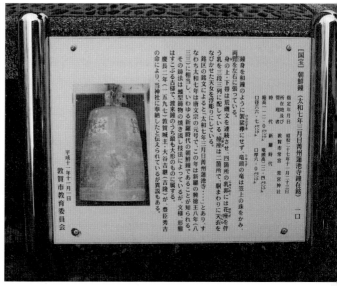

［国宝］朝鮮鐘〈太和七年三月菁州蓮池寺鐘在銘〉一口

指定年月日　昭和二十七年十一月二十二日
所在地及び　敦賀市常宮　常宮神社
管理者
時　代　　　新羅時代
総高　一一二・〇センチ
口径六六・七センチ
竜頭高二二・四センチ
口径六六・七センチ

鐘身を和鐘のようにしていない。竜頭には珠をかみ、身の上・下帯は荒蕪文を連続させ、四箇所の乳郭には花座を伴う乳を三段三列に配している。撞座は二箇所で、駒まわりに花衣をなびかせた天女を浮彫りにしている。竜頭の竜は笠上の珠を伴う乳を三段三列に配している。撞座は二箇所で、駒まわりに花衣をなびかせた天女を浮彫りにしている。

この鐘は新羅の興徳王八年（八三三）に相当し、いわゆる新新羅時代の朝鮮鐘であることが知られる。

銘文は太和七年二月菁州蓮池寺…とあり、なわち太和七年は唐文宗の元号で、この年は新羅の興徳王八年（八三三）に相当し、いわゆる新羅時代の朝鮮鐘であることが知られる。

その鋳法は蝋型鋳物の焼き流し技法によっているが、文様・形態はすこぶる古様で、渡来鐘のうち最も大形のものに属する。

慶長二年（一五九七）敦賀城主・大谷吉隆が、豊臣秀吉の命により、当神社に奉納したと伝えられているとの異説もある。

平成十一年十二月一日
敦賀市教育委員会

안내판

근거로 임란 이전 해적의 무리들에 의해 전래된 것이라 했다.[37] 그러나 지금은 이 설보다는 후자의 견해가 설득력 있게 받아들여지고 있다. 그 이유는 이 종을 봉납한 자가 이 지역의 영주인 오타니 요시쯔구大谷吉継(1558〈1565〉-1600)이기 때문이다. 이러한 지적은 에도시대 때부터 있었다. 에도 후기의 의사이자 수필가이기도 한 다치바나 난케이橘南谿(1753-1805)는 "풍신공豊臣公(히데요시)의 때에 오타니 케이부大谷刑部가 이곳에 주재主宰하면서 조선국으로부터 빼앗아 온 종을 이 신사에 바쳤다고 한다."고 기록했다.[38] 난케이가 지목한 오타니

37 ·　坪井良平, 『朝鮮鐘』, 53面.
38 ·　坪井良平, 『朝鮮鐘』, 53面.

케이부는 바로 타니 요시쯔구를 말함이다. 그는 임란 때 군사 1,535명을 이끌고 조선으로 출병했고, 1593년의 진주성 전투에 참가하고 있다. 그때 그가 진주에서 약탈한 물건 중의 하나가 이 종으로 추정되고 있는 것이다.[39] 또 한 노부토모도 쯔루가의 성주 오타니 요시다카大谷吉隆(吉継)가 임란 때 약탈한 조선종을 신공황후를 제신으로 하며 외적의 방지에 힘이 있다고 하는 죠구신사에 봉납한 것이라고 기술했다.[40] 이처럼 이 지역에 현존하는 신라종은 신라시대가 아닌 임란을 통해 약탈되어 건너간 것이었다. 이러한 사실은 지역민들에게는 그다지 중요하게 작용하고 있지 않은 것 같다. 이 종은 현지인들에게 아이를 안전하게 출산하게 해주는 안산安産의 신으로 신앙되어지고 있기 때문이다.

## 4. 신라의 현실적 선택과 변용

이상에서 보았듯이 후쿠이현의 신라계 신사는 크게 나누어 다음과 같이 세 가지 갈래가 있었다. 하나는 동해안에서 후쿠이로 직접 건너간 세력이다. 이동거리로서는 최단거리이다. 와카사히코와 와카사히메를 비롯한 시로기히코, 시라기와 시라히게 등 대부분의 신라계 신사들은 여기에 속했다. 둘은 신라왕자 히보코계이다. 이 세력은 앞에서 언급한 바와 같이 규슈와 세도내해 그리고 관서지역을

---

39 •  浜田耕策,「新羅鐘銘の再検討(1)－敦賀市・所蔵の『鐘の記』と菁州蓮池寺鐘－」,『史淵(129)』, 九州大学文学部人文科学研究院, 1992, 128面.

40 •  浜田耕策,「新羅鐘銘の再検討(1)－敦賀市・所蔵の『鐘の記』と菁州蓮池寺鐘－」,『史淵(129)』, 124面.

거쳐 후쿠이로 정착한 신라세력이다. 스가마신사가 여기에 속한다고 할 수 있을 것이다. 그리고 셋은 신라선신당新羅善神堂계열이다. 이는 원성사園城寺와 직간접적으로 관련이 있거나, 아니면 시라기사부로新羅三郎의 후손인 다케다씨武田氏와 연관이 있는 곳이었다. 오바마의 신라신사와 이마죠의 신라신사가 바로 그 좋은 예이다.

이러한 특징은 이 지역에 정착한 신라인들은 고대에 동해의 바다를 건너 들어간 세력과 히보코와 같이 관서의 루트를 통하여 들어간 세력이 있었고, 이들 중에는 전자가 압도적으로 많았으며, 그 이후 중세에 이르러 다케다씨와 원성사의 세력 진출과 더불어 신라선신당계열의 신라신사가 자리 잡았다는 것을 나타내는 것으로 볼 수 있다.

현재 이들이 뿌리를 두고 있는 신라가 역사적 무대에서 사라진 후 이미 많은 시간이 흘렀다. 그런 만큼 이들도 현실에 적용하여 변용되지 않았을 리 없다. 여기에 대해 몇 가지 특징을 지적하면 다음과 같다.

첫째는 명칭의 변화이다. 오늘에 이르기까지 신라라는 명칭이 그대로 사용하고 있는 곳은 에치젠의 신라신사밖에 없었다. 나머지 신사들은 신라라는 본래의 이름에서 변용되어 시라이시白石, 시로기信露貴, 시라기(白城, 白木, 叔羅, 白鬼, 尸羅, 新氣), 시라히게白髭, 신로信露 등으로 다양한 명칭을 사용하고 있다는 점이다. 이처럼 원래의 명칭조차도 유지되는 경우가 극히 드물다. 이 문제를 두고 와카사와 에치젠을 비교한다면 후자는 그나마 시라기新羅의 발음과 유사한 이름들로 많이 남아있지만, 전자의 와카사에서는 그 흔적이 '시라이시'라는 이름정도로만 남아있을 뿐이다.

둘째는 제신의 변화도 뚜렷하게 나타난다. 여기에는 두 가지 경

향이 보이는데, 하나는 천황계 선조를, 다른 하나는 이즈모계出雲系
의 스사노오를 선택한다는 것이다. 그 중에서 천황계 신의 선택이
압도적으로 많다. 예를 들면 와카사의 시라이시는 히코호호데미와
도요타마히메를, 시로기히코는 니니기와 야마토타케루를, 시라기와
시라가미는 우가야후키아에즈와 이나히노미코토를 각각 선택하고
있는 것이다.

그에 비해 이즈모계의 스사노오는 이마죠 아타고산의 신라신사
가 선택하고 있다. 이 신사는 신만 선택한 것이 아니라 신화마저
수용했다. 이러한 과정에서 매우 특이한 현상은 신은 스사노오를
선택하면서도, 그 내용은 원성사 신라선신당의 연기설화를 선택하고
있는 점이다. 그 대표적인 예로 『금장정지今庄町誌』의 「신라신사연기
新羅神社縁起」를 들 수가 있는데, 그 내용을 소개하면 다음과 같다.

청화清和천황의 시대인 859년(貞観 1)에 원진圓珍 지증대사智証大師가
대당국大唐国으로부터 귀국할 때 해상에서 폭풍을 만나 배가 전복
위기에 놓여 있었다. 이때 대사는 오랜 시간에 걸쳐 스사노오신에
게 정성껏 기도를 올렸더니 하늘에서 "지증이여, 걱정말라. 곧 바람
과 파도가 진정될 것이다."는 소리가 들렸다. 이를 들은 지증은 이
상히 여겨 "그렇게 말씀하시는 분은 어떤 신입니까?" 하고 묻자 모
습을 나타내며 "나는 옛날 신라국을 정복한 신이다."라고 대답했다
는 것이다. 그러자 곧 파도가 잠잠해져 무사히 귀국할 수 있었다고
한다. 이 신을 위해 후세에 에치젠 수산燧山에 신라대명신 신사를
건립하고, 신체를 스사노오로 하여 모셨다는 것이다.[41]

41 · 足立尚計, 「信露貴彦神社」, 谷川健一 編, 『日本の神社と聖地(8) 北陸』, 137-138面.

이상에서 보듯이 지증대사가 당에서 귀국할 때 폭풍을 만나 위기에 봉착하여 기도를 올렸을 때 스사노오가 등장하여 도움을 주어 무사히 귀국하였으며, 후세에 이 신을 위한 신사를 에치젠에 세운 것이 신라신사라는 것이다. 신사 측에서도 이러한 신화를 기록한 「신라신사약기新羅神社略記」를 가지고 있는데, 그 내용은 "859년 지증대사가 고려국에서 귀국할 때 폭풍을 만나 배가 방향을 잃고 헤매고 있었을 때 대사가 제천선신諸天善神에게 기도를 올렸더니 선상에 대신大神이 모습을 나타내더니 이내 바람과 파도를 잠재웠다. 그리하여 무사히 귀국한 대사는 신칙에 의해 그 대신이 일본에서 건너온 신라국의 수호신 스사노오라는 것을 알고, 스스로 신상을 조각했다. 그 신상이 이 신사의 신체이다."라는 것이다.[42]

이상에서 보듯이 두 개의 전승은 내용상에 있어서 큰 차이가 없다. 다만 있다면 대당국이 고려국으로 되어있고, 또 신라신이 신라에서 온 신이 아니라 신라를 정복한 신으로 되어있다는 사실이다. 원래 이 이야기는 히에잔의 원성사 경내에 있는 신라선신당의 연기설화이다. 『원성사용화회연기園城寺龍華繪緣起』에 의하면 지증이 입당하여 장안에서 현밀의 법을 수행하고 귀국할 때 신라명신이 나타나 대사의 불법을 수호하겠다고 맹세했고, 또 귀국 후에는 지증으로 하여금 현재의 위치로 안내하여 거처하게 함으로써 원성사가 출발하게 되었다는 것이다. 이것을 계기로 원성사에는 신라명신을 모신 신라선신당이 있다. 여기에서는 어디까지나 신라명신으로만 되어있을 뿐이고, 앞의 사례와 같이 스사노오로 되어있는 것이 아니며, 신라를 정복한 신도 아니었다. 그리고 에치젠의 신라신사와 아무런

---

42・　足立尚計,「信露貴彦神社」, 谷川健一 編, 『日本の神社と聖地(8) 北陸』, 137面.

관련이 없음은 두말할 나위가 없다. 그럼에도 불구하고 신라신사가 이를 연기설화로 사용한다는 것은 본래 자신들이 가지고 있었던 신라의 신과 신화를 버리고 내용은 신라선신당의 연기설화에서 신명은 『기기』에서 빌리고, 또 내용을 신라의 정복신으로 굴절시켜 첨가하였음을 알 수 있다.

이렇게 된 것에 대해 일부 향토사가들은 신라신사의 일대가 고대에 원성사의 영지였기 때문일 것으로 추정하기도 한다.[43] 그러나 신화의 내용상으로 본다면 매우 중세적인 요소가 강하다. 즉, 신라선신당의 신라대명신이 중세가 되면 불교가 신도와 습합하여 다양한 모습으로 서술되기 시작하는데, 대표적인 예로 『신라약기新羅略記』의 신라명신 전승을 들 수가 있다. 그것에 의하면 스사노오는 아마테라스天照大神의 남동생이며, 그는 아들 이소타케루五十猛를 데리고 신라의 소시모리曾尸茂利에 가서 거주하였기 때문에 그를 신라명신이라고 한다고 되어있는 것이다.[44] 이처럼 신라대명신을 스사노오로 보는 일부 시각은 중세에서 비롯되고 있다. 그러므로 신라신사의 제신을 스사노오로 하면서 내용은 신라선신당의 연기설화와 같다고 하는 것은 중세에 이르러 종래의 신라 신을 버리고 『신라약기』와 같은 중세의 문헌에 따른 결과로 보인다. 이처럼 후쿠이현의 신라계 신사는 시대의 흐름에 따라 현실에 맞추어 제신을 천황의 선조신 혹은 신라와 관련된 일본의 신 스사노오를 선택하였던 것이다.

---

43 •  足立尚計, 「信露貴彦神社」, 谷川健一 編, 『日本の神社と聖地(8) 北陸』, 138面.
44 •  宮家準, 「新羅明神信仰と役行者像」, 『神道宗教(188)』, 神道宗教学会, 2002, 6面.

양변과 관련성을
강조하는 안내판

　　셋째는 중앙의 세력과 결합하는 경향이 보인다는 점이다. 이러
한 예는 시라이시신사에서 뚜렷하게 보이는 특징이다. 시라이시신
사의 네고리 거주 신라인들은 나라奈良의 동대사東大寺 세력과 결탁
했다. 게히신궁의 예와 같이 천황계에 의해 병합되는 것이 아니라,
그와 반대로 동대사의 근원지가 자신들이라는 전승을 만들어냈다.
즉, 그 전승에다 자신들의 네고리가 동대사의 승려 양변良弁과 실충
實忠이 동대사의 승려가 되기 이전에 있었던 곳이라는 내용을 담아
냈던 것이다.

　　실충은 양변의 제자이자 인도승려로 동대사의 이월당二月堂을 건
립하여 슈니에修二会라는 행법을 행한 승려로 널리 알려져 있는 한
편, 양변은 백제계 후손으로서 금종사金鐘寺와 한국사韓國寺를 통합
하여 동대사의 창건을 주도한 인물로 알려져 있다. 이러한 두 사람
을 이용하여 네고리의 신라인들은 자신들의 지역과 아주 밀접한 관
련을 가지고 있는 전승을 만들어 냄으로써 중앙과의 연결고리를 가
지려고 했던 것이다. 실충과 네고리와의 관계를 설명하는 이야기의

내용을 소개하면 다음과 같다.

인도승려 실충이 바다를 건너 일본에 처음으로 상륙하여 거주한 곳
이 신라의 부부신을 모신 신궁사神宮寺라는 전승이 있다. 그 후 실
충은 동대사로 가서 이월당을 건립하고, 대불개안大佛開眼의 2개월
전부터는 천하태평을 기원하고 14일간 기도 행법을 시작했다. 슈니
에 행법을 행하는 첫날에 실충은 『신명장神名帳』을 읽고, 일본 전국
의 신들을 초청하여 수행의 가호와 성취를 청했다. 그러나 정작 와
카사의 '오뉴명신遠敷明神'은 낚시에 넋이 빠져 3월 12일 슈니에가
이틀밖에 남지 않은 날에 밤중에 나타나 정중히 사과를 하고 이월
당의 본존에 성수閼伽水를 바칠 것을 약속하고 신통력을 발휘하여
땅을 갈랐다. 그러자 흰 가마우지와 검은 가마우지가 각각 한 마리
씩 땅 속에서 나오더니 어디론가 날아갔다. 그 새들이 나온 구멍에
서 맑은 물이 쏟아 나왔다. 가마우지들이 와카사의 네고리 시라이
시의 근원지에서 나라까지 지하를 뚫어 물길을 텄다.[45]

이처럼 이곳과 나라의 동대사 간에는 지하수로 연결되어있다는
신앙을 뒷받침해주는 전승을 만들어내었던 것이다. 그리고 이 지
역은 동대사의 개조 양변이 태어난 곳이라는 전승이 있다. 더군다
나 오늘날 신궁사神宮寺의 주지 야마가와 존고山河尊護씨에 의하면
양변은 시라이시의 상만장자常滿長者의 아들이며, 그의 인물됨을 안
야마토노아사오미 아카마로和朝臣赤麿[46]가 그를 나라로 데리고 가서

---

45 •　駒敏郎, 花岡大学 『若狹. 越前の伝説 〈日本の伝説(46)〉』, 角川書店, 1980, 117面.

46 •　아카마로의 성씨인 야마토和씨는 백제 25대왕인 무령왕을 시조로 삼고 있는 백제계 이주

의연승정義淵僧正(643-728)[47]에게 교육을 부탁했다고도 하고, 또 그의 모친이 밭일하다가 잠시 한눈을 판 순간 독수리가 낚아채어 하늘 높이 날아가서 나라의 이월당 앞 삼나무 가지에 걸쳐놓은 것을 의연이 발견하고 이를 거두어 승려로서 길러냈다고도 한다.[48]

이것이 계기가 된 것인지 알 수 없지만, 매년 이곳에서는 오미즈오쿠리ぉ水送り라 하여 동대사의 이월당으로 물을 보내는 의례를 치르고 있다. 이처럼 중앙의 세력인 동대사와 관계를 맺음으로써 중앙으로 진출하는 경우도 있었다.

넷째는 신라에서 도해하였다는 본래의 의미를 완전히 상실해버리는 경우가 있다는 점이다. 그러한 경우는 히노가와日野川강의 전설에서 확인이 가능하다. 히노가와는 후쿠이현과 기후현岐阜県의 경계지역에 위치한 야샤이케夜叉ヶ池에서 발원하여 에치젠시越前市, 후쿠이시福井市를 통과하여 흐르는 후쿠이현을 대표하는 강으로 원래의 이름은 시로기가와信露貴川였다. 이 이름은 강 상류에 시로기히코미코토신사信露貴彦命神社가 있었기 때문에 생겨난 이름이다. 여기서

인들이다. 그들이 성씨를 야마토로 한 것은 그들의 근거지가 야마토大和国 죠카군城下郡 야마토코大和郷이기 때문에 생겨난 것이었다. 이곳은 현재 나라현奈良県 천리시天理市 佐保庄町 야마토大和 일대로 추정된다.

47 • **의연(義淵)** : 나라시대(奈良時代) 법상종(法相宗)의 승려. 『속일본기(続日本紀)』에 의하면 속성은 시왕씨(市往氏)이나, 『부상약기(扶桑略記)』에서는 야마토(大和国) 다카치군(高市郡) 출신의 아도씨(阿刀氏)로 되어있다. 부모가 오랫동안 관음보살에게 기도를 올려 생겨난 아이로 천무천황(天武天皇)에 의해 왕자들과 함께 오카모토궁(岡本宮)에서 양육되었다고 한다. 출가하여 원흥사(元興寺)에 들어가 유식(唯識)과 법상(法相)을 수행하였으며 용개사(龍蓋寺＝岡寺)를 포함한 5개의 용사(龍寺)를 창건했다. 699년 문무(文武)천황으로부터 벼 1만속(1万束)을 하사받았고, 703년에는 승정(僧正)에 임명되었다. 『삼국불법전통연기(三国仏法伝通縁起)』에 의하면 제자로는 현방(玄昉), 행기(行基), 융존(隆尊), 양변(良弁), 도자(道慈), 도경(道鏡) 등이 있다고 한다.

48 • 杉原丈夫 編, 『越前若狭の伝説』, 安田書店, 1976, 709面.

말하는 시로기는 신라를 의미하는 시라기에서 유래된 것임은 앞에서도 언급한 바와 같다. 다시 말하자면 신라강이었다. 그것이 세월이 흐르면서 의미도 퇴색해져 시라기가와宿羅川로 바뀌더니, 또 후세에 이르러서는 속칭 시라기白姬로 바뀌어 강 상류에 황녀 시라히메白姬를 모신 사당이 있었기 때문에 생겨난 이름이라는 것으로 바뀌었고, 그 다음에는 시라기죠가와白鬼女川로 불려 옛날 평천사平泉寺의 승려를 연모한 여인이 이 강에 몸을 던져 자살한 후 원령이 되어 나타났기 때문에 이러한 이름이 붙여졌다는 전승이 생겨났다.[49] 이 같이 신라에서 시작된 강이 여자 혼령의 백귀의 강으로 변신한 사례도 있는 것이다.

이러한 현상이 죠구신사의 신라종에 대해서도 약간의 조짐이 일어나고 있다. 그것은 다름 아닌 왜구와 왜군에 의한 약탈이 아니라 승려에 의해 평화적으로 전래되었다는 설이 조금씩 나오기 시작했기 때문이다. 그리고 김달수에 의하면 이 신사측이 발행하고 있는 『상궁신사소지常宮神社小誌』에서는 이 종이 경주에서 가져간 것으로 되어있다고 했다.[50] 이처럼 종의 고향과 전달자가 조금씩 변질되고 있는 것이다. 더군다나 이 종은 앞에서도 언급하였듯이 지역민들에게 있어서 안산의 신으로 숭배되고 있다. 이러한 것이 세월이 흐르면 변질되어 본래의 의미를 상실할 가능성도 없지 않은 것이다. 만일 그렇게 되면 후쿠이의 신라는 현실에 적응하기 위해 변신을 꾀하는 것이 있는가 하면, 그와 반대로 약탈에 의해 강제로 빼앗긴 물건이 평화적인 이양으로 변질되는 경우도 생겨날 것으로 예견되는 것이다.

---

49 · 杉原丈夫 編, 『越前若狭の伝説』, 430面.
50 · 金達壽, 『日本の中の朝鮮文化〈5〉』, 81面.

## 5. 후쿠이의 신라문화

지금까지 살펴보았듯이 후쿠이현은 신라인들이 일찍부터 정착한 곳이었다. 이들은 동해를 통해 직접 일본에 들어간 세력과 규슈와 세도내해를 통해 일본에 들어간 세력의 일부가 있었다. 이들의 흔적으로 가장 뚜렷하게 남아있는 것이 신사이었다. 이 신사들을 중심으로 살펴보았을 때 후쿠이의 신라인들은 다음과 같은 몇 가지 특징을 가진다.

첫째는 명칭의 변화이다. 신라가 시라이시, 시로기, 시라기, 시라히게, 신로 등 다양하게 표현되고 있었으며, 둘째는 제신의 변화이다. 스사노오계를 선택한 일부를 제외하면 대부분이 천황계 시조를 선택하여 오늘에 이르고 있었다. 여기에는 중앙의 문헌인 『기기』, 『신찬성씨록』 그리고 신라선신당의 연기설화가 크게 영향을 끼치고 있었다. 셋째는 중앙의 세력과 결합하는 경향도 있었다. 특히 와카사의 시라이시는 나라의 동대사와 결부시켜 실충이 처음으로 상륙하여 거주한 곳, 양변이 태어난 곳, 동대사 이월당의 수원지도 바로 이곳이라는 전승과 제의를 만들어냈다. 넷째는 본질이 전도되어 그 의미를 완전히 상실하는 경우도 있었다. 신라를 원령의 여인과 결부시켜 버린 히노가와日野川의 전설이 바로 그것이다. 죠구신사에 보관된 신라종도 세월이 흐르면 약탈이 아닌 평화적인 방법으로 건너갔다는 것으로 바뀌어질 가능성도 없지 않다.

후쿠이현은 우리의 동해와 마주보고 있는 지역이기 때문에 비단 신라계 이주인들만 정착한 곳이 아니다. 실제로 가야계로 추정되는 신사도 제법 눈에 띄고 있으며, 또 백제와 고구려뿐만 아니라 고려와 조선에 관한 전승도 가끔 발견된다. 그러므로 앞으로 여기에 대한 조사와 연구를 진행하여 그것에 한국인이 어떠한 모습으로 나타나 있는지에 대해 살펴볼 필요가 있다고 생각한다.

# 후기

　　일본 속의 한국문화를 찾는 작업을 하는 사람들에게는 훌륭한 선배 한 분이 계셨다. 그 분은 다름이 아닌 김달수라는 재일 작가이다. 지금은 고인이 되어버렸지만 그가 남긴 발자취는 너무나 크다. 그는 10살 되던 해에 일본으로 건너가 대학을 졸업하고 학생 때부터 소설을 썼다. 그리고 졸업 후 기자생활을 하다가 작가가 되어 「고국의 사람들」, 「박달의 재판」, 「대마도까지」라는 주옥같은 작품들을 발표했다. 그리고 만년에는 한일고대관계사에도 지대한 관심을 가지고 생애의 작업으로 『일본 속의 조선문화』라는 일련의 저서들을 남기고 세상을 떠난 것이었다. 그의 작업에는 크게 나누어 두 가지 특징을 가지고 있었다. 하나는 문화의 현장을 직접 보고 글을 쓴다는 것이고, 둘째는 일본인의 연구성과를 빌어 그것이 한국과 관련된 것이라는 사실을 증명하고 있다는 점이다.

　　그렇게 함으로써 그는 일본인에 의해 증명된 일본에 끼친 한국문화를 말하려고 하였는지도 모른다. 또 재일 한국인, 조선인을 차별하는 일본인을 향해 그 행위야말로 너의 조상(나라)을 차별하는 것과 마찬가지라고 주장하고 싶었는지도 모른다. 만일 그렇다면 그의 작업은 일본에 사는 재일교포의 생존에 걸린 사상적인 결단에서 나온 것이라 할 수 있다.

　이러한 작업에는 여러 가지 장단점이 있다. 한일 양국이 얼마나 긴밀한 관계에 있었던가를 알리는 것은 장점으로 작용하지만, 일본 고대문화의 원류는 모두 한국에 있다고 주장하고 싶어 하는 국수주의자들에게는 그릇된 민족적 자긍심을 심어줄 가능성도 높다. 만일 그렇게 된다면 이것은 분명히 단점이라 할 수 있다.

　이러한 사상적 장단점을 떠나 평생작업을 한 김달수의 「일본 속의 한국문화」의 테마 그 자체는 매우 소중하다고 생각한다. 더군다나 그 작업의 출발이 순수한 학문적 호기심에 두고, 또 그 과정과 결과가 객관성이 담보된 것이라면 한국인뿐만 아니라 일본인에게도 분명히 도움이 되는 중요한 작업이 아닐 수 없다.

　본서가 일본신화 속에서 신라를 찾고자 한 노력도 다르게 표현하면 김달수의 작업을 좀 더 심화시킨 것에 불과하다. 그렇다고 해서 본서가 일본 속의 신라에 대해 모든 것을 해결한 것이 아니다. 본서의 작업영역을 지도로 표시하면 극히 일부분에 지나지 않는다. 아직도 많은 지역이 남아있고, 또 헤집고 다닐 문헌들이 산처럼 쌓여져 있다. 김달수가 했던 것처럼 그곳을 일일이 찾아다니며 확인하고 검증하는 작업이 아직도 많이 남아있는 것이다. 본서는 이제 겨우 빙산의 일각만을 드러냈을 뿐이다. 신라만 하더라도 방대한 작업이다. 신라의 작업이 끝나고 그 범위를 가야, 백제, 고구려, 심지어 발해까지 확대한다면 지금까지 우리가 몰랐던 새로운 사실들이 밝혀질 것이다. 이러한 작업은 서둘지 않고 시간을 두고 차근차근하게 진행해갈 필요가 있다. 바로 이것이 우리들의 눈앞에 놓인 과제가 아닐 수 없다.

　끝으로 이 책이 나오기까지 많은 분들에게 신세를 졌다. 특히 일본 교토京都에 위치한 국제일본문화연구센터의 관계자 여러분들께 많은 은혜를 입었다. 나는 2013년 8월 1일부터 2014년 7월 31일까지 외국인연구원이라는 자격으로 이곳에서 연구에 매진할 수 있었다. 제공된 연구실과 도서관을 오가며 많은 문헌자료와도 접했으며, 현장조사를 갈 때에도 여러 가지 편의를 제공받았다. 그 뿐만 아니다. 이곳에서 근무하는 일본인 연구자 및 나처럼 각국에서 와 있는 외국인 연구자들로부터도 많은 조언을 받을 수 있었다. 이곳에 있었던 연구기간은 나에게 많은 결실을 가져다주었다. 본서도 그 중의 하나임을 밝혀둔다. 이 자리를 빌어서 고마츠 가즈히코小松和彦 소장을 비롯한 관계자 여러분들께 심심한 감사를 드린다. 그리고 장기간의 불경기임에도 불구하고 본인의 보잘 것 없는 원고를 기꺼이 맡아서 훌륭하게 한권의 책으로 엮어서 세상에 태어나게 해준 민속원의 홍종화 사장님을 비롯한 편집부 관계자들에게도 감사한 마음을 전하고 싶다.

2014년 1월 20일
문수산 기슭 연구실에서

제1장 일본으로 건너간 신라왕자

김부식, 신호열 역, 『삼국사기(1)』, 동서문화사, 1978.

김세기, 「청도지역 고대문화의 고고학적 고찰 – 이서국의 역사. 고고학적 기반연구」, 『대구사학
(71)』, 대구사학회, 2003.

김화경, 「일본의 히보코설화 연구」, 『인문연구(52)』, 영남대 인문과학연구소, 2007.

노성환 역주, 『일본의 고사기(상)』, 예전사, 1987.

노성환, 『일본 속의 한국』, 울산대 출판부, 1997.

서영수, 「광개토태왕비문의 고구려와 왜」, 한일관계사학회편, 『동아시아 속에서의 고구려와 왜』,
경인문화사, 2007.

신경철, 「한일교류좌담회 도래인들의 특성과 문화기여」, 『한국일보』, 2000년 11월 20일자.

이희진, 「임나가라의 위치에 대한 고찰」, 『충북사학(11.12)』, 충북대학교 사학회, 2000.

이형우, 「伊西國考 – 초기신라의 서남방 진출과 관련하여」, 『한국고대사연구(1)』, 한국고대사학회,
1988.

＿＿＿, 『신라초기국가성장사연구』, 영남대출판부, 2000.

＿＿＿, 「사로국의 발전과 국읍의 변모」, 『신라문화제학술논문집(26)』, 경주사학회, 2005.

王健群, 임동석 역, 『廣開土王碑硏究』, 역민사, 1985.

조희승, 『초기조일관계사(상)』, 사회과학출판사, 1988.

＿＿＿, 『일본에서 조선소국의 형성과 발전』, 백과사전출판사, 1990.

황패강, 『일본신화의 연구』, 지식산업사, 1996.

秋本吉郎, 『風土記』, 岩波書店, 1982.

今井啓一, 『歸化人と社寺』, 綜藝舍, 1969.

＿＿＿, 『天日槍』, 綜藝舍, 1972.

井上光貞, 『日本の歷史 – 神話から歷史へ』, 中央公論社, 1973.

宇治谷孟 譯, 『日本書紀(上)』, 講談社, 1988.

奧野正男, 『騎馬民族の來た道』, 每日新聞社, 1985.

上垣外憲一, 『天孫降臨の道』, 筑摩書房, 1986.

金達壽, 『日本の中の古代朝鮮』, 學生社, 1979.

＿＿＿, 「日本の中の天日槍」, 金達壽 外, 『古代の百濟. 加耶と日本』, 學生社, 1990.

澤田洋太郎, 『伽耶は日本のルーツ』, 新泉社, 1994.

直木孝次郎, 『古代日本と朝鮮. 中國』, 講談社, 1988.

三品彰英, 『增補 日鮮神話傳說の硏究』, 平凡社, 1980.

山尾幸久, 『魏志倭人傳』, 講談社, 1972.

矢野寬二, 「天日槍集團と神武東征傳承」, 『日本のなかの朝鮮文化(43)』, 朝鮮文化社, 1979.

---

## 제2장 신라왕자 히보코의 이주와 정착

김택규, 「동해문화권탐방기」, 『신라문화제학술발표논문집(7)』, 동국대 신라문화연구소, 1986.

김화경, 「일본의 히보코설화 연구」, 『인문연구(52)』, 영남대 인문과학연구소, 2007.

노성환 역주, 『고사기』, 민속원, 2009.

소재영, 「연오랑과 세오녀설화」, 『한국설화문학연구』, 숭실대출판부, 1989.

손대준, 「히보코전승에 관한 연구」, 『원광대논문집(17)』, 원광대, 1983.

李丙燾, 『國史大觀』, 普文社, 1955.

이창수, 「기기에 나타난 히보코의 연구」, 『일본학보(53)』, 한국일본학회, 2002.

_____, 「기기에 나타난 도래인 연구」, 『일어일문학연구(47)』, 한국일어일문학회, 2003.

_____, 「記紀에 나타난 神寶연구 - 히보코의 將來物을 중심으로 - 」, 『일본학보(58)』, 한국일본학회, 2004.

任東權, 「天日槍 - その身分と神寶について - 」, 『比較民俗研究(14)』, 筑波大學比較民俗研究會, 1996.

장덕순, 「설화문학에 나타난 대일감정」, 『한국설화문학연구』, 서울대출판부, 1987.

崔元載, 「天之日矛傳承の考察 - 渡來と土着を中心に - 」, 일본어문학(24)』, 일본어문학회, 2004.

황패강, 「일본신화 속의 한국」, 『한국학보(20)』, 일지사, 1980.

石田市藏, 『ひぼこの里 吾名邑』, 彦根図書製本所, 개인출판, 2000.

今井啓一, 『天日槍』, 綜藝社, 1972.

宇治谷孟譯, 『日本書紀(上)』, 講談社, 1988.

高寬敏, 「アメノヒボコと難波のヒメコソ社神」, 上田正昭 編, 『古代の日本と渡來の文化』, 學生社, 1997.

段熙麟, 『渡來人の遺跡を歩く(1)』, 六興出版, 1986.

_____, 『渡來人の遺跡を歩く(2)』, 六興出版, 1986.

山中靖城, 『〈渡來文化と近江〉私考』, 개인출판, 1993.

吉野裕譯, 『風土記』, 講談社, 1982.

---

## 제3장 일본에서 신이 된 신라왕자

김택규, 「古代 羅日文化比較를 위한 몇 가지 視角」, 『한일문화비교론 - 닮은 뿌리 다른 문화』, 문덕사, 1993.

노성환 역주, 『고사기』, 민속원, 2009.

노성환, 「대가야국왕자 쯔누가아라시토 전승에 관한 연구」, 『일어일문학(38)』, 대한일어일문학회, 2008.

소재영, 『한국설화문학연구』, 숭실대학교 출판부, 1989.

손대준, 「히보코 전승에 관한 연구」, 『원광대 논문집(17)』, 원광대, 1983.

장덕순, 「설화에 나타난 대일감정」, 『한국설화문학연구』, 서울대 출판부, 1987.

이병도, 『국사대관』, 普文社, 1955.

崔元載, 「天之日矛傳承の考察 - 渡來と土着を中心に -」, 『일본어문학(24)』, 일본어문학회, 2004.

황패강, 『일본신화의 연구』, 지식산업사, 1996.

靑木和夫 外, 『日本思想大系(1) - 古事記 -』, 岩波書店, 1984.

任東權, 「天日槍 - その身分と神寶について -」, 『比較民俗研究(14)』, 筑波大學比較民俗研究會, 1996.

折口信夫, 「妣が国 常世へ(異鄕意識の起伏)」, 『折口信夫全集(2)』, 中央公論社, 1975.

高寬敏, 「アメノヒボコと難波のヒメコソ社神」, 上田正昭 編, 『古代の日本と渡來の文化』, 學生社, 1997.

直木孝次郎, 『古代日本と朝鮮, 中國』, 講談社, 1988.

_____, 「播磨の中の朝鮮文化」, 『歷史讀本 臨時增刊 - 渡來人は何をもたらしたか -』, 新人物往來社, 1994.

福島秋穗, 『記紀神話傳說の研究』, 六興出版, 1988.

福永光司, 『「馬」の文化と「船」の文化』, 人文書院, 1996年.

三品彰英, 『增補 日鮮神話傳說の研究 三品彰英論文集(4)』, 平凡社, 1980.

吉野裕譯, 『風土記』, 平凡社, 1982.

## 제4장 일본에 건너간 신라의 여신

김성호, 『비류백제와 일본의 국가기원』, 지문사, 1982.

김열규, 『한국신화와 무속연구』, 일조각, 1982.

南碩煥, 「天之日槍과 息長氏」, 『문화사학(11)(12)(13)』, 문화사학회, 1999.

노성환, 『고사기』, 민속원, 2009.

_____, 「신라왕자 히보코 도일전승에 관한 연구」, 『일어일문학연구(67)』, 한국일어일문학회, 2009.

_____, 「신라왕자 히보코 이주전승에 관한 연구」, 『일어일문학연구(68)』, 한국일어일문학회, 2009.

성기혁, 「한국계 히메코소 신화의 계통연구」, 『열상고전연구(30)』, 2009, 386-387쪽.

장덕순, 『한국설화문학연구』, 서울대 출판부, 1987.

진은순, 「히메코소사(比賣許曾社)의 女神에 관한 연구」, 『일본문화연구(37)』, 한국일본문화학회, 2011, 535-537쪽.

崔元載, 「比賣碁曾社の神に關する一考察」, 『일본어문학(26)』, 일본어문학회, 2004.

崔元載, 「天之日矛傳承の考察」, 『일본어문학(24)』, 일본어문학회, 2004.

伊東肇, 「ヒメコソ傳說の一考察 - 天之日矛傳說にみる位相性 -」, 慶応大學國文學研究會 編, 『古代の文學と民俗』, 櫻楓社, 1980.

今井啓一, 『天日槍』, 綜藝社, 1972.

大和岩雄, 「比賣許曾神社 - 漂着神としての新羅のヒメ神と古代信仰 -」, 『神社と古代王權祭祀』, 白水社, 1989.

金達寿, 『日本の中の古代朝鮮』, 學生社, 1979.

高寬敏, 「アメノヒボコと難波のヒメコソ社神」, 上田正昭 編, 『古代の日本と渡來の文化』, 學生社, 1997.

段熙麟, 『渡來人の遺跡を歩く(2)』, 六興出版, 1986.

中野幡能, 『八幡信仰』, 搞書房, 1988.

松前健, 「記紀ヒメコソ緣起の成立」, 『大阪成蹊女子短期大學研究紀要(27)』, 1990.

福島秋穗, 「古事記に載錄された天之日矛の話の構造について」, 『記紀神話傳說の研究』, 六興出版, 1988.

福永光司, 「常世と神仙」, 『「馬」の文化と「船」の文化』, 人文書院, 1996.

矢野寬二, 「天日槍集団と神武東征伝承」, 『日本のなかの朝鮮文化』, 朝鮮文化社, 1979, 45쪽.

吉野裕 譯, 『風土記』, 平凡社, 1975.

---

## 제5장 연오랑과 세오녀의 일본 정착지

김영태, 「백제 임성태자와 묘견신앙의 일본전수」, 『불교학보(20)』, 불교문화연구원, 1983.

김현길, 「설화를 통해 본 고대의 한일관계」, 『호서문학(11)』, 호서문학회, 1983.

김화경, 「연오랑 세오녀 설화의 연구」, 『인문연구(62)』, 영남대, 2001.

노성환 역주, 『고사기』, 민속원, 2009.

박시인, 『알타이 신화』, 청노루, 1994.

서거정, 박홍갑 역, 『필원잡기』, 지만지, 2008.

신숙주, 「해동제국기」, 『해행총재(1)』, 민족문화추진회, 1967.

신유한, 「해유록」, 『해행총재(1)』, 민족문화추진회, 1967.

이관일, 「연오랑, 세오녀 설화의 한 연구」, 『국어국문학(55-57합)』, 국어국문학회, 1976.

이병도, 『한국사 - 고대편 - 』, 을유문화사, 1956.

이병도 역, 『삼국유사』, 광조출판사, 1984.

이상준, 「연오랑세오녀 설화의 연구 - 현지조사를 중심으로 한 고찰 - 」, 영남대학교 대학원 석사 논문, 2010.

_____, 「연오랑·세오녀 설화의 현장」, 『연오랑세오녀연구소 제1회 한·일 국제세미나 발표 자료』, 연오랑세오녀연구소, 2010.

이영희, 『무쇠를 가진 자 권력을 잡다』, 현암사, 2009.

이홍직, 「여명기의 한일관계와 전설의 검토」, 『한국사상의 제문제(2)』, 국사편찬위원회, 1959.

장덕순, 『한국설화문학연구』, 서울대출판부, 1970.

정순태, 「한민족의 뿌리를 찾아서」, 『월간 조선(7)』, 조선일보사, 2008.

정중환, 『가라사초』, 부산대 한일문화연구소, 1962.

池內敏, 「近世朝鮮人の日本漂着年表」, 『近世日本と朝鮮漂流民』, 臨川書店, 1998.

石塚尊俊, 『出雲隱岐の伝說』, 第一法規出版, 1977.

井上光貞 監譯, 『日本書紀(上)』, 中央公論社, 1987.

金坂亮, 「伊末自由來記 - 資料 - 」, 『隱岐鄕土研究(2)』, 隱岐鄕土研究會, 1957.

藏本隆博, 「海潮と祭禮」, 『山口縣地方史研究(75)』, 山口縣地方史研究會, 1996.

酒井薫美 外, 『日本傳說大系(11) 山陰編』, みずうみ書房, 1984.

下關市教育委員會, 『下關の傳說』, 下關市教育委員會, 1971.

高橋統一, 『神なる王/巫女/神話—人類学から日本文化を考える』, 岩田書院, 2000.

大和岩雄, 『神社と古代王權祭祀』, 白水社, 1989.

中田薫, 「延烏細烏考」, 『古代日韓交涉史斷片考』, 創文社, 1956.

永留久惠, 『天神と海神』, 白水社, 1988.

松前健, 『日本神話の謎』, 大和書房, 1985.

水谷慶一, 『續知られざる古代』, 日本出版協會, 1981.

三品彰英, 『增補 日鮮神話傳說の硏究』, 平凡社, 1972.

林正幸, 『五十猛の歷史と民話』, 個人出版, 1998.

---

## 제6장 교토를 건설한 신라계 이주인

강우방, 「金銅三山冠思惟像－北齊佛像, 일본 광륭사 사유상과의 비교－」, 『원융과 조화－한국고대조각사의 원리－』, 열화당, 1990.

김달수, 『일본열도에 흐르는 한국혼』, 동아일보사, 1993.

김현욱, 「秦氏와 八幡信仰」, 『일어일문학연구(54)』, 한국일어일문학회, 2005.

김태준 외, 『한일문화교류사』, 민문고, 1991.

노성환, 「광륭사」, 『얼과 문화(6)』, 우리문화연구원, 1990.

노성환 역주, 『고사기』, 민속원, 2009.

이창수, 「기기에 나타난 도래인 연구」, 『일어일문학연구(47)』, 한국일어일문학회, 2003.

오연환, 「도래인과 평안시대」, 『일어일문학연구(33)』, 한국일어일문학회, 1998.

정은우, 「일본 국보 1호인 광륭사의 목조반가상은 한반도에서 건너 간 것인가」, 『미술사 논단(2)』, 한국미술연구소, 1995.

정효운, 「일본 국보 1호는 누가 만들었나」, 『한국과 일본, 왜곡과 콤플렉스의 역사(1)』, 자작나무, 1993.

홍윤기, 「신라인 秦河勝과 교토땅 광륭사」, 『한글한자문화(95)』, 전국한자교육추진총연합회, 2007.

_____, 「신라 농업신 신주 모신 이나리 대사」, 『한글한자문화(103)』, 전국한자교육추진총연합회, 2008.

_____, 「교토의 명찰 광륭사 세운 秦河勝」, 『한글한자문화(104)』, 전국한자교육추진총연합회, 2008.

_____, 「헤비즈카(蛇塚)라는 秦河勝公의 바위 무덤」, 『한글한자문화(105)』, 전국한자교육추진총연합회, 2008.

井上滿郎, 『渡來人』, 1987.

_____, 『古代の日本と渡來人』, 明石書店, 1999.

井上秀雄, 「渡來人の系譜」, 『歷史讀本』, 1994.

上田正昭, 『論考. 古代史と東アジア』, 岩波書店, 1998.

宇治谷孟 譯, 『日本書紀(上)』, 講談社, 1988.

大林太良, 『稲作の神話』, 弘文堂, 1973.

大和岩雄, 「秦氏に關する諸問題」, 『日本の中の朝鮮文化(50)』, 朝鮮文化社, 1981.

_____, 『秦氏の研究』, 大和書房, 1993.

加藤謙吉, 『秦氏とその民』, 白水社, 1998.

京都文化博物館 編, 『古代豪族と朝鮮』, 新人物往来社, 1991.

久野健, 『古代朝鮮佛と飛鳥佛』, 東出版, 1979.

小松和彦, 『鬼の玉手箱』, 福武書店, 1991.

佐伯有清, 『新撰姓氏錄－本文編－』, 吉川弘文館, 1962.

坪田讓治, 『日本のむかしばなし集(1)』, 新潮社, 1975.

直江廣治 編, 『稲荷信仰』, 雄山閣, 1983.

直木孝次郎, 『古代日本と朝鮮. 中國』, 講談社, 1987.

中村修也, 『秦氏とかも氏』, 臨川書店, 1994.

吉田裕 譯, 『風土記』, 平凡社, 1969.

朴鐘鳴, 『京都のなかの朝鮮』, 明石書店, 1999.

柳田國男, 『桃太郎の誕生』, 角川書店, 1983.

## 제7장 시모노세키의 지역전승에 나타난 신라상

김달수, 『일본열도에 흐르는 한국혼』, 동아일보사, 1993.

김영태, 「백제 임성태자와 묘견신앙의 일본전수」, 『불교학보』, 불교문화연구원, 1983.

남옥, 김보경 역, 이혜순 감수, 『일관기－붓끝으로 부사산 바람을 가르다－』, 소명출판, 2006.

신유한, 「해유록」, 『해행총재』, 민족문화추진회, 1967.

송형섭, 「야마구치 일대에 세운 강력한 왕국」, 『일본 속의 백제문화』, 한겨레, 1988.

원중거, 박재금 역, 이혜순 감수, 『화국지－와신상담의 마음으로 일본을 기록하다－』, 소명출판,
        2006.

井上光貞 監訳, 『日本書紀(上)』, 中央公論社, 1987.

井上孝夫, 「下關地域の基層文化－地名と伝説を手掛かりに－」, 『下関市立大学 紀要論文(2)』, 下
        関市立大学付属産業文化研究所, 1992.

上田正昭, 『帰化人』, 中央公論社, 1965.

小野孝策, 「床屋の歴史にロマンを求めて―床屋の発祥地は下関」, 『海虹』, 2000.

上垣外憲一, 『倭人と韓人』, 講談社学術文庫, 2003.

金聲翰, 『日本のなかの朝鮮紀行』, 三省堂, 1986.

国分直一, 「長府忌宮神社の数方庭行事をめぐる問題」, 『地域文化研究所紀要(1)』, 梅光女学院大学,
        1985.

桜井徳太郎 外, 「八幡愚童訓」, 『寺社縁起』, 岩波書店, 1975.

下関市教育委員会, 『下関の伝説』, 下関市, 1971.

_____, 『下関民俗歳時記』, 下関市, 1979.

下関市立図書館 編, 『下関の地名』, 下関市, 1976.

中村啓信 校注, 『日本書紀註釋(上)』, 精興社, 1988.

日本児童文学者協会 編, 『山口県の民話』, 偕成社, 1991.

松岡利夫, 古川薫, 『日本の伝説(35) 山口の伝説』, 角川書店, 1979.

宮本常一, 財田司一, 『日本の民俗(35) - 山口 - 』, 第一法規社, 1974.

宮本正章, 「長門の鬼伝説」, 『近畿民俗(129.130号通巻)』, 近畿民俗学会, 1992.

水上勳, 「〈塵輪〉〈牛鬼〉伝説考 - 〈新羅〉来襲伝説と瀬戸内の妖怪伝承」, 『帝塚山大学人文科学部
　　　紀要(18)』, 帝塚山大学人文科学部, 2005.

兵庫県史編集専門委員会, 『兵庫県史 史料編 中世4』, 兵庫県, 1989.

山口県教育委員会, 『山口県文化財概要(5)』, 山口県, 1962.

吉野裕 訳, 『風土記』, 平凡社, 1969.

---

## 제8장 신라에서 건너간 일본의 곡모신

강진옥, 「동아시아 농경 및 곡물기원 신화와 문화영웅의 존재양상」, 『구비문학연구(21)』, 한국구
　　　비문학회, 2005.

김기호, 「신화에 나타난 곡모신 모티브의 성격과 고대 한국 농경문화」, 『한국사상과 문화(22)』,
　　　한국사상문화학회, 2003.

권태효, 「한국 생산물 기원신화의 양상과 성격」, 『한국무속학(12)』, 한국무속학회, 2006.

노성환 역주, 『고사기』, 민속원, 2009.

袁珂 저, 전인초 역, 『중국신화전설(1)』, 민음사, 1992.

長田夏樹, 「日本神話의 農耕起源說話에 관하여」, 『일본학(8)(9)』, 동국대학교 일본학연구소, 1989.

成炳禧, 「大田市五十猛町の地名考」, 『古代文化研究』, 島根縣古代文化センター, 1997.

伊藤幹治, 伊藤清司・大林太良 編, 「農業と日本神話」, 『日本神話研究(3) 出雲神話 日向神話』, 學
　　　生社, 1977.

大林太良, 『稲作の神話』, 弘文堂, 1973.

＿＿＿＿＿, 『神話と神話學』, 大和書房, 1975.

＿＿＿＿＿, 「日本と朝鮮の農耕神話」, 『神話の系譜』, 講談社, 1991.

ミシエル パノフ, 大林太良 編, 大林太良・宇野公一郎 譯, 『無文字民族の神話』, 白水社, 1998.

中山太郎, 『日本民俗學 - 神事篇 - 』, 大和書房, 1976.

田蒙秀, 伊藤清司・大林太良 編, 「上古に於ける稲作と稲及び米の名に見る日鮮關係」, 『日本神話
　　　研究〈5〉- 出雲神話. 日向神話 - 』, 學生社, 1977.

森田眞也, 「沖繩久高島の巡禮意識と穀物起源神話」, 『常民文化(16)』, 成城大學常民文化研究會, 1993.

松谷みよ子 外, 『日本の民話』, 角川書店, 1981.

和田嘉壽男, 『倭姫命世記注釋』, 和泉書院, 2000.

## 제9장 오키에서 불린 신라의 민요

김도윤, 『伊末自由來記와 加羅斯呂觸』, 고령문화원, 1991.

이훈, 『조선후기 표류민과 한일관계』, 국학자료원, 2000.

大西俊輝, 『山陰冲の古代史』, 近代文藝社, 1995.

朴炳植, 『スサノオの來た道』, 每日新聞社, 1988.

池內敏, 『近世日本と朝鮮漂流民』, 臨川書店, 1998.

野津龍, 『隱岐島の傳說』, 日本寫眞出版, 1998.

藤田二郎, 『環海日本海潮流文化ふしぎな歷史探索』, 西多摩新聞社, 1999.

近藤武, 「韓國語と隱岐の古語が混在する民謠」, 『民俗音樂硏究(27)』, 日本民俗音樂學會, 2002.

## 제10장 후쿠이현 신라계 신사와 전승

최길성, 「北陸의 民俗」, 『일본학(10)』, 동국대 일본학연구소, 1991.

浅井茂人, 『越中の渡来民』, 白山書店, 1989.

_____, 『朝鮮渡来民と越前, 若狭の古代』, 白山書店, 1992.

今井啓一, 『天日槍』, 綜藝舍, 1966.

金達壽, 『日本の中の朝鮮文化〈5〉』, 講談社, 1975.

_____, 『古代朝鮮と日本文化』, 講談社学術文庫, 1988.

駒敏郎, 花岡大学『若狭. 越前の伝説〈日本の伝説(46)〉』, 角川書店, 1980.

杉原丈夫 編, 『越前若狭の伝説』, 安田書店, 1976.

全浩天, 『朝鮮からみた古代日本』, 未来社, 1989.

谷川健一 編, 『日本の神社と聖地(8) 北陸』, 白水社, 2000.

坪井良平, 『朝鮮鐘』, 角川書店, 1974.

武藤正典, 「若狭湾とその周辺の新羅系遺跡」, 『東アジアの古代文化〈秋〉』, 大和書房, 1974.

浜田耕策, 「新羅鐘銘の再檢討(1) - 敦賀市・所蔵の『鐘の記』と菁州蓮池寺鐘-」, 『史淵(129)』, 九州
　　　　大学文学部人文科学研究院, 1992.

福井県, 『福井県史〈通史編1〉原始 古代』, 福井県, 1993.

宮家準, 「新羅明神信仰と役行者像」『神道宗教(188)』, 神道宗教学会, 2002.

## 차

## 기타